U0782771

行政赔偿的
理论与实务

Theory and Practice of Administrative Compensation

丁晓华 著

知识产权出版社
全国百佳图书出版单位

图书在版编目（CIP）数据

行政赔偿的理论与实务／丁晓华著．—北京：知识产权出版社，2019.5
ISBN 978－7－5130－6224－4

Ⅰ.①行… Ⅱ.①丁… Ⅲ.①行政赔偿—研究—中国 Ⅳ.①D922.114

中国版本图书馆 CIP 数据核字（2019）第 077769 号

责任编辑：雷春丽　　　　　　　　　　　责任印制：孙婷婷
封面设计：韩建文

行政赔偿的理论与实务

丁晓华　著

出版发行：	**知识产权出版社** 有限责任公司	网　　址：	http：//www.ipph.cn
社　　址：	北京市海淀区气象路 50 号院	邮　　编：	100081
责编电话：	010－82000860 转 8004	责编邮箱：	leichunli@cnipr.com
发行电话：	010－82000860 转 8101/8102	发行传真：	010－82000893/82005070/82000270
印　　刷：	北京建宏印刷有限公司	经　　销：	各大网上书店、新华书店及相关专业书店
开　　本：	720mm×1000mm　1/16	印　　张：	15.5
版　　次：	2019 年 5 月第 1 版	印　　次：	2019 年 5 月第 1 次印刷
字　　数：	237 千字	定　　价：	60.00 元
ISBN 978－7－5130－6224－4			

出版权专有　侵权必究

如有印装质量问题，本社负责调换。

目录 contents

第一章
行政赔偿的起源与发展

第一节　行政赔偿及其理论基础

一、行政赔偿的源起

国家赔偿是国家财政对行使公权力行为造成的损害予以弥补的制度，包括行政赔偿、刑事赔偿和司法赔偿等主要种类。行政赔偿制度的建立是国家和政府从专制走向民主、从特权走向平等的重要标志。各国行政赔偿制度的发展无不伴随着对国家、政府和人民关系的理论重塑和革新，并经历了全面否定、有限肯定到全面肯定三个阶段。

（一）全面否定阶段

在英国，普通法中最初没有国家观念，以英王代表国家。受"国王不能为非"（The king can do no wrong）理念的影响，国王免受诉讼，也不承担任何实体法上的责任。鉴于主权在君，控告国家即为控告国王，因而国家也不能成为被告。公务人员系受国王的授权行事，国王的授权不可能出错，因此，公务人员的行为造成损害的，系其自身原因造成，并不代表国家授权，侵权责任由官员自行承担。① 美国作为英国的殖民地，将"国王不能为非"理论发展为"主权豁免原则"（doctrine of the sovereign immunity）。② 1907 年大法

----

① 于安："英国国家赔偿制度简介"，载《现代法学》1988 年第 5 期。

② Karl Singewald, Doctrine of Non‐Suability of the State in the United States 45, Principle of Liability in Tort, 1910, pp. 45－46.

官霍姆斯对这一原则作出解释，认为权利是法律创造的，没有法律上的权利可以反对制造法律的权威，所以主权者不能被诉，从而正式提出了"主权豁免原则"。[①] 根据国家"主权豁免原则"，国家之间是平等的，没有国家的同意，对国家本身无管辖权，国家享有绝对的豁免权。[②] 受主权豁免论的影响，法国对国家的侵权赔偿责任，最初也是否定的。因为国家是主权者，主权的特征是对一切人无条件地发布命令，没有国家通过法律所表示的同意，不能要求国家负担赔偿责任，公民由于国家的管理活动受到利益，而承受行政上的损害，是享受利益的代价，不能追问国家的责任。[③] 16 世纪，法国学者布丹在其《国家论》中就主张"主权是最高的权力，不受法律限制"。

关于国家为何不能承担赔偿责任，也有学者提出国家无过失及不能违法论。根据过失责任理论，没有过失就没有责任。国家是无生命体，不可能有过失，其活动都是通过公务人员进行的，公务人员有过失应当自行承担责任。另外，国家和法律不可能授权公务人员违法，公务人员违法，是越权行为，应由公务人员自行承担责任。

受上述各种理论的影响以及出于财政上的考虑，避免国家和政府承担繁重的行政赔偿开支，最初，世界各国并不认同国家的赔偿责任。由于政府官员行为造成公民利益受损的，公民可以起诉官员个人，官员承担的是民法上的侵权赔偿责任，国家不会为官员的违法或不当行为造成的损害承担赔偿责任。

（二）有限肯定阶段

19 世纪末至 20 世纪初，随着国家和政府职能的扩张和发展，国家和政府与个人之间的法律关系日益密切，公务人员在行使公权力的过程中，由于故意或过失对个人造成损害的现象也日益增多。在民权运动的高涨之声中，民众对公权力行为能造成损害却缺乏责任承担主体的现状日益不满。同时，伴随着国家财力的增长，国家绝对主权思想开始动摇，行政赔偿开始进入有

---

① 王名扬：《美国行政法（下）》，中国法制出版社 2005 年版，第 726 页。
② 杨泽延、姚辉："美国国家赔偿制度纵横"，载《比较法研究》1988 年第 3 期。
③ 王名扬：《法国行政法》，北京大学出版社 2007 年版，第 561 页。

限肯定阶段，在理论上，也受益于"国家行为二分说"与"国家国库责任理论"的积极构建。

在法国，"国家行为二分说"将国家行为分为权力行为与非权力行为两种。前者是指国家行使其统治权的作用而发动的行为，如征兵、课税。这些行为是公法上的行为，对此行为造成的损害，国家仍不负赔偿责任。后者是指国家行使统治权以外的其他管理行为。当国家举办邮政、航空等事业或经营类似企业的行为时，该行为与私人作出的私法行为并没有本质差别，展示了国家的非权力作用，不涉及国家统治权的运用，因此，当国家非权力行为造成侵权后果时，国家应依民法关于雇佣人与受雇人的规定或者法人与其代表机关的规定，负损害赔偿责任。1873 年，法国通过勃朗戈判例，最早确立了国家对其非权力作用的损害赔偿责任。在该案中，法国纪龙德省国营烟草公司的工人开着翻斗车在作业时将勃朗戈的女儿撞伤，勃朗戈认为对国营公司工人所犯的过失，国家应按民法的有关规定负赔偿责任，故向普通法院起诉。此案由权限争议法庭于 1873 年 2 月 8 日作出判决，明确承认了国家作为私法主体行使非权力作用时的赔偿责任。[1]

"国家国库责任理论"是德国的学说，该说主张，国家应有双重人格，国家除成为公权力主体外，同时也是财产权主体，该财产权主体的行为即国库行为。当国家居于公权力主体地位时，对其官吏的违法侵权行为所生的损害，仍不负赔偿责任；反之，国家作为国库时，是居于财产权主体地位，同其他私法上的法人一样，要适用民法典的规定承担损害赔偿责任。[2] 既然国家是主权的行使者，也是所有权的拥有者，理当而且能够承担赔偿责任。

从上述理论来看，由于不承认国家对公权力作用行为引发的损害负有赔偿义务，此时的行政赔偿责任仅在国家成为私法主体时适用，且同其他私法主体一样，根据民法承担侵权赔偿责任，因此，严格来说，在这一阶段，大陆法系国家的行政赔偿责任仅在私法领域获得肯定，公法意义上的行政赔偿责任尚未真正确立。

---

① 王名扬：《法国行政法》，北京大学出版社 2007 年版，第 563 页。
② ［德］奥托·迈耶：《德国行政法》，刘飞译，商务印书馆 2002 年版，第 184 - 186 页。

而在普通法系国家，虽然开始出现国家代替官员承担赔偿责任的情形，但被认为是国家的一种恩赐。例如，在英国，19 世纪中叶以后，国家公务员因职务行为侵害他人权利受到败诉判决时，国家代替该公务员负责赔偿。但这种代偿行为是一种恩惠，它由国家单方决定，并非为被害人法定的当然求偿权。①

（三）全面肯定阶段

在资本主义早期，国家和政府的侵害行为较少，并且当官员侵害了人民权利时，受害人可以按照民事侵权法或普通法规则向有过错的政府官员索赔。然而随着工业化的发展，政府行政行为的数量和种类日益增多，如果国家和政府不负侵权赔偿责任，政府官员将面临巨大的履职风险，同时，对于受侵害的民众而言，也存在可能索赔无果的风险。

1910 年 5 月 22 日，德国颁布《帝国对公务员的责任法》。该法第 1 条规定："国家公务员在行使公权力的过程中，因故意或过失违背对于第三人的义务时，国家代替公务员承担民法第 839 条所规定的赔偿责任。"该法确立了德国行政赔偿制度的基础，有关行政赔偿责任的原则直接被 1919 年的《魏玛宪法》所继承，并且有所发展。《魏玛宪法》第 131 条规定："公务员行使公权力，违反对于第三人的法律义务时，原则上应由公务员所属国家或国家机关承担赔偿责任，但国家可以对公务员行使追偿权"。这是行政赔偿制度首次在一国宪法中得到确认，这一规定不仅承袭《帝国对公务员的责任法》规定的国家代位责任原则，而且也确立了国家行使追偿权的原则。1949 年，德国制定《基本法》，该法第 34 条规定："任何人在执行委托给他的公务时，如果违反对第三者应承担的职务上的义务，其责任原则上是由国家或他所服务的公法团体承担。如果是因故意或重大过失，国家或公共团体对其保留追偿权。"因此，国家不仅为其公职人员的侵权行为承担赔偿责任，而且还要对任何被委托从事国家公职活动的人的侵权行为承担赔偿责任，或者由他所服务的公法团体承担这种责任。追偿权的行使，以公务人员存在故意或重大过失为限。1981 年德国颁布《国家赔偿法》，该法包括 5 章共 38 条。对于行

---

① 于安："英国国家赔偿制度简介"，载《现代法学》1988 年第 5 期。

政赔偿部分，第 1 条第 1 项规定："公权力机关违反其对他人承担的公法上的义务时，公权力机关应当依据本法对他人由此产生的损害负赔偿责任"。该法第 1 条第 2 项规定："公权力机关如果是以技术性设施代替其人员独立行使公权力，而这种技术性设施发生事故造成的损害，视为公权力机关人员违反义务造成的损害"。该法第 1 条第 3 项规定："造成义务损害的人员不承担责任。"这意味着，德国行政赔偿的范围包括公务人员违法行为和技术性设施事故造成的损害。但可惜的是，这部本应在 1982 年 1 月 1 日起生效的《国家赔偿法》最终因被联邦宪法法院宣布违宪而无效。[①] 当前，德国民众行使行政赔偿请求权的法律依据是联邦法律、州法律、法官法、判例和习惯法等，法院解决行政赔偿责任问题的法律主要是《基本法》第 34 条和《德国民法典》第 839 条的规定。[②] 在比利时，20 世纪初，对政府侵权行为缺乏司法保护导致立法机关考虑设立国务委员会，旨在针对滥用行政权力侵权损害提供救济。1920 年 11 月 5 日，最高法院作出判决，所有的民事权利，包括受到行政机关侵犯在内都应当受到司法保护。这实质上是建立了行政机关应当为其所有侵权行为承担责任的原则，不管是其作为公权力机关或是私人行为。自 20 世纪 60 年代以来，对于行政机关错误的或者疏忽大意的行为，或者不作为等造成的损害，向公民提供的救济得到逐步改善。现在公认的是，行政机关对其过错行为都应当承担赔偿责任，即事实行为、具体行政行为、所有规章中的过错以及过失（包括制定规章的过失）。[③]

　　事实上，"二战"以后，随着政府职能的快速扩张，各国纷纷制定专门的行政赔偿法规定国家的侵权赔偿责任，尤以美国为代表。南北战争时期的美国坚持主权豁免原则，不承认国家责任，直至 1946 年《联邦侵权赔偿法》（Federal Tort Claims Act）的颁布。这一法案的通过，是美国联邦政府侵权赔偿责任和侵权法发展史上的里程碑。该法宣布放弃政府侵权赔偿责任的豁免

---

　　① 刘兆兴："德国国家赔偿法研究"，载《外国法译评》1996 年第 3 期。杨鸿沛、张玉娟："德国、法国与中国国家赔偿制度之比较"，载《人民司法》2005 年第 2 期。

　　② 刘松山："德国行政诉讼和国家赔偿制度"，载《云南大学学报法学版》2004 年第 3 期。

　　③ 〔荷〕勒内·J. G. H. 西尔登、〔荷〕弗里茨·斯特罗因克编：《欧美比较行政法》，伏创宇、刘国乾、李国兴译，中国人民大学出版社 2013 年版，第 41－43 页。

特权，容许有关当事人对因联邦政府雇员在其职务范围内有过错的作为或不作为所引起的财产损失、人身伤害或死亡，直接以美国政府为被告，要求其承担侵权赔偿责任。之后，该法先后于 1966 年、1974 年、1988 年得到修改，建立了一系列的政府侵权赔偿规则，并确定了行政赔偿范围这一重要问题。英国于 1947 年 7 月 31 日颁布了《国家责任法》，又称《王权诉讼法》（The Crown Proceeding Act），该法第 2 条第 1 款明确，政府对其公务人员或其代理人实施的民事侵权行为承担全部责任，从而确立了英国的行政赔偿制度。①

日本《宪法》第 17 条和第 29 条分别规定了行政赔偿责任和刑事补偿责任。以《宪法》为依据，日本分别于 1947 年和 1950 年制定了《国家赔偿法》和《刑事补偿法》。日本《国家赔偿法》仅有短短 6 条。该法第 1 条规定，国家或公共团体的公务员在行使公权力的过程中，因故意或过失对他人造成违法损害时，国家或公共团体对损害负赔偿责任。前项情形，公务员有故意或重大过失时，国家或公共团体对该公务员有求偿权。该法第 2 条又明确，因道路、河川或其他公共营造物之设置或管理有瑕疵，致使他人受损害时，国家或公共团体对此应负赔偿责任。这两条将行政赔偿责任区分为公务员的责任和公营造物的责任，剩下的四条主要是关于赔偿的经济责任和《国家赔偿法》与其他法律的关系问题。日本《国家赔偿法》否定了明治宪法时期公务员对直接受害者所应承担的个人责任，避免了由于公务员无能力支付赔偿金导致受害人权利无法得到保障的情况发生，同时，还将主观上存在故意或者重大过失作为国家向公务员行使求偿权的要件之一。日本《国家赔偿法》自制定以来未修订过，但在发展过程中，辅之以判例作为立法的补充。而日本《刑事补偿法》施行至今已经修订十余次之多。②

韩国于 1951 年公布《行政诉讼法》，1967 年颁布了《国家赔偿法》。韩国《国家赔偿法》第 2 条规定："公务员执行职务，因故意或过失违反法令致使他人受损害或依汽车损害赔偿保障法的规定，发生损害赔偿责任时，国家或地方自治团体应赔偿其损害。"该法第 5 条又规定："因道路、河川以及

---

① 谭喻："英国国家赔偿制度中的赔偿程序"，载《中国人大》2010 年第 2 期。
② 刘志新、苏戈、吴立香："对日韩两国国家赔偿制度的思考"，载《人民司法（应用）》2007 年第 5 期。

其他公共营造物的设置或管理的瑕疵，致他人财产受损害时，国家或地方自治团体应赔偿其损害。"可见，韩国的行政赔偿模式也涵盖了公务员职务侵权赔偿责任和公营造物责任。另外，韩国的行政赔偿与行政诉讼相衔接，公民可以通过行政诉讼解决行政赔偿问题，《行政诉讼法》依然构成韩国行政赔偿法方面的程序性规范。[①]

从行政赔偿的立法形式来看，判例法系的国家，有些采用制定法方式确定行政赔偿立法，如美国《联邦侵权赔偿法》。而成文法系国家，也有些采用判例确定行政赔偿的原则和制度，如法国主要通过权限争议法庭和行政法院的判例确立行政赔偿制度。

二、行政赔偿的理论基础

与行政赔偿立法和实践的丰富发展相对应，行政赔偿责任的理论也全面突破，"国家代位责任说""国家直接责任说""公平负担说""特别牺牲说""双重权利保护说"等理论学说层出不穷。

综合而言，多数国家和地区的行政赔偿制度主要构建于如下几类理论之上。

（一）国家代位责任说与国家直接责任说

对于公务员违法行为所生的行政赔偿责任的法律性质，存在代位责任说、自己责任说等观点。国家代位责任说又被称为替代赔偿责任说。根据该学说，行政赔偿责任是指公务员就其违法行为所应当承担的赔偿责任，由公权力机关代为负责，因而行政赔偿责任的本质是公务员个人赔偿责任的替代。行政赔偿责任的成立，以该行为已构成公务员个人赔偿责任为必要。[②] 国家直接责任说又被称为国家自己责任说。根据该学说，国家对公务员违法行为造成的损害直接负赔偿责任。国家授予公务员执行职务的权限，客观上面临着被公务员违法行使的危险，对该危险，应由国家承担相应的后果。

---

① 胡建淼：《韩国国家赔偿法研究》，1994 年 4 月 1 日发表于《韩国研究（第一辑）》。

② 董保城、湛中乐：《国家责任法——兼论大陆地区行政补偿与行政赔偿》，元照出版公司 2008 年版，第 42－43 页。

在德国，早期学说认为行政赔偿责任系代位责任。在德国的法律中，有关国家或其他公法人承担赔偿责任的规定，最早见诸 1896 年德国《民法典》。德国《民法典》第 839 条规定："1.（1）公务员因故意或过失违背其对于第三人应执行的职务的，应对第三人赔偿由此而造成的损害；（2）仅因公务员的过失造成损害的，以被害人不能依其他方法受赔偿而请求赔偿时为限，负其责任。2.（1）公务员因对诉讼事件作出判决而违背其职务时，以违背职务涉及犯罪行为为限，应对由此而造成的损害，负赔偿责任。（2）对违背职务而拒绝或拖延执行职务的，不适用本条的规定"。1910 年《帝国对公务员的责任法》直接规定国家代替公务员承担德国《民法典》第 839 条规定的上述赔偿责任。1949 年德国《基本法》第 34 条再次规定了行政赔偿责任。在裁判实务中，当公务员的行为构成《民法典》第 839 条规定的赔偿责任，且受害人穷尽其他救济手段未能获得赔偿时，国家才能依照《基本法》第 34 条代替公务员负赔偿责任。即只有在公务员须依《民法典》负责的情形下，国家才能以准私人的地位代其负责。行政赔偿制度通过《民法典》第 839 条与《基本法》第 34 条共同运作。[①] 因此，德国学者认为，公务员根据民法须承担赔偿责任时，国家才承担责任，意味着行政赔偿责任为代位责任。

代位责任说将传统的行政赔偿制度建立在国家或主权者不存在不法行为因而可以免其责任的理论基础之上，但这种理论不利于强调国家作为法律关系的特殊主体的责任。在德国，1981 年《国家赔偿法》颁布后，行政赔偿责任的性质发生了重大改变，行政赔偿责任由国家代位责任过渡到了国家直接责任。德国《国家赔偿法》第 1 条明文规定，公权力机关违反对他人承担的公法义务时，由公权力机关根据本法承担损害赔偿责任。[②] 这意味着，国家公务员行使公权力时，如违反公法上的义务导致他人受到损害的，公权力机关即国家应当直接地，而不是间接地，是自身而不是"代位"地承担责任。当公务员因故意或重大过失违反其公法上的义务时，应对其所执行职务的服

---

① 董保城、湛中乐：《国家责任法——兼论大陆地区行政补偿与行政赔偿》，元照出版公司 2008 年版，第 186－187 页。

② 皮纯协、何寿生编著：《比较国家赔偿法》，中国法制出版社 1998 年版，第 261 页。

务主体负责赔偿，即有义务补偿国家付出的赔偿费。不过，这属于公务员与国家之间的关系。①

日本学术界对行政赔偿责任法律性质的认识，也存在代位责任说和国家直接责任说两种不同的说法。根据代位责任说，违法行为的主要赔偿责任由侵权的公共官员个人承担，国家只是替代其承担赔偿责任。② 在日本，大多数学者倾向于采纳代位赔偿责任说。例如，持这一观点的田中二郎认为，违法行为的主要赔偿责任由侵权的公共官员个人承担，国家只是承担替代赔偿责任。《国家赔偿法》规定，如果官员的行为是故意或严重过失，国家有权向该官员追偿赔偿费，这能证明替代赔偿责任理论，因为如果国家承担的是直接赔偿责任，则不能行使追偿权。国家公务员因违反职务上的义务而造成民事侵权行为必须依民法规定负民事责任时，国家才承担其赔偿责任。在这里，国家的赔偿责任只是一种间接的、代位的国家责任。③ 从司法实务来看，国家替代赔偿责任说获得了普遍支持。在昭和二十八年 11 月 10 日判决中，日本最高法院指出："国家或公共团体依《国家赔偿法》第 1 条的规定，对被害人负赔偿责任，需以公务员的故意或过失为要件。"以公务员的故意或过失为国家赔偿责任的要件之一，即倾向认为行政赔偿责任系公务员责任的代位。此项见解，后来为札幌高等法院接受，该院判决明示："《国家赔偿法》第 1 条所称的行政赔偿责任是基于以公务员故意或过失的加害行为为前提的责任代位。"④ 在日本，国家直接责任说的倡导者是今村成和，他认为《国家赔偿法》的目的是要取消国家的豁免，强调国家为其公共官员的违法行为负担绝对的赔偿责任。从这个意义上讲，国家并不是为公共官员的违法行为负担替代赔偿责任，而是国家为公共官员的行为承担直接的赔偿责任。当公共官员执行传统的被称作统治职能的公共义务时，国家直接赔偿责任的特征尤为明显，因为这些职能与官员的个人责任没有联系，它们直接表达的

---

①　杨鸿沛、张玉娟："德国、法国与中国国家赔偿制度之比较"，载《人民司法》2005 年第 2 期。

②　何峻："日本国家赔偿法研究"，载《华侨大学学报（哲学社会科学版）》1998 年第 3 期。

③　［日］田中二郎：《新版行政法（上）》，黑龙江人民出版社 1984 年版，第 254 页。

④　叶百修：《国家赔偿法之理论与实务》，元照出版公司 2012 年版，第 39 页。

是国家的意志，当国家行使这些权力并使他人处于危险之中的时候，自然也要由国家为这些职能所造成的损害负责。①

（二）公平负担理论

当然，也有学者提出，行政赔偿责任本质上属于国家管理活动引起的公平风险责任。从人的不完美性、认识能力的局限性、技术发展的无限性等主客观条件来看，侵权损害是国家管理活动的一种风险成本，因而行政赔偿责任首先是一种公法上的管理风险责任。在行政赔偿责任的归责原则方面，传统上强调过失责任原则，只有公务人员的故意或过失行为违法的，才可能追究行政赔偿责任。但如果过分强调公务人员的故意与过失，则受害人可能因举证不能而使行政赔偿责任成为空文。因此，公平负担理论实质是在对过失责任进行反思与批判的基础上而生成。公平负担理论强调行政赔偿责任中对损害的公平负担，既然国家管理活动是为了公共利益，造成损害的，也应当由全体社会成员来分担费用，即由政府以全体纳税人缴纳的税金来承担。国家承担赔偿责任，实际上就是实现全社会公平负担的过程，其功能在于使受害人的权利义务得以恢复原状。行政赔偿责任本质上属于公法上的公平给付责任。②

（三）公法说与私法说

公法与私法，是大陆法系国家较为盛行的法律分类方法。公法由这样的规范组成——涉及国家组织和运作以及非由私法调整的国家与处在其管辖范围内的各种团体与个人之间关系的规范。而私法是调整私人之间平等关系的规范。公法、私法分类背后的理论依据，是国家与社会的区分，就社会内部的争议事项，认为应当交由普通法院审理，就国家事项，因其性质特殊，必须交由专门的行政法院负责。由于私法早于公法而发生，因此，公法、私法区分在制度上的意义在于，是否需设置专门的法院与机制，处理公法争议。③

对于行政赔偿法律的性质，各国学者存在"公法说""私法说"和"折中说"等不同观点。"公法说"认为，公权力的作用与民法上的私经济作用

① ［日］今村成和：《国家赔偿法》，群众出版社1990年版，第195页。
② 高家伟："论国家赔偿责任的性质"，载《法学杂志》2009年第5期。
③ 翁岳生主编：《行政法（上册）》，中国法制出版社2009年版，第112－114页。

性质不同，行政赔偿法规范公权力不法行使及公共设施设置或管理瑕疵所生的损害赔偿问题，应给予其独立性，与规定私经济作用的民法相对立，不能被当作民法的特别法。"私法说"将国家置于与私人同等的地位，主张行政赔偿法属于民法的特别法，以没有特别规定为限，适用民法之规定。"折中说"认为行政赔偿法系属一种"具有私法规定的公法"。①

日本《国家赔偿法》第4条和第5条规定，国家或公共团体的损害赔偿责任，除第1—3条之规定外，依民法之规定；民法以外的法律另有规定时，依其规定。那么，日本《国家赔偿法》为何作出援引民法的规定？主要原因在于，日本学者对于《国家赔偿法》的性质，通说是采纳私法说，认为行政赔偿事件是私法上的请求，应循民事诉讼程序解决。事实上，不仅日本将行政赔偿诉讼定位为针对国家或公共团体的私法赔偿之诉，德国的传统国家赔偿也是建立在私法基础上。如前所述，德国最早关于国家或其他公法人承担赔偿责任的规定是1896年德国《民法典》第839条，当前的司法实务中，受害人因公权力行为遭受损害，仍然按照《民法典》第839条的规定进行诉讼，而且必须是在穷尽其他救济手段后才能根据《基本法》第34条申请行政赔偿。② 韩国《国家赔偿法》第8条也规定，损害赔偿责任的未尽事宜适用民法之规定；民法以外有特别规定的，适用其他规定。

由于立法体例借鉴日本和韩国模式，同时深受德日学说的影响，我国台湾地区在起草所谓"国家赔偿法"时，也采纳"私法说"的观点，认为所谓"国家赔偿法"属于所谓"民法"的特别法。其主要理由是，公务员不法行为所产生的损害及国家或其他公法人为此承担的赔偿责任，与所谓"民法"中公务员违法行为的损害赔偿责任并无不同，在损害赔偿问题上，公权力机关与私人地位相同，因此，行政赔偿争议自然属于私法争议，应循民事赔偿之标准，所谓"民法"关于损害赔偿及其有关事项的规定，自可径行适用而不必另行规定。③

---

① 张特生："国家赔偿法诸论"，见《国家赔偿法研习资料汇编》，台湾地区"法务部"印行1981年，第2页。
② 刘兆兴："德国国家赔偿法研究"，载《外国法译评》1996年第3期。
③ 刘春堂：《国家赔偿法》，三民书局1982年版，第13页。黄谦恩：《国家赔偿法实务》，自刊1980年，第31页。

我国台湾地区所谓"国家赔偿法"第 5 条规定，国家损害赔偿，除依"本法"规定外，适用所谓"民法"规定；第 6 条明确，国家损害赔偿，"本法"及所谓"民法"以外其他"法律"有特别规定的，适用其他"法律"。

然而，在公法与私法不严格区分的英美法系国家和地区，政府因行使公权力行为造成损害的，与私人一样，承担赔偿责任。在发生此类赔偿争议时，不仅适用民事诉讼程序，在赔偿标准上，也与民事侵权赔偿标准并无二致。

（四）两次权利保护说

在德国，《行政法院法》第 40 条第 1 项规定："除联邦法律有明确规定属于其他法院管辖的以外，公民对于非宪法性质争议的所有公法上的争议，均可提起行政诉讼。"因此，行政法院对于一切非宪法性质的公法争议，均具有管辖权。公民因其权利受到公权力侵害的，可以首先诉请行政法院裁判公权力行为是否违法。如果公权力行为不合法而被行政法院宣布撤销，就形成了对公民的第一次权利保护。其次，当公民因公权力不法行为遭受损害时，可以请求赔偿，这种赔偿争议由普通法院审理，这就是对公民的第二次权利保护。司法实务中，按照德国行政赔偿程序要求，受害人申请行政赔偿首先要经过行政法院确定国家行为属于违法行为后，才能向普通法院的民事法庭申请行政赔偿。行政赔偿程序与民事诉讼程序相同，承办案件的法官是民事法庭的法官。[①]

在双重权利保护原则之下，为了解决民事诉讼与行政诉讼的冲突，通常施行第一次权利保护优先原则，被害人遭受公权力行为侵害的，必须先对该公权力行为是否违法提起诉愿或行政诉讼，不能越过对公权力行为是否违法的审查程序，直接请求行政赔偿。如果受害人放弃第一次权利保护的，显然不能主张第二次权利保护。这是因为，行政行为具有公定力，一经作出就具有"先决特权"。行政行为在未经依法撤销、废止前，应赋予其公信、恒定的效力，即推定其合法，以维护公权力威信及公共秩序。如果对于具有公定力的行政行为，由普通法院在行政赔偿诉讼中进行审查或判断，势必破坏当事人对公权力行为的信赖，也破坏法的安定性。日本的《行政事件诉讼法》

---

① 杨鸿沛、张玉娟："德国、法国与中国国家赔偿制度之比较"，载《人民司法》2005 年第 2 期。

第 45 条第 1 项规定，"私法上法律关系的诉讼中，争执行政处分或裁决的存否或效力的有无，准用第 23 条第 1 项、第 2 项与第 39 条之规定"，日本学说上将此种以行政处分或裁决的效力作为争点的诉讼称为争点诉讼。[1] 当然，第一次权利救济的优先提起，前提条件是不会对当事人造成沉重的负担。且第一次权利救济优先性的规定，仅针对法院处理程序而言，当事人仍然可以在行政诉讼中合并提出损害赔偿之诉。

（五）特别牺牲说

对于公务员违法行为，多数国家和地区采取过失主义原则。据此，受害人若无法证明公务人员存在故意或过失的主观状态，即无法请求行政赔偿。但在刑事赔偿领域，如被羁押的受害人被判决无罪的，对错误羁押的赔偿，如仍需以公务员的故意或过失作为行政赔偿的前提，对受害人而言无论如何都是苛刻的。因此，在刑事赔偿领域，应当考虑受害人的特别牺牲。例如，在我国台湾地区，"司法院"大法官认为，对刑事被告的羁押，是为确保诉讼程序的顺利进行，在被告受有罪判决确定前，拘束其身体自由于一定处所的强制处分，是对被告身体自由所为的严重限制。因此，刑事领域所要弥补的损害，实质上是公权力机关为实现刑罚权或为实施教化、矫治等公共利益，对特定人为羁押、收容、留置或刑罚的执行，致其身体自由权、生命权或财产权受有超越一般应容忍程度的特别牺牲。[2] 基于特别牺牲说，刑事赔偿的归责原则，仅以结果责任为原则。既不问受害人所受的羁押、收容、留置或执行，是否依照法律进行，也不以执行追诉审判职务的公务员，在行使公权力时存在故意或过失的不法行为为要件。受害人请求刑事赔偿时，无须证明公务员是违法行使公权力；可以请求的赔偿内容，则以法律规定的标准为限。

根据特别牺牲说，大陆法系多数国家和地区对刑事领域的行政赔偿实施单独立法。例如，1950 年日本制定《刑事补偿法》，1969 年奥地利制定《刑事赔偿法》，1971 年联邦德国制定《刑事追诉措施赔偿法》。我国台湾地区也曾就刑

---

[1] 王彦："日本《行政事件诉讼法》修改的动向"，载《行政法学研究》2003 年第 2 期。

[2] 台湾地区"司法院"释字第 670 号大法官解释，http://www.rootlaw.com.tw/JudicialSearch.aspx，访问日期：2018 年 2 月 13 日。

事赔偿问题制定所谓"冤狱赔偿法",之后于1991年制定所谓"刑事补偿法",代替所谓"冤狱赔偿法"。至于所谓"刑事补偿法"代替所谓"冤狱赔偿法"时,为何将刑事代替冤狱、赔偿改为补偿?这一点,也离不开"司法院"大法官的修法建议。在释字第670号解释理由书中,大法官们认为,所谓"冤狱赔偿法"所定的赔偿责任,系公权力机关对特定人民在所谓"宪法"保障的自由权利受有超越一般应容忍程度的限制时,依"法律"规定以金钱予以填补的"刑事补偿",并非以行使公权力执行职务的公务员有故意或过失不法侵害行为为要件。原有"冤狱"一词易使人误解"本法"所定补偿系以公务员有故意或过失为要件。对冤狱事件受害人或其亲属,依"法律"规定用金钱予以填补,已超越赔偿,构成实质的刑事补偿,正如德国《刑事追诉措施赔偿法》及日本《刑事补偿法》的立法意旨。2011年台湾地区颁布所谓"刑事补偿法"取代所谓"冤狱赔偿法"。基于特别牺牲说的原理,该法强调刑事补偿并非以行使公权力执行职务的公务员存在故意或过失的不法侵害行为为前提要件,即使公务员行为合法但受害人被判决无罪的,受害人仍可以寻求刑事补偿。当然,在计算具体赔偿金额时,公务员是否存在违法或不当情节,仍然是衡量具体补偿金幅度的重要因素。

三、当前行政赔偿制度的主要特点

尽管理论与实践各不相同,但现代国家对于公民权利的保护均日趋周详,是历史发展的趋势。各国宪法对于公务人员违法执行职务侵害人民权利的问题,均认为应负国家赔偿责任,只是在通过立法具体落实国家赔偿责任时,对国家赔偿责任的范围、具体构成要件以及法律性质等各方面的认识和规定各不相同。

如前所述,国家赔偿可以进一步细分为刑事赔偿、行政赔偿、司法赔偿等。刑事赔偿是指行使刑事侦查权、检察权、审判权和刑罚执行权的机关及其工作人员违法行使职权,侵犯当事人人身权、财产权造成损害而给予的赔偿。行政赔偿是指行使行政权行为造成损害应予赔偿的制度。司法赔偿是指行使司法权(裁判权)行为违法造成损害,司法机关应当承担赔偿责任的制度。鉴于随着行政权的扩张,行政侵害行为及其救济方式逐步成为公法责任的主要内容,在许多国家和地区,行政赔偿的立法与实践呈现日益丰富的发展状态,故本书主要对行政赔偿的理论与实务开展研究。

从各国和地区对行政赔偿的规定来看，当前世界各国行政赔偿制度主要具有以下特点。

（一）行政赔偿均为国家赔偿中最主要的种类

除了国防与外交等统治行为外，国家行为包括立法行为、行政行为与司法行为。1981年，德国颁布《国家赔偿法》，该法规定在法律规定的情况下，国家对立法、司法、行政领域里一切侵权行为承担赔偿责任。对司法行为的赔偿责任，该法第5条第1项作出规定："违反义务的损害是因司法权力具有约束力的终局违法裁判所造成，或者该种损害是依据这种违法裁判所作出的司法处分所造成，并且该义务损害行为为构成犯罪行为，该裁判已依法撤销并确定时，则可依据本法负责任。"对立法行为的赔偿责任由该法第5条第2项加以明确："如果义务损害为立法者的违法行为所造成，只在法律有规定并在规定的范围之内发生赔偿责任。本法不涉及完全基于立法者行为而发生的行政的或司法的权力违反义务的责任。"当然，德国《国家赔偿法》所谓的公权力行为，主要是指国家或其他行政主体的公权力行为，即公法行为。[①]在司法赔偿领域，德国先后颁布了《再审宣告无罪人补偿法》（1898年）、《无辜羁押赔偿法》（1904年）、《刑事追诉措施赔偿法》（1971年）。法国的国家赔偿，起始于行政赔偿，之后也拓宽到立法与司法领域。在英国、美国、瑞士等国的立法或判例中，还对军事行动和军人职务行为的国家赔偿责任作了规定。有些国家的赔偿法将立法、行政、司法等三类行为引发的损害均列为赔偿范围，并合并立法；有些国家则分别立法。

在国家公权力行使行为中，由于行政权的行使与民众的生活关系最为密切，因而行政权引发的争议及损害赔偿，始终是国家赔偿中最主要的种类。当然，由于国家法律制度、法律理论及传统习惯的不同，世界各国和地区对行政赔偿制度的定性和设计存在很大差异。普通法系国家不存在公法、私法的严格划分，行政赔偿是一种民事责任，行政赔偿适用民事诉讼的程序，特有的规则只是一种补充。而在大陆法系国家，往往对公法、私法存在严格分类，认为行政责任是一种公法责任，确立这种责任的目的是保护公民、法人

---

① 刘兆兴："德国国家赔偿法研究"，载《外国法译评》1996年第3期。

和其他组织的合法权益不受到行政公权力的非法侵害。因此，因行政诉讼附带的行政赔偿请求由行政法院管辖。至于单独提起的行政赔偿案件，由于诉讼目的在于填平行政侵权行为造成的损害，公法色彩已不浓厚，故一般由普通法院审理。

（二）行政赔偿与民事赔偿标准趋同

如前所述，根据两次权利保护说，公权力合法性的审查由行政法院进行，行政赔偿争议的解决被作为第二次权利保护的内容，由普通法院审理。其功能定位为填补损害，因而与一般民事争议无异，不仅可以由民事法院审理，而且可以适用民事侵权之赔偿标准。私法说也认为，行政赔偿系以填补事实上已经发生的损害为目的，并非在于补正或纠正行政处分的瑕疵。单独提起的行政赔偿争议，往往以行政处分已被相关机关撤销或确认违法为前提；附带提起的行政赔偿请求，也附随于主诉对行政处分的违法性审查程序。因而，行政赔偿争议已经越过对公权力行为的审查，专注的是损害后果的计算与弥补，公法特征已经不甚明显，与其他民事赔偿纠纷相比，在赔偿标准方面没有本质差别。换言之，行政赔偿的主要功能是填补损害，而在损害的计算与衡量方面，与普通民事诉讼所要解决的赔偿争议并无本质不同。此外，国家代位责任说也可以很好地诠释行政赔偿与民事赔偿标准趋同的理论根据。对于公务员违法有责行为造成的损害后果，行政机关系替代公务员承担赔偿责任，因此赔偿标准应当与公务员根据民法承担的赔偿标准一致。

从司法实践来看，德国、日本、韩国等国家，通过行政赔偿法律对民法的援引，实现了行政赔偿标准与民事赔偿标准的统一。例如，日本《国家赔偿法》通过第4条明确，国家或公共团体的损害赔偿责任，除第1—3条之规定外，依《民法》之规定；同时在该法第5条又规定，国家或公共团体的损害赔偿责任，《民法》以外的其他法律有特别规定的，按其他法律的特别规定处理。[1] 韩国《国家赔偿法》第8条也作出类似的规定。

---

[1] 莫纪宏："日本国家赔偿法的几个问题"，载《外国法译评》1996年第1期。何峻："日本国家赔偿法研究"，载《华侨大学学报（哲学社会科学版）》1998年第3期。

（三）行政赔偿范围拓展至精神损害领域

行政侵权行为造成损害一般有两种后果：一是造成财产损害，国家一般均予以赔偿；二是造成精神损害，它包括精神上的悲伤、忧虑、气愤、失望等精神痛苦。精神损害多因侵犯人身权益而产生，但也不排除侵犯财产权益造成的精神损害。对精神损害予以赔偿系"借物质之手段达精神之目的"，可使受害人感到慰藉而逐渐遗忘其痛苦，平复精神创伤。

行政侵权领域进行精神损害赔偿，首先在德国等大陆法系国家出现。最初这些国家采用限定主义，只对造成物质后果等一些特定精神损害给予赔偿金，到了20世纪60年代，以判例法为主要法律渊源的英美法系，通过判例确认给予精神损害赔偿的权利种类逐渐增多，故大陆法系国家也发展出了非限定主义，对于不产生物质损失但引起巨大精神痛苦的，也开始给付赔偿金。日本《国家赔偿法》第4条规定，除国家赔偿特殊规定外，国家或公共团体的损害赔偿责任，依民法规定。而民法规定的赔偿范围，不论是财产损害，还是非财产损害，都属于可赔偿的范围。

（四）公有公共设施瑕疵责任逐步得到重视

传统的行政赔偿侧重于对公务员违法有责行为的追究，随着服务行政的拓展，在现代科技发达的时代，国家公权力机关越来越普遍地运用现代科技成果，将服务行政和管理行政渗透至社会生活的各个领域。各类技术性设施作为国家福利和行政给付的重要体现，被运用到行使公权力的岗位上，以代替公务人员行使公权力。德国《国家赔偿法》第1条第2项规定："公权力机关如果是以技术性设施代替其人员独立行使公权力，而这种技术性设施发生事故造成的损害，视为公权力机关人员违反义务造成的损害。"这表明，公权力机关如果不以其公务人员行使其公权力，而以技术性设施代替时，因技术设施的故障造成的损害，同样由国家承担行政赔偿责任。此类行政赔偿责任，德国称为技术性设施赔偿责任。日本《国家赔偿法》第2条第1款也规定："因为公路、河流或其他公共设施的建设或管理上的不当给他人造成损失的，国家或公共组织负责赔偿。"该条的责任根据是，"设置管理者提供了存在危险的营造物，而不是造成危险发生的行为"。公营造物责任被纳入

《国家赔偿法》，扩大了日本行政赔偿责任的范围，最大限度地保护了因公共营造物管理瑕疵而遭受损害的国民的合法权益。在韩国，因公共营造物的设置和管理瑕疵引起的损害赔偿，不以公务人员的故意或过失作为其成立要件，责任承担者为国家或地方自治团体，免责事由限于不可抗力。[1] 在美国，如果政府主管部门未在灌溉运河的桥梁上设置护栏，致他人掉入水中溺死，对公路的建筑设施维护不当，路面结冰致车辆滑行倾覆，造成他人伤亡等情形，政府也须承担行政赔偿责任。

与公务员违法有责行为可以简称为人的责任相对而言，技术性设施赔偿责任、公共营造物责任等可以简称为物的责任。将物的责任或者说公产管理不当的责任从民法中分离出来，归入行政赔偿制度调整，可以使之不受民法的限制，独立地发展，以解决实践中所遇到的行政赔偿责任问题，同时也加强对了公众权益的保护，凸显了政府的担当与责任。当然，需要注意的是，如果公共设施是营利性的，如国营铁路，则设置或管理机关应当根据民法承担私法意义上的赔偿责任，因为这些属于私人经济活动，不属于《国家赔偿法》的调整范围。

第二节　我国行政赔偿制度的历史变迁

大多数国家和地区行政赔偿制度的发展经历了从全面否定到有限肯定再到全面肯定的三个阶段，其间理论更迭。我国行政赔偿制度的建立与发展同样也经历了漫长而曲折的过程，以主要历史时期来分，至少可以分为三个阶段。

一、民国建立之前的全面否定时期

在中华民国建立之前，中国社会遵从封建帝制，普天之下，莫非王土，率土之滨，莫非王臣。皇帝代表国家，金口玉言、一言九鼎，一切臣民均需

---

[1]　马超："公共设施致害的赔偿研究"，见姜明安主编：《行政法论丛（第18卷）》，法律出版社2016年版，第290-303页。胡建淼："韩国国家赔偿法研究"，载《韩国研究（第一辑）》1994年，第255-274页。

服从。既然皇帝不可能有错，那就根本不可能存在追究皇帝错误行为的制度。因此，这一时期的特点，对行政赔偿责任持全面否定态度。

但这一时期的国家并非没有纠错行为，只是纠错往往以皇恩浩荡的形式出现，而且只发生在冤狱案件中。老百姓通过鸣鼓声冤、拦轿上访等方式，获得案情昭雪。之后，皇帝从上到下追究官员的贪腐和渎职责任，这在历史上并不鲜见。如清末"杨乃武与小白菜"案平反昭雪后，三十多名官员被撤职查办。但除了追究官员的个人责任，国家本身不承认也不承担赔偿责任。

二、民国建立后的相对肯定时期

清朝专制政体结束，中华民国诞生后，受欧美民主法治观念之影响，1912 年中华民国《临时约法》第 10 条规定："人民对于官吏违法损害其权利的行为，有陈述平政院的权利。"1936 年国民政府颁布的《中华民国宪法草案》（《五五宪草》）第 26 条进而规定："凡公务员违法侵害人民自由或权利的，除以法律惩戒外，应负刑事及民事责任；被害人民就其所受损害，可以依法律向国家请求赔偿。"[①] 同时，1932 年公布的《行政诉讼法》第 2 条规定："提起行政诉讼得附带请求损害赔偿。前项损害赔偿适用行政诉讼之程序外准用民法之规定，但第 216 条规定之所失利益不在此限。"这些规定，承认了行政赔偿制度和行政赔偿诉讼。

除宪法和行政诉讼法外，当时还有一些法律规定了行政赔偿的内容。例如，1930 年《土地法》第 68 条规定："因登记错误遗漏或虚伪致受损害者，由该地政府机关负损害赔偿责任。"1933 年《警械使用条例》第 10 条、1934 年《戒严法》第 11 条、1944 年《国家总动员法》第 28 条分别规定了因警察违法使用警械造成他人伤亡，因国家实行戒严、总动员造成他人损失的，政府负赔偿或补偿的责任。

这一时期的特点是，对行政赔偿责任持相对肯定态度，但在理论基础上仍处于混沌时期。民国初期的立法实际上承认了以农业生产为特色的中华法系的灭亡，并寻求以具有工业时代烙印的西方国家的法学理论及制度代之。

---

① 马怀德主编：《国家赔偿问题研究》，法律出版社 2006 年版，第 3 页。

但由于工业尚未获得大发展，刚刚摆脱帝制的民国政府，对于如何让立法与中国的国情相吻合，尚未能展开全面思考。同时，由于战乱的影响，这一时期对行政赔偿责任的肯定不过是纸上谈兵，未能付诸实践。如果说行政赔偿责任的建立反映了国家与个人关系的改变与演进，那么此时的行政赔偿立法，不过是少数知识分子对建立新的民主国家的渴求，对于大多数民众而言，在战乱中，只有生存才是第一位的。因此，有学者认为，中华人民共和国成立前的行政赔偿制度是由国民党政府通过宪法和特别法确立的。但这些法律在当时不可能起到太大的作用，仅仅是装点门面而已。①

三、中华人民共和国成立之后的发展

（一）大陆地区

1949 年中华人民共和国成立后，新中国第一部宪法即 1954 年《宪法》于第 97 条规定："中华人民共和国公民对于任何违法失职的国家机关工作人员，有向各级国家机关提出书面控告或者口头控告的权利。由于国家机关工作人员侵犯公民权利而受到损失的人，有取得赔偿的权利。"这是新中国首次通过宪法承认国家可能存在侵权行为并且受害人可以主张赔偿。在一些法律、法规和政策中，行政赔偿责任也得到了体现。例如，1954 年《海港管理暂行条例》第 20 条规定："港务局如无任何法律依据，擅自下令禁止船舶离港，船舶得向港务局要求赔偿由于未离港所受之直接损失，并得保留对港务局之起诉权。"1956 年司法部制定的《关于冤狱补助费开支问题的答复》、1963 年劳动部制定的《关于被甄别平反人员的补发工资问题》等成为处理冤假错案的具体依据。1963 年 12 月 6 日，最高人民法院《关于冤错案件平反后不补发工资问题的复函》中提出，冤假错案平反后，对受害人一律不补发工资。但对于生活上确有困难的，可以酌情给予补助和救济。

这一时期直至改革开放之前，由于经历了各类政治运动及"文化大革命"，行政赔偿制度呈现出鲜明的特征。

（1）宪法仅宣示原则。虽然中华人民共和国第一部宪法就对行政赔偿问

---

① 马怀德主编：《国家赔偿问题研究》，法律出版社 2006 年版，第 2 页。

题作了规定。但宪法的规定仅是宣示性的，不能直接适用。为了有效地落实宪法的规定，需要对行政赔偿范围、赔偿义务机关、赔偿程序以及赔偿费用等作出具体规定。但这一时期，具体的行政赔偿立法处于空白状态。

（2）行政赔偿侧重于冤狱赔偿。中华人民共和国成立后至改革开放之前，行政赔偿侧重于对蒙冤或被迫害人员的平反与补偿，解决各类冤狱事件。

（3）行政赔偿未能进入具体实践。这一阶段的行政赔偿制度，散见于各单行立法的零星规定。各个行政机关的赔偿处于各自为政的状态，并未成为体系。行政赔偿主要通过受害人与行政机关的内部协商解决，行政赔偿诉讼尚未在法院出现。

伴随着改革开放，立法领域也开始了日新月异的变化。1982 年《宪法》系统规定了国家权力和公民权利，其中第 41 条恢复了 1954 年《宪法》关于国家赔偿的规定，规定因国家机关及其工作人员侵权行为遭受损失的人，享有根据法律主张赔偿的权利。与 1954 年《宪法》相比，1982 年《宪法》关于国家赔偿的规定，立法措辞增加了两处变化，其中"国家机关工作人员"改为"国家机关和国家机关工作人员"，"取得赔偿的权利"改为"依照法律规定取得赔偿的权利"。

1982 年《宪法》规定的公民可以取得国家赔偿的权利，需要法律的规定才能落实，为此，1986 年《民法通则》率先于第 121 条直接规定，国家机关或者国家机关工作人员在执行职务中，侵犯公民、法人的合法权益造成损害的，应当承担民事责任。这是我国大陆地区首次通过法律的形式规定国家侵权赔偿责任，并且将其界定为民事赔偿责任的一种。另外，1982 年《民事诉讼法（试行）》规定，法院审理行政案件可以适用民事诉讼程序。这两部法律对落实宪法原则，保护公民、法人或其他组织免受不法公权力行为侵害方面发挥了重要作用，并且开创了大陆地区国家赔偿责任尤其是行政赔偿责任以民事法律法规为开端的特点。尤其较为特别的是，在行政诉讼法尚未出台之前，我国法院已经建立行政审判庭，根据《民法通则》和《民事诉讼法（试行）》的规定，开展行政审判和行政赔偿诉讼。

在附随民事诉讼发展的基础上，行政赔偿法律制度的发展呈现出"诉讼法先行、带动实体法发展"的独特轨迹。1989 年我国颁布了民主法制建设史上具有里程碑意义的《行政诉讼法》（以下简称《1989 年行政诉讼法》），该法赋予公民、法人和其他组织对行政机关具体行政行为不服可以提起诉讼的权利，同时还规定因违法具体行政行为受到损害的人，有取得行政赔偿的权利。该法第九章规定了行政赔偿的各项制度，对行政赔偿责任的构成要件、赔偿义务机关的先行处理程序、赔偿义务主体、赔偿程序、追偿及赔偿费用来源等作了较为全面的规定，是我国建立健全行政赔偿制度的重要步骤。同时，也是首次较为系统地规定了行政赔偿诉讼的内容。国家赔偿制度中的行政赔偿部分，首次通过《1989 年行政诉讼法》之规定，与民事侵权赔偿责任相脱离，归并于行政法领域。这一时期，行政法律法规也零星涉及行政赔偿的内容，包括《海关法》《治安管理处罚条例》《民用航空器适航管理条例》等。但由于对行政赔偿的范围、方式、标准、程序等缺乏具体规定，行政赔偿责任的实现仍存在一定困难。

为了进一步健全和完善国家赔偿的法律制度，需要根据国家赔偿的特点，制定单独的国家赔偿法。因为行政赔偿和民事赔偿虽然有共性，但两者性质不同，而且国家赔偿不仅包括行政赔偿，还有刑事赔偿和司法赔偿。为了有效落实宪法的规定，需要对国家赔偿的范围、赔偿义务机关、赔偿程序、赔偿标准以及赔偿费用管理等内容作出具体规定。毕竟，以《民法通则》作为行政赔偿的法律依据，等于混同了公法与私法之区别；而且《民法通则》作为行政赔偿的依据，尚可勉强，但对于刑事赔偿和司法赔偿，显然没有适用的理论空间；《1989 年行政诉讼法》虽然对行政赔偿制度作出了规定，但诉讼法是程序法，用程序法规范实体法的问题，只能应急，不能作为长久之计，否则不利于法学理论的分类和部门法的建立。因此，通过《1989 年行政诉讼法》后，全国人大法制工作委员会就开始着手组织起草国家赔偿法。

经过四年多的努力，我国大陆地区于 1994 年通过了《国家赔偿法》，这标志着行政赔偿制度正式宣布与民事赔偿制度相分离，从开始混用民事有关法律到完成系统构建，开启了单轨运行的模式。①《国家赔偿法》分 6 章共计 35 条，除总则和附则各占一章外，第二章和第三章分别规定了行政赔偿和刑

① 顾昂然："国家赔偿法制定情况和主要问题"，载《中国法学》1995 年第 2 期。

事赔偿领域的赔偿范围、赔偿请求人、赔偿义务机关和赔偿程序；第四章则统一规定了国家赔偿的赔偿方式、具体项目和计算标准；第五章规定了国家赔偿的请求时效、对外国受害人适用对等原则等。

在《国家赔偿法》颁布后，为了统一裁判实务对国家赔偿争议的处理，最高人民法院相继颁布了《关于适用〈中华人民共和国国家赔偿法〉若干问题的解释（一）》《关于审理行政赔偿案件若干问题的规定》《关于民事、行政诉讼中司法赔偿若干问题的解释》《关于人民法院赔偿委员会审理国家赔偿案件程序的规定》《关于人民法院办理自赔案件程序的规定》等司法解释。这些司法解释与《国家赔偿法》一起，构成了我国大陆地区行政赔偿、刑事赔偿和司法赔偿制度的法律渊源。

2010 年，《国家赔偿法》第一次修改，扩大了赔偿范围、改变了归责原则，在举证责任方面，更倾向于保护受害人的利益，同时畅通了请求渠道、完善了赔偿程序、提高了赔偿标准。2012 年，《国家赔偿法》第二次修改，针对刑事赔偿领域扩大了赔偿范围。

2014 年 11 月 1 日，第十二届全国人民代表大会常务委员会第十一次会议通过了关于修改《1989 年行政诉讼法》的决定，新修订的《行政诉讼法》（以下简称《2014 年行政诉讼法》）自 2015 年 5 月 1 日起施行。《2014 年行政诉讼法》删除了《1989 年行政诉讼法》第九章规定的侵权赔偿责任。这意味着《1989 年行政诉讼法》已经完成其引领行政赔偿制度建立的历史使命，除了行政赔偿诉讼尚需遵循行政诉讼程序外，其余有关行政赔偿的内容可以全部遵从《国家赔偿法》及最高人民法院相关司法解释的规定。

2015 年 12 月 28 日，最高人民法院、最高人民检察院共同发布《关于办理刑事赔偿案件适用法律若干问题的解释》，该解释自 2016 年 1 月 1 日起实施，对刑事领域的国家赔偿标准进行了详细的规定，展示了向民事赔偿标准靠拢的趋势。

（二）我国港澳台地区

1. 香港特别行政区

由于历史原因，香港地区的法律制度深受英国法的影响。1947 年英国通过了《王权诉讼法》，取消了英王的行政赔偿责任豁免。1957 年香港发布《官方法律程序条例》，条例以"修订关于官方的民事法律责任及权利的法律"为立法目的，授予个人起诉官方的权利，从而对官方的官方豁免权予以了限制。[①] 该条例第 4 条规定了官方的侵权责任，规定官方假若为具有完全行为能力的成年人，就其受雇人或代理人所犯的侵权行为而须承担某些侵权责任的，则官方须承担所有该等责任；同样，如果就某些责任的违反，按照普通法该等责任是任何人因作为雇主而对其受雇人或代理人负有的侵权法律责任，则官方须承担所有该等责任；就某些责任的违反，而按照普通法该等责任是依存于财产的拥有、占有、管理或控制而须承担侵权法律责任的，则官方也须承担该等责任。同时，根据该条例第 10 条和第 11 条的规定，由官方提出或针对官方提出的所有诉讼，均适用民事法律程序，并须按照法院规则提起和进行。由于针对官方提起的诉讼被归类为民事诉讼，在诉讼费的负担方面，以官方作为一方的任何民事法律程序中，诉讼费或附带费用的判给方式与私人之间诉讼的判给方式是一致的。同时，在损害赔偿方面，任何关于支付私人之间债项利息的法律条文，均适用于官方所欠的判定债项；任何损害赔偿及债项判给利息的法律条文，也适用于针对官方提出的法律程序中的判决。

在香港，政府当被告既可能是因为民事侵权行为引起，也可能是因为政府行使行政权的行为而引起，另外，政府也可以由于各种原因，针对私人提起诉讼。所以严格来说，《官方法律程序条例》所指的官方诉讼并不等同于行政诉讼。政府在与市民之间的纠纷中，如需承担侵权赔偿责任的，该责任也被归类为民事侵权赔偿责任。政府的行政赔偿责任与其民事赔偿责任是完全混同的，且在诉讼程序上，针对政府提起的诉讼也与民事诉讼的程序无异。1997 年香港回归，根据《香港特别行政区基本法》的规定，只要香港原有法律与基本法不相抵触，没有体现殖民色彩的，都保持原有模式，香港特别行政区的诉讼案件以特区终审法院代替原英国枢密院司法委员会而成为最高审级。可以说，香港的法治发展史与特别行政区的特殊定位使得其在法律领域

---

　① 董立坤、张淑钿："香港法院在实施《基本法》中的功能与定位"，载《政治与法律》2011 年第 5 期。

仍然保留着英国法律制度、法律部门分类的影响，行政赔偿与民事赔偿不加区分的做法，就充分体现了英美法系国家的法律特点。

2. 澳门特别行政区

澳门行政诉讼制度基本上沿袭了葡萄牙行政审判制度的特点，而葡萄牙行政审判制度的发展，大体上又追随了法国的发展轨迹。澳门1999年回归之后，也成为我国的一个特别行政区，实行高度自治，享有独立的司法权和终审权。当前，澳门法院的架构为三级建制，即第一审法院、中级法院和终审法院。行政法院是澳门特别行政区目前唯一的专门法院，具有解决行政、税务及海关方面的法律关系所生争议的管辖权。行政诉讼的法律渊源是《行政诉讼法典》。[①] 司法上诉是澳门行政诉讼中最传统也最重要的一种类型，相当于我国大陆地区的撤销诉讼。[②] 为便于当事人更加有效地实现诉讼目的，赔偿之诉可以被合并于司法上诉。当事人可以要求赔偿因有关权利或利益受侵犯或不被承认而造成利益上的丧失或损害。如此规定，在实践上既便于当事人诉讼，也方便法院将相关的诉讼请求一并审查，从而提高审判效率。[③]

3. 台湾地区

我国台湾地区行政赔偿制度的构建源于1947年所谓"宪法"第24条，该条规定，"公务员违法侵害民众自由或权利的，除依照法律规定受惩戒外，应当承担刑事及民事责任。被害人就其所遭受的损害，可以依照法律规定向国家主张赔偿"。[④] 这意味着公权力的行使应受法律制约，发生公务员不法侵害行为的，不仅公务员个人应当受到惩戒，而且公权力机关应当对公务员造成的损害承担赔偿责任。虽然所谓"宪法"对行政赔偿制度作出了明确的宣示，但所谓依"法律"向公权力机关请求赔偿，在"法律"不制定的情况下，受害人的行政赔偿请求权无法得到行使。

---

① 刘晓善："中国大陆、香港、澳门、台湾行政审判制度的比较"，载《辽宁财专学报》2002年第5期。

② 胡建淼、陈骏业："中国内地与澳门行政诉讼若干制度之比较"，载《南京大学法律评论》2008年第z1期。

③ 薛刚凌主编：《外国及港澳台行政诉讼制度》，北京大学出版社2006年版，第374-379页。

④ 台湾地区所谓"宪法"，http://www.rootlaw.com.tw/LawSearch.aspx，访问日期：2013年12月22日。

不过，虽然没有统一的行政赔偿立法，某些特殊领域的行政赔偿责任率先获得了确立。在所谓"土地法""警械使用条例""核子损害赔偿法"等单行规定中，出现了公权力机关应当对公权力违法行为造成的损害进行赔偿的规定。如所谓"土地法"第 68 条规定："因登记错误、遗漏或虚伪致受损害的，由该地政机关负损害赔偿责任。但该地政机关证明其原因应归责于受害人时，不在此限。前项损害赔偿，不得超过受损害时的价值。"① 该项规定确立了地政机关对土地登记违法行为的赔偿责任、免责情形和确定赔偿额的基本时点。所谓"警械使用条例"第 11 条则针对合法与不法使用警械造成第三人伤亡或财产损害的情形，明确受害人可以请求当局支付医疗费、慰抚金、补偿金或丧葬费。② 所谓"核子损害赔偿法"第 24 条规定："核子设施经营者对于每一核子事故，依本法所负之赔偿责任，其最高限额为新台币四十二亿元。"③

同时，"司法机关"也开始通过扩大解释的方法，将所谓"宪法"第 24条所指向的"法律"解释为包括所谓"民法"在内，允许当事人在遭受公权力不法侵害时，可以依据所谓"民法"第 28 条或第 188 条的规定，向当局或其他公权力机关请求行政赔偿。所谓"民法"第 28 条"法人对于董事或其他有代表权的人，因执行职务所加于他人的损害，与该行为人连带负赔偿责任"所展示的法人与董事的关系，以及第 188 条"受雇人因执行职务，不法侵害他人权利的，由雇用人与行为人连带负损害赔偿责任"所展示的雇主与雇员之间的关系，被认为类似于当局与公务员的关系，因此，在较长时期内，台湾地区司法实务中形成了运用所谓"民法"作为行政赔偿依据的做法。④

但是，随着公法与私法理论的不断成熟，所谓"民法"第 28 条所称的法人不再被认为包括公权力机关，而仅指所谓"民法"第 25 条所规定的私法人；行政机关所任用的公务员，也被认为与所谓"民法"上的雇员不同。

---

① 台湾地区所谓"土地法"，http：//www. rootlaw. com. tw/LawSearch. aspx，访问日期：2017 年11 月 15 日。

② 台湾地区所谓"警械使用条例"，http：//www. rootlaw. com. tw/LawSearch. aspx，访问日期：2017 年 12 月 16 日。

③ 台湾地区所谓"核子损害赔偿法"，http：//www. rootlaw. com. tw/LawSearch. aspx，访问日期：2018 年 2 月 22 日。

④ 台湾地区所谓"民法"，http：//www. rootlaw. com. tw/LawSearch. aspx，访问日期：2017 年 12月 22 日。

因此，将所谓"民法"作为所谓"宪法"第 24 条所称的行政赔偿"法律"，不论在理论上还是实践上，都逐步遭到了否定。到了 20 世纪 80 年代初，制定统一的行政赔偿规定，已经成为台湾地区各界的共同要求。

1980 年 7 月 2 日，台湾地区参照日本的立法体例制定的所谓"国家赔偿法"颁布。1981 年 6 月 10 日，台湾地区行政主管部门发布所谓"国家赔偿法施行细则"，该细则与所谓"国家赔偿法"共同于 1981 年 7 月 1 日起施行，两者构成了台湾地区"国家赔偿制度"的主要规定。台湾地区所谓"国家赔偿法"共有 17 个条款构成，主要内容是行政赔偿与司法赔偿。其中，行政赔偿责任分为公务员违法有责行为引发的责任和公有公共设施瑕疵责任。针对审判或追诉职务的公务人员，则规定了司法赔偿制度。如有审判或追诉职务的公务员，因执行职务侵害民众自由或权利的，就其参与审判或追诉案件犯职务上的罪，经判决确定有罪的，应当适用该法的规定被追责。在台湾地区，单独的行政赔偿诉讼，由"普通法院"审理，只有行政诉讼附带的行政赔偿请求，才由"行政法院"审理。

在具体实施行政赔偿制度的过程中，台湾地区有关主管部门通过颁布令函的方式，回复相关单位适用所谓"国家赔偿法"过程中提出的问题。同时，"司法院""最高法院""最高行政法院"等部门也相继作出有关"国家赔偿"的解释、判例等。这些令函、判解等，也构成了法院判处"国家赔偿纠纷"的法律渊源。

在所谓"国家赔偿法"颁布后，台湾地区又出现了所谓"警察职权行使法""电脑处理个人资料保护法"及"通讯保障及监察法"等涉及行政赔偿责任内容的单行法，这些规定与所谓"土地法""警械使用条例"等规定一样，其中涉及行政赔偿的部分，构成了行政赔偿的特别规定，在适用上优先。因为所谓"国家赔偿法"第 6 条规定，"国家损害赔偿，'本法'及'民法'以外其他'法律'有特别规定的，适用其他'法律'"。因此，当所谓"国家赔偿法"与所谓"民法"以外的其他规定对行政赔偿内容作出特别规定的，其他规定应当优先适用。①

---

① 台湾地区"最高法院"1992 年度台上字第 1528 号民事判决、"最高法院"2000 年度台上字第 2213 号民事判决，http://www.rootlaw.com.tw/BookSearch.aspx，访问日期：2018 年 3 月 7 日。

在刑事赔偿领域，早在 20 世纪 50 年代，台湾地区就制定了所谓"冤狱赔偿法"，具体规定错误羁押、错误执行死刑的赔偿标准，在归责原则上，仅以结果责任为原则，不以公务员存在故意或过失为要件。受害人可以请求的赔偿内容，以法定标准为限。2011 年 7 月 6 日，台湾地区公布所谓"刑事补偿法"，取代原所谓"冤狱赔偿法"。与旧规定相比，新规定增加了可以请求刑事赔偿的情形，减少了不得请求刑事赔偿的情形；对赔偿标准则设置了两档不同金额的裁量范围；同时进一步明确了请求刑事补偿的程序、请求权人的范围、审理规则等内容。所谓"刑事补偿法"第 37 条规定，受害人有不能依'本法'受补偿的损害的，可以依所谓"国家赔偿法"之规定请求赔偿。故所谓"刑事补偿法"为所谓"国家赔偿法"的特别法。

第三节　我国行政赔偿制度的发展现状

本书重点以我国大陆地区的行政赔偿制度为研究对象，下文如无特别注明，我国一般主要指我国大陆地区。与其他国家和地区相比，我国行政赔偿制度主要具有下列特征。

一、法律渊源丰富

我国关于行政赔偿制度的法律渊源，最初的法源是《民法通则》和《民事诉讼法（试行）》，随着《1989 年行政诉讼法》的颁布，行政赔偿的司法救济包括实体性制度也获得了初步构建。1994 年《国家赔偿法》出台，行政赔偿制度正式获得构建，之后通过 2010 年、2012 年的修订，行政赔偿制度日趋完善。

同时，最高人民法院也出台了一系列的司法解释，相继对行政赔偿诉讼涉及的受案范围、溯及力、赔偿标准、精神损害赔偿等专门性问题作出认定，完善行政赔偿诉讼。如最高人民法院 1995 年 1 月 29 日作出的《关于〈中华人民共和国国家赔偿法〉溯及力和人民法院赔偿委员会受案范围问题的批复》，规定《国家赔偿法》自 1995 年 1 月 1 日起施行，不溯及既往，刑事赔偿及司法赔偿问题由人民法院赔偿委员会进行处理。1997 年 4 月 29 日，最高人民法院又出台《关于审理行政赔偿案件若干问题的规定》，系统地对行政赔偿诉讼的受案范围、管辖、诉讼当事人、起诉与受理、审理与判决、执行与期间等问题作出系统规定，是各级人民法院审理行政赔偿案件的重要依据。2010 年 4 月《国家赔偿法》第一次修正，为了正确适用修正后的《国家赔偿法》，最高人民法院公布了《关于适用〈中华人民共和国国家赔偿法〉若干问题的解释（一）》。在行政赔偿标准方面，基于《国家赔偿法》在 2010 年修正时加入了精神损害赔偿的内容，2014 年 7 月 29 日，最高人民法院专门出台法发〔2014〕14 号《关于人民法院赔偿委员会审理国家赔偿案件适用精神损害赔偿若干问题的意见》，对精神损害赔偿的适用原则、责任方式的区分等问题作了专门规定，并强调人民法院在确定精神损害抚慰金的具体数额时，应当注意体现法律规定的"抚慰"性质，原则上不超过依照《国家赔偿法》第 33 条、第 34 条所确定的人身自由赔偿金、生命健康赔偿金总额的 35%，最低不少于 1000 元。尽管该意见是对人民法院赔偿委员会处理刑事赔偿与司法赔偿案件所作的规定，但也规定，人民法院审理《国家赔偿法》第 3 条、第 38 条规定的涉及侵犯人身权的国家赔偿案件，以及人民法院办理涉及侵犯人身权的自赔案件，需要适用精神损害赔偿条款的，参照本意见处理。

《2014 年行政诉讼法》施行以后，2018 年 2 月 8 日，最高人民法院发布的《关于适用〈中华人民共和国行政诉讼法〉的解释》（以下简称《2018 年行诉解释》）开始施行。《2018 年行诉解释》第 47 条对行政赔偿诉讼中的举证责任分配进行了规定，第 68 条规定了单独和附带提起行政赔偿诉请的具体要求，第 95 条规定了司法机关对行政赔偿请求权人的释明义务，第 97、98 条规定了行政机关按比例承担相应的赔偿责任。

综上，我国的行政赔偿制度，不仅有专门的《国家赔偿法》，还有最高人民法院的相关司法解释予以充分配套，呈现出法律渊源丰富的特点。

二、计算标准客观

《国家赔偿法》统一对行政赔偿、刑事赔偿和司法赔偿规定了赔偿标准，该赔偿标准的特点是多数采用客观的计算方式。例如，对于侵犯公民人身自由的，《国家赔偿法》第33条规定，每日赔偿金按照国家上年度职工日平均工资计算。又如，对于误工费，每日的赔偿金也是按照国家上年度职工日平均工资计算。客观的计算方式，可以统一全国标准。但问题在于，我国各省市居民收入及消费水平并不均等，采用客观计算方式，可能会造成实际损害与赔偿所得无法匹配的状态。在民事赔偿中，对于误工费的赔偿，受害人有固定收入的，误工费按实际减少的收入计算，无固定收入的，按最近三年的平均收入计算，不能举证最近三年收入状况的，可以参照受诉法院所在地相同或相近行业上一年度职工的平均工资计算。显然，民事赔偿的标准更接近实际损害。

虽然行政赔偿多数采用客观计算方式，但在无法统一量化的精神损害赔偿领域，还是采纳了主观的衡量方式。如前述最高人民法院《关于人民法院赔偿委员会审理国家赔偿案件适用精神损害赔偿若干问题的意见》规定，在确定精神损害抚慰金的具体数额时，要综合考虑：精神损害事实和严重后果的具体情况；侵权机关及其工作人员的违法、过错程度；侵权的手段、方式等具体情节；赔偿请求人住所地或者经常居住地平均生活水平；赔偿义务机关所在地平均生活水平等因素。

三、赔偿范围有限

与民事赔偿相比，我国的行政赔偿项目偏少。例如，在侵犯人身权的行政赔偿领域，在不造成残疾的情况下，受害人可以获得行政赔偿的项目有医疗费、护理费、误工费，而在民事赔偿领域，同等情形下，受害人还可以主张交通费、住宿费、住院伙食补助费、必要的营养费等。

我国行政赔偿范围有限还体现在公有公共设施瑕疵责任的缺失。在大陆法系多数国家和地区，除了公务员违法有责行为引发的行政赔偿外，针对公有公共设施引发的伤害事件，也确立了行政赔偿责任，即在公有公共设施设置或管理存在欠缺时，要求设置或管理机关承担行政赔偿责任。在我国大陆地区，受公有公共设施瑕疵侵害的当事人并不少见，但基本上在民事诉讼领域解决赔偿问题。以高速公路上的交通事故为例，当事人在高速公路行驶途中，为避让道路上突然出现的动物、前车遗落物等，发生交通事故遭受人员伤亡及财产损失的，往往以公路管理方为被告提起民事赔偿诉讼，理由是当事人缴纳了过路费，与公路管理方存在合同关系，公路管理方有提供安全服务的义务，道路出现障碍物系被告没有尽到义务，应承担违约赔偿责任。而公路管理方往往以自己已经尽到巡查和安全维护义务为由，拒绝承担责任。在这些案件中，法院往往会判决被告赔偿原告一定的损失。但是，如果公共设施的管理方难以寻找或者因其他情形不能履行赔偿义务的，由于我国行政赔偿领域缺失公有公共设施瑕疵责任的规定，受害人无法主张行政赔偿，权益无法得到充分保障。

四、行政和解居多

按照我国行政赔偿法律和相关司法解释的规定，受到违法行政行为侵害的当事人，既可以在行政诉讼中附带提出行政赔偿请求，也可以直接向行政主体提出赔偿要求，如果遭到拒绝或对赔偿金额不满意的，再向法院提出单独行政赔偿诉讼。此外，法院也可以就行政赔偿问题，主持当事人和行政机关进行调解。

虽然提起诉讼是当事人可以寻求行政赔偿的主要路径，但从实际运行情况来看，由法院直接主持调解或判决进行行政赔偿的案件比例并不多。许多当事人是在法院确认行政行为违法或撤销行政行为后，自行与行政机关就赔偿问题达成和解。行政机关为什么不情愿由法院判决承担行政赔偿责任，为什么不敢使用国家赔偿金？这一点也离不开对国家赔偿费用支付路径和支付条件的分析。1995 年国务院发布的《国家赔偿费用管理办法》，对财政机关核拨国家赔偿金或返还财产，设定了严格的前提条件，其中一项就是赔偿义务机关对有故意或者重大过失的责任者依法实施追偿的意见或者决定。这意味着承担国家赔偿责任，必然离不开对公务员的追责。至于具体对公务员如何追责，《国家赔偿法》等法律法规并没有明确规定。出于对责任的逃避，或者说出于对未知的追偿问题的恐惧，赔偿义务机关无不倾向于否认国家赔偿责任的存在，或者即使存在违法行政行为造成损害需要赔偿的，也倾向于通过法外补偿或和解的方式予以协调解决。2010 年国务院发布《国家赔偿费用管理条例》，不再将相关责任人被追偿定责作为支付国家赔偿金的前提条件。但要求赔偿义务机关在支付国家赔偿金后，还应当依照《国家赔偿法》第16条、第31条的规定，责令有关工作人员、受委托的组织或者个人承担或者向有关工作人员追偿部分或者全部国家赔偿费用。而赔偿义务机关行使追偿权的条件和标准依然没有明确。出于对追偿问题的担忧，行政机关仍倾向于与当事人达成和解，行政赔偿金的支付以其他名义支出。由于我国尚未出台行政给付法，对于以其他名义支付的行政赔偿金，尚无相应的法律予以规制。

从受害人的角度而言，其也往往倾向于通过行政和解的方式解决行政赔偿。因为法院判决只能按照《国家赔偿法》规定的法定赔偿标准进行，在法定的行政赔偿标准低于实际损害的情形下，通过行政和解，受害人往往可以获得高于法定赔偿标准的补偿。

综上，世界各国行政赔偿制度的建立经历了从否定到肯定的漫长过程，其间理论更迭，司法实务也推陈出新。我国行政赔偿制度经过改革开放以后的迅速发展，建立了相对独立的法律体系，辅之以相关的司法解释，我国的行政赔偿制度已经得到了系统构建。在行政赔偿领域，虽然法律渊源丰富，行政赔偿诉讼也在法院顺畅运行。但由于赔偿标准过低、赔偿范围过窄等问题，大量受违法行政行为侵害的当事人并不愿意通过行政赔偿诉讼解决行政赔偿事宜，行政赔偿制度尚未充分发挥应有的作用。我国台湾地区行政赔偿制度的发展，秉承德日模式，专设"行政法院"解决行政纠纷，不仅孕育了丰富的行政法学理论体系，而且大量的"司法裁判"和"大法官释义"推动了行政赔偿立法和实践的发展。相比欧美及德日的行政赔偿制度，台湾地区由于具备与大陆地区同根同源的法治文化和司法传统，其行政法学理论和实践更适宜学习和移植。因此，本书在对行政赔偿实务问题进行研究时，将较多地检视台湾地区的司法案例，从中挖掘和选取具有比较价值的部分，以期对完善我国大陆地区的行政赔偿制度有所裨益。

第二章
行政赔偿责任的构成要件

在行政赔偿制度中，判断行政赔偿责任是否成立，需要分析行政赔偿责任的各项构成要件。从世界各国和地区的规定来看，行政赔偿责任主要可以分为两个大类：一是公务员违法有责行为所生的行政赔偿责任，简称人的责任；二是公有公共设施瑕疵所致的行政赔偿责任，简称物的责任。本章对行政赔偿责任构成要件的解析，也依此分类进行。

第一节　人的责任

在法国，不论是公法上的还是私法上的赔偿责任，必须具备三个条件：（1）损害的存在；（2）损害的发生和赔偿主体的行为或物体有因果关系；（3）引起损害的事实必须具备某些法律性质。在大多数情况下，损害的存在是由行为引起，只有当引起损害的行为具备能够产生责任的性质时，行为者才负赔偿责任，这主要是指公务过错。在法国，行政主体在公法上通常只对有过错的执行公务的行为所产生的损害，负赔偿责任。这种过错称为公务过错，与民法上的过错不同。在例外情况下，行政主体对无过错的执行公务行为所产生的损害，也负赔偿责任，无过错的责任只适用于某些特定事项。①在日本，对于公共官员违法行为构成的行政赔偿责任，《国家赔偿法》第1条第1款规定，"国家或公共组织的雇员在行使公共权力的过程中，故意或过

---

① 王名扬：《法国行政法》，北京大学出版社 2007 年版，第 566 – 571 页。

失对他人造成违法损害的，国家或公共组织对这种损害负赔偿责任"。据此，确定公共官员引发的行政赔偿责任的成立，须满足四个要件：（1）国家或公共组织的公共官员行使公共权力；（2）公共官员在行使公权力的过程中存在故意或过失；（3）公共官员的行为违法；（4）违法行为导致了损害的发生。在德国，《国家赔偿法》第 1 条第 1 项规定："公权力机关违反其对他人承担的公法上的义务时，公权力机关应当依据本法对他人由此产生的损害负赔偿责任。"该法第 1 条第 2 项规定："公权力机关如果是以技术性设施代替其人员独立行使公权力，而这种技术性设施发生事故造成的损害，视为公权力机关人员违反义务造成的损害。"可见，德国政府官员行为构成行政赔偿责任须具备的要件是：（1）存在公法行为，公法行为主要是指公权力机关行使公权力的行为；（2）行为违反公法上的义务，公法上的义务源于宪法、法律、法令、自治法规、国际法、习惯法以及行政法的一般原则等；（3）违反对他人应履行的特定义务，即公权力机关的行为，不仅违反一般的公法上的义务，而且必须同时违反其在公法上对受害人的特定义务，才能构成行政赔偿责任；（4）公民受到公权力行为的侵害，且这种损害与公权力机关违反义务的行为之间存在着因果关系；（5）政府官员在作出行使公权力行为时，存在故意或过失。

虽然各国和地区对于公务员违法行为所致的行政赔偿责任的规定和实践不尽相同，但总体而言，其构成要件离不开对侵权主体、违法行为、损害和因果关系的解析和判断，现分述如下。

一、侵权主体的界定

行政赔偿责任是行政侵权行为造成损害而引发的赔偿责任。因此，行政赔偿责任的首个要件是侵权主体必须为拥有行政权的主体。只有拥有行政权的主体才能相应地成为赔偿义务主体。行政权有时由行政机关直接行使，大多数时候则由其公务人员来行使。另外，拥有行政权的主体，除了行政机关外，还包括法律、法规或者规章授权行使行政权的组织。

（一）行为人为行政主体

根据《国家赔偿法》第 3 条、第 4 条的规定，行政机关及其工作人员在行使行政权时有侵犯人身权、财产权情形的，受害人有取得行政赔偿的权利。因此，在我国，行为人首先是行使行政权的行政机关。

行为人是行政机关的情形比较多见，如公安局作出拘留十日的行政处罚决定，行为人即作出机关。如经法院审查，该处罚决定认定的事实错误或法律适用错误等，应当被撤销的，此时，作出机关即构成了侵权主体。如果违法的行政决定由两个以上行政机关共同作出，此时侵权主体为共同行使行政权的行政机关。

除了行政机关，法律、法规或者规章授权的组织在行使被授予的行政权时侵犯公民、法人和其他组织的合法权益造成损害的，该组织也构成侵权主体。

此外，即使本身不享有行政权，但受行政机关委托的机关或组织，在行使受委托的行政权时侵犯公民、法人和其他组织的合法权益造成损害的，受托的机关或组织本身构成了行使行政权的行为人，当然，最终的责任是由委托机关承担。

（二）行为人为公务人员

在大多数情形下，行政机关的行政权，需要由其公务人员直接行使，此时，行为人直接表现为公务人员。如行政执法人员当场实施行政强制措施，那么直接实施行政权行为的行为人是行政执法人员本身。如交通警察直接对交通违法行为人开出交通罚单，虽然罚单是以单位名义作出，但对于受处罚的公民而言，其直接面对的行为人是交通警察。

同理，如果法律、法规或者规章授权的组织，其行使行政权是由其工作人员直接完成的，则行为人系被授权组织的工作人员。

另外，受行政机关委托的机关或组织的工作人员，或者直接受行政机关委托的个人，在行使受委托的行政权时侵犯公民、法人和其他组织的合法权益造成损害的，受托的机关或组织内的工作人员或者受托个人，也构成了行使行政权的行为人。

在行为人为公务人员的情形下，侵权主体仍然是其所在的机关或组织，在受委托的情形下，侵权主体则为委托机关。

（三）对公务人员应作广义的理解

《公务员法》所称的公务员，是指依法履行公职、纳入国家行政编制、由国家财政负担工资福利的工作人员。由于行政权的行使存在法定、授权及委托等各类情形，同时行政机关内部从事公务的人员不仅包括《公务员法》所称的公务员，还包括合同工、临时工等，在行政法及行政赔偿法意义上，对于行为人为公务人员的情形应作广义的理解。不管是行政机关的工作人员、授权组织的工作人员、受托机关或组织的工作人员，不管其身份是否为公务员，只要行为人系以合法的方式获得行政权，即可以认定其系行使行政权的行为人。

在我国台湾地区，对于公务员的定义，从行政赔偿的角度而言，界定为"依'法令'服务于当局、地方自治团体所属机关而具有法定职务权限，以及其他依'法令'从事于公共事务而具有法定职务权限的；受当局、地方自治团体所属机关依法委托，从事与委托机关权限有关的公共事务的"人。[1] 通说认为，"法令"包括"法律"与命令两种，公务系指公法上的职务。从裁判实务来看，只要是依"法令"从事公法上职务的人员，不管其身份究竟为职员、官吏、文职还是武职，不管是否是行政机关编制之内或之外，不管其是经任用、派用、聘用或选举而来，不问是否专职或兼职，也不问是否领取薪酬，均为行政赔偿意义上的公务员。[2] 此外，即使私人受委托行使公权力，在台湾地区如民间公证人、私立学校、办理车辆定期检验的民间汽车修理厂等，在行政赔偿意义上，也被认为属于公务员。

（四）赔偿义务主体的认定

当行使行政权的行为人本身为行政机关或授权组织时，毋庸置疑，赔偿义务主体即行政机关或授权组织。如行政机关或授权组织系受托行使行政权的，则委托机关为赔偿义务主体。但通常情况下，行为人为行政机关或授权组织的工作人员，如果工作人员行使行政权时有侵犯人身权、财产权情形的，此时，受害人应向行为人所在的机关主张行政赔偿。如果行为人作为个人系受托行使行政权的，则应当向委托机关主张行政赔偿。简而言之，行政权的行使除了由行政机关及授权组织直接行使外，大多数情形下是由行政主体的工作人员直接行使，而赔偿义务主体始终是由拥有行政权的机关或组织承担，

---

① 林清汶：《行政程序与诉愿理论实务之运用》，元照出版公司 2017 年版，第 91 页。
② 叶百修：《国家赔偿法之理论与实务》，元照出版公司 2012 年版，第 103～127 页。

在存在委托行使行政权的情形下，是由委托机关来承担。即赔偿义务主体始终是拥有行政权的主体。

在德国，行政赔偿的义务主体是公权力机关，公权力机关包括具有全部或一部分权利能力的公法上的权利主体，例如，联邦、州、乡镇机关，公法上的社团、财团或营造物。如果公法上的权力不是由公权力机关行使，而是由公权力机关授予私法法人或个人行使时，由此所发生的损害赔偿责任应由授予公权力的机关承担。德国《国家赔偿法》第 12 条第 1 款规定："如果行使公权力的不是公法法人，则应由授予国家权力的公法法人承担责任。"

二、违法行为的认定

我国 1994 年《国家赔偿法》第 2 条第 1 款规定，国家机关和国家机关工作人员违法行使职权侵犯公民、法人和其他组织的合法权益造成损害的，受害人有依照本法取得国家赔偿的权利。这意味着无论行为人是否具有故意或过失，只要实施违法行为且造成损害的，受害人均可以主张国家赔偿责任。2010 年 4 月，《国家赔偿法》修改，该法第 2 条第 1 款被修改为："国家机关和国家机关工作人员行使职权，有本法规定的侵犯公民、法人和其他组织合法权益的情形，造成损害的，受害人有依照本法取得国家赔偿的权利。"删除"违法"两字，是否意味着我国国家赔偿归责原则发生了变化，由违法归责原则变更为结果归责原则？细究《国家赔偿法》的相关条文，实际上，行政赔偿责任的构成，仍然离不开对违法行为的认定。因为《国家赔偿法》第 2 条第 1 款强调，存在本法规定的国家侵权行为造成损害的，受害人可以主张国家赔偿。这意味着，侵权行为需以《国家赔偿法》规定的范围为限。以侵犯人身权的行为为例，《国家赔偿法》第 3 条列举的情形，包括违法拘留、非法拘禁等违法行为，其兜底项也表述为"造成公民身体伤害或者死亡的其他违法行为"。《国家赔偿法》第 4 条罗列的侵犯财产权的情形，同样也离不开违法征收、违法查封等违法行为。因此，违法行为的存在，仍然是行政赔偿责任的构成要件之一。

那么，对于行政赔偿责任构成要件中的违法行为，具体应当如何认定？一般而言，可从如下三个方面进行理解。

（一）系行使行政权的行为

一般而言，国家公权力可以具体分为立法权、行政权和司法权。在德国，根据《国家赔偿法》第5条第2项的规定，如果损害是由于立法者的违法行为所造成，则只在法律有规定并且在规定的范围之内，发生赔偿责任。对司法行为的赔偿责任，该法第5条第1项规定："违反义务的损害是因司法权力的具有约束力的终局违法裁判所造成，或者该种损害是依据这种违法裁判所作出的司法处分所造成，并且该义务损害行为构成犯罪行为，该裁判已依法撤销并确定时，则可依据本法负责任。"我国台湾地区所谓"国家赔偿法"也对司法行为引发的损害赔偿责任作出了规定。但行政赔偿责任构成要件中的违法行为，仅指行使行政权的行为。

行使行政权的行为首先意味着，与行政权无关的个人行为，如侵害他人合法权益的，不属于行政赔偿法意义上的违法行为，应由行为人自行承担侵权责任。譬如，驾驶公务车进行私人旅游造成交通事故，警察用值勤手枪从事私人报复行为，都属于非执行职务行为。

其次，行使行政权行为与统治权行为、私经济作用行为应当作出区分。传统意义上的行使行政权行为仅指高权行政。所谓高权，是指国家对于人民生命、自由、财产，得以强制力，命其作为、不作为，而无须得到其同意的处分权能。随着国家和政府职能的扩张，行政管理活动内容日益丰富，除了行政高权行为，行政给付、行政确认、行政裁决等行为，也呈现出公权力行为的丰富特征，但不再带有高权行政的特点。此外，国家还会从事一些私经济作用行为，如依照私法契约提供行政所需物质的行为，以及政府采购行为等。因此，所谓行政权的行使，一方面，要与国家高权行为中的统治权行为如国防外交等行为加以区分；另一方面，要避免与国家机关进行的私经济作用行为产生混淆。

最后，行使行政权行为包括积极执行职务行为和消极执行职务行为。积极执行职务需具备客观标准，在外观上具有执行职务的形式。例如，《公安机关办理行政案件程序规定》第43条规定，实施行政强制措施应当遵守下列规定：（1）实施前须依法向公安机关负责人报告并经批准；（2）通知当事人到场，当场告知当事人采取行政强制措施的理由、依据以及当事人依法享有的权利、救济途径；（3）听取当事人的陈述和申辩；（4）制作现场笔录；（5）实施限制公民人身自由的行政强制措施的，应当当场告知当事人家属实施强制措施的公安机关、理由、地点和期限；（6）法律、法规规定的其他程序。这些执法过程和步骤都是行使行政权的客观表现，如果公安机关不遵循上述法定程序，或者超越职权等作出行政强制措施的，构成积极执行职务行为违法。

在积极执行职务行为中，容易引起争议的积极执行行为包括与执行职务紧密联系的行为、职务予以机会行为、回程行为等。一般而言，执行职务的行为应当包括与执行职务密切关联的行为，如警察逮捕犯人后予以刑讯逼供。至于执行职务行为与职务予以机会行为的区别，不能仅以行为与职务之间在外观上、时间上或处所上有关联就认为足够，还要从行为目的与职务作用的不同加以区分。对于回程行为是否为执行职务行为，一般认为，回程行为与执行职务仍有密切关联，如消防队处理消防事故完毕，以及交警处理交通事故现场完毕后，于归途中再发生事故的行为，也倾向于认定为执行职务行为。

消极执行主要是指公务员怠于执行职务，致公民、法人或其他组织人身权或财产权遭受损害的情形。对于消极执行职务行为造成损害是否可以引起行政赔偿责任的问题，最典型的当如四川省高级人民法院川高法〔2000〕198号《关于公安机关不履行法定职责是否承担行政赔偿责任的问题的请示》，该请示称，审判实践中遇到了一些公安机关未能依照《人民警察法》的规定履行保护人民权利的法定职责，致使相对人受到了他人的不法侵害，对于公安机关是否应当承担行政赔偿责任问题，形成了不同意见。对此，最高人民法院作出法释〔2001〕23号批复，指出，由于公安机关不履行法定行政职责，致使公民、法人和其他组织的合法权益遭受损害的，应当承担行政赔偿责任。在确定赔偿的数额时，应当考虑该不履行法定职责的行为在损害发生过程和结果中所起的作用等因素。因此，消极执行职务的行为，在我国，也是引起行政赔偿责任的违法行为。当然，行政不作为情形下的损害，可能既包括行政不作为的因素，也包括第三人的行为，针对此类情形，最高人民法院作出〔2011〕行他字第24号《关于公安机关不履行、拖延履行法定职责如何承担行政赔偿责任问题的答复》，对甘肃省高级人民法院《关于张美华等五人诉天水市公安局麦积分局行政赔偿案的请示报告》，答复如下：公安机关不履行或者拖延履行保护公民、法人或者其他组织人身权、财产权法定职责，致使公民、法人或者其他组织人身、财产遭受损失的，应当承担相应的行政赔偿责任。公民、法人或者其他组织人身、财产损失系第三人行为造成的，应当由第三人承担民事侵权赔偿责任；第三人民事赔偿不足、无力承担赔偿责任或者下落不明的，应当根据公安机关不履行、拖延履行法定职责行为在损害发生过程和结果中所起的作用等因素，判决其承担相应的行政赔偿责任。公安机关承担相应的赔偿责任后，可以向实施侵权行为的第三人追偿。这意味着，在消极执行职务的情形下，如损害系由第三人行为直接引发，第三人民事侵权赔偿责任应当先行，行政赔偿责任处于补充地位，并且要按照行政不作为在损害发生过程和结果中所起的作用进行衡量。

当然，判断消极执行职务行为引发的行政赔偿责任，难点在于，以不作为方式侵害他人人身权或财产权的，如何判断行政机关工作人员有作为义务而不作为。对此，我国台湾地区"最高法院"在1983年台上字第704号判例对何谓怠于执行职务作出详细解释，认为"国家赔偿法"第2条第2项后段所谓公务员怠于执行职务，是指公务员对于被害人有应执行的职务而怠于执行。也就是说，被害人对于公务员为特定职务行为，有公法上请求权存在，经请求其执行而怠于执行，致自由或权利遭受损害，可以依据"国家赔偿法"上述规定，请求行政机关负损害赔偿责任。如果公务员对于职务的执行，虽可使一般民众享有反射利益，民众对于公务员仍不得请求其执行该职务，纵然公务员怠于执行该职务，民众并无公法上请求权可资行使，以资保护其利益，所以不能依照上述规定请求行政赔偿。

（二）行为系违法

在德国，行政行为违法是指公权力机关违反公法上的义务和违反对他人的作为义务。公法上的义务源于宪法、法律、法令、自治法规、国际法、习惯法以及行政法的一般原则等规定，公权力机关因作为或不作为而可能与之相抵触，导致违反公法上的义务。公权力机关违反公法上的义务，实质上是从事公权力行为的人违反职务义务。德国《基本法》第34条规定，任何人在执行委任的公务时，如果违反对第三人应负的职务义务时，原则上应由国家或任用他的公法团体承担赔偿责任。当然，公权力机关的行为，如果只是一般地违反公法上的义务，尚不能构成行政赔偿责任。当由法律法规所确立的公权力机关的公法上义务，也是公民可以享有的公法上的直接权利时，即公权力机关还需对公民负有公法上的作为义务时，公民才可以因其违反作为义务而寻求行政赔偿。

在我国台湾地区，对于行政行为违法的含义，存在狭义说与广义说。狭义说认为，行为违法仅指违反明文的成文法规。广义说认为，行为违法系指行为欠缺客观上的正当性，不限于违反成文法规，还包括违反诚信、信赖保护、比例、公序良俗等原则，但不包括裁量不当行为。最广义说，则把不当的裁量行为，也认定是欠缺客观上正当性的行为。从裁判实务来看，在我国台湾地区，行使公权力行为违法，具体可包括如下情形：（1）无"法规"依据而侵犯人民权益；（2）抵触"司法院解释"；（3）抵触判例；（4）无正当理由而违反行政机关内部的行政规则；（5）瑕疵的裁量行为等；（6）怠于执行职务。职务上的作为义务，可以按照法规规定内容及其解释导出、按照行政机关内部行政规则导出、透过一般法律原则的运用导出或者按照公序良俗或法理导出；（7）违反对第三人的职务义务。对第三人的职务义务以被害人具有公法上请求权为必要。

在我国大陆地区，关于行为违法的概念，并无法律的明文规定。但由于行政诉讼承担了对行政行为合法性的审查义务，从《行政诉讼法》和相关司法解释的规定进行推导，违法行政行为可以从四个方面加以认定：（1）缺乏职权依据，即没有法定的职责但作出行政行为；（2）超越职权，即超越自身的裁量范围或职权范围；（3）滥用职权，即执法过程不符合法律授权的目的；（4）认定事实错误，包括遗漏事实、事实缺乏证据证明等；（5）适用法律法规错误，包括实体法适用不正确和程序法适用不正确等；（6）违反法定程序，违反法定程序突出表现在行政处罚领域，如未履行事前告知程序，导致当事人在受处罚前没有陈述或申辩的机会，在此情形下，法院可以以违反法定程序为由，判决撤销或确认该行政行为违法。另外，明显不当的行政处罚由于失却了其客观上的正当性，也可以归为违法的表现之一。在行政实务中，对于规制行政行为，只需对行政机关为或不为的状态是否违法作出判断，但对于裁量行政行为，本身涵盖了行政机关的裁量权，如何判断其违法性，也是难点之一。从 2014 年《行政诉讼法》和相关司法解释的规定来看，我国大陆地区对于行政裁量权实施有限的司法审查权，如行政处罚明显不当的，可以判决变更。当然，对裁量行政行为合法性的判断，需要结合行为人的主观状态、职权行使的正当性、比例原则、平等原则等多角度进行考虑。

（三）行为人须具有故意或过失

多数国家和地区对于行政赔偿责任采用过失责任主义，强调公务员违法行使公权力行为时具有故意或过失为必要。所谓故意，是指公务员明知或应当预料到行为违法而希望或放任其发生的主观状态。所谓过失，是指公务员应当预料到行为违法，但由于轻信其不违法或由于疏忽大意以为其不违法的主观状态。

在分析行政行为违法时，为何要强调行为人的主观状态，这一点离不开前述国家代位责任说。国家代位责任说认为，行政赔偿责任实际上是对民法所定的公务员民事侵权责任的替代，而民法所描述的侵权责任以公务员的故意或过失状态为责任要件，因此，国家代替公务员承担行政赔偿责任也需以公务员的故意或过失为条件。不过，在具体案件中，要证明公务员故意或过失状态的存在，对受害人而言显得较为困难，司法实务中也难以开展有效认定。为此，对行为人故意或过失的认定，在学说上逐步发展出"过失的客观化""过失推定""过失与违法关系的一元化"等理论及方法。

所谓过失的客观化，是指以善良管理人的注意义务作为过失判断的依据。行为人违反善良管理人注意义务的，应当认定过失成立。具体而言，在认定公务员有无故意过失时，不以公务员个人的知识能力为判断标准，而是以职务上的注意义务为标准，即以忠于职务的一般公务员在该具体情况下，所应注意且可期待其注意的程度来加以判断。[①] 所谓过失推定，即认为被害人只要能证明因公务员的违法行使公权力行为遭受损害的，就一般地推定公务员具有过失；而行政机关如不能作出无过失的反证时，就不能免除赔偿责任。

从力主过失的客观化到过失推定主义，过失与违法在理论发展上呈现一

---

① 翁岳生编：《行政法》，中国法制出版社 2009 年版，第 1666 - 1667 页。

元化的发展趋势，以"违法视为过失"为理论表征。如在法国，关于行政侵权产生的责任，以行政机关有过错为前提，但法国行政法对什么构成行政过错有很宽泛的解释。首先，违法本身即构成过错；其次，疏忽、失职、过分拖延、不遵守承诺等都能构成过错。一般而言，证明行政过错的责任由原告承担，但法国行政诉讼程序总体上是讯问式的，因此，原告可以期待法官予以帮助。当然，如果损害是由公营造物和公共设施引起的，则适用无过错责任。此外，法国还通过判例法确定了一些适用无过错责任的情形。① 在日本，面对判断故意或过失的问题，法院已经开始借用民事侵权法中的抽象过失观念，将过失和违法行为融合，消除了公共官员个人的主观因素。这些判断故意或过失的客观规则包括忽视法规的存在、错释法规的意义、忽视司法院解释、抵触判例、服从长官或上级机关的违法指示、认定要件事实时未尽调查义务、误认事实甚或违反安全确保义务等。

我国行政赔偿制度中对于违法行为的认定，无须考虑行政机关及其工作人员行为时的主观故意或过失状态，只需判断是否存在《国家赔偿法》第3条、第4条规定的违法行为即可。但是，行为人存在故意或重大过失的，赔偿义务机关赔偿损失后，可以责令行为人承担部分或者全部赔偿费用。此外，存在故意或者重大过失的行为人，可能还会被行政处分甚至被依法追究刑事责任。显然，公务员无过失，只表示公务员个人在过失责任原则之下不必遭受追责，不受追责并不等同于行为合法，公务员既然代表行政机关而行为，行政机关不能违法，仍应该承担该违法责任。

三、损害的存在

行使行政权行为造成他人人身权或财产权受损的，赔偿义务机关应负损害赔偿责任，因而损害必然是人身权或财产权受侵犯后遭受的不利益。在法国，损害不必是身体受伤或经济和物质损失，还可以是妨害、心理或道德上的损害或精神痛苦。损害可以是已经遭受的，也可以是尚未造成的，但损害必须

---

① ［荷］勒内·J.G.H.西尔登、［荷］弗里茨·斯特罗因克编：《欧美比较行政法》，伏创宇、刘国乾、李国兴译，中国人民大学出版社2013年版，第93－96页。

是确定的，确定性条件常常是限制对未来经济损失进行赔偿的一个障碍。①

对于损害，可以从如下方面进行理解。

（一）物质损害与精神损害

损害包括财产上的损害与非财产上的损害，前者是指物质损害，包括财产上的损失与增加的费用，后者是指精神损害，尤指生命权、健康权、人身自由权受到侵害而遭受的精神损失。

（二）权利与利益

《行政诉讼法》第2条规定，公民、法人或者其他组织认为行政机关和行政机关工作人员侵犯其合法权益的，有权提起诉讼。可见行政法保护的合法权益，既包括权利也包括利益。违法行政行为不仅造成权利损失，也造成利益损失。从《国家赔偿法》第3条和第4条的规定来看，行政赔偿的范围仅限于人身权或财产权受侵犯造成的损害。但从行政诉讼的司法实践来看，行政诉讼保护的权利已经不限于人身权或财产权的范围，信息知情权、劳动权等也成了司法保护的对象。不过，对于信息知情权等其他权利受到侵犯的，是否可以获得赔偿，如何进行赔偿，也是值得探究的问题。

当然，如果存在违法行政行为，但该行为侵犯的是当事人的非法利益，对此，行政机关显然不负损害赔偿责任。这一点，突出体现在非法强制拆违领域。如果对违法建筑的实体认定没有发生偏差，仅因程序违法被法院认定强制拆违行为违法的，对违法建筑本身，由于其不属于合法利益，难以被认定为可予行政赔偿的损害范围。

（三）过失相抵

如果受害人存在过失而对损害的发生也负有一定责任的，在计算损害时，应考虑受害人一方过失在损害发生过程中的比例和作用，进行相应的抵扣。同理，如果第三人的行为是损害发生的原因之一，也可以根据第三人的行为对损害发生的作用力，在计算赔偿额时进行相应的抵扣。《2018年行诉解释》

---

① ［荷］勒内·J.G.H.西尔登、［荷］弗里茨·斯特罗因克编：《欧美比较行政法》，伏创宇、刘国乾、李国兴译，中国人民大学出版社2013年版，第95页。

第97条规定，原告或者第三人的损失系由其自身过错和行政机关的违法行政行为共同造成的，人民法院应当依据各方行为与损害结果之间有无因果关系以及在损害发生和结果中作用力的大小，确定行政机关相应的赔偿责任。这一条体现了过失相抵原则。

（四）免责事由

因不可抗力造成的损害，行政机关不负赔偿责任。但如果是公务员违法有责行为与不可抗力因素结合造成的损害，行政机关也应按比例承担相应的赔偿责任。

（五）举证责任

在行政赔偿案件中，对于行政行为造成的损害，应由受害人负举证责任。但受害人的举证责任也存在例外，如果是被告的原因导致原告无法就损害情况举证的，应当由被告就该损害情况承担举证责任。

（六）已有的损害或未来不可避免的损害

损害包括现实存在的或将来不可避免要发生的损害。① 如果违法行为仅造成发生损害的可能性，但损害毕竟没有真实发生，当事人无法要求行政机关承担赔偿责任。因此，损害实际存在是构成行政赔偿责任的基础之一。如果损害虽然没有发生，但在将来不可避免，则也应加以赔偿。如行政机关工作人员的行为造成当事人人身伤害，且已构成残疾，对残疾赔偿金的支付，实际上是对其劳动能力欠缺引发的将来不可避免的收入损失的赔偿。

（七）行政法意义上的损害与民法意义上的损害

对于行政赔偿领域认定的损害，多数国家和地区采用与民事法律法规相同的规则。毕竟，对当事人而言，受到侵权行为伤害，无论侵权人是公务员还是私人，无论行为是公权力行为还是私法行为，在损害后果上并无任何实质区别，因此，在确定可赔偿的损害范围时，行政赔偿与民事赔偿通过统一的法律适用实现无缝衔接。这对于受害人的利益保护无疑是有利的，也可以

---

① 沈福俊、邹荣主编：《行政法与行政诉讼法学》，北京大学出版社、上海人民出版社2006年版，第297页。

充分实现法律平等原则。但我国行政赔偿领域里可赔偿的损害，从项目名称来看，略少于民事侵权领域的赔偿范围，可以赔偿的损害范围，还有待拓宽。

四、因果关系的成立

在行政赔偿案件中，即使存在损害，如果该损害不是公务员违法有责行为造成的，赔偿责任也不能被认定成立。因此，损害的发生与行政违法行为之间存在因果关系，是行政赔偿责任的构成要件之一。在裁判实务中，对因果关系的判断，也存在一些难点。

（一）关于因果关系的理论

1. 绝对因果关系说

行政赔偿责任中的因果关系是一个法律界定。从案件事实来看，产生一个结果，必然会包含多种原因，从而构成事实上的法律链条。但是，事实上的原因未必是法律上的原因。我国的《国家赔偿法》采纳绝对因果关系说，规定损害必须由行政机关及其工作人员的违法行为直接造成，并且受害人要对损害承担举证责任。在司法实务中，即使行政行为违法，司法机关有时也会以不存在直接因果关系为由，驳回当事人的行政赔偿请求。在法国，对于因果关系的两点规则是：（1）原告主张的行政过错行为事实上是造成其宣称的损害的直接原因；（2）如果行政机关能够证明损害（部分或全部）是由其他原因而非其过错引起，则可以（部分或全部）免除责任，其他原因可能包括原告自己的过错、第三人的过错或不可抗力。[①]

2. 相当因果关系说

许多国家和地区采纳相当因果关系说。所谓相当因果关系，系指依经验法则，综合行为当时所存在的一切事实，为客观的事后审查，认为在一般情形下，有此环境、有此行为的同一条件，均可发生同一结果的，则该条件即为发生结果的相当条件，行为与结果即具有相当因果关系。反之，若在一般情形下，有此同一条件存在，而依客观的审查，认为不必都发生此结果的，则该条件与结果并不相当，不过为偶然的事实而已，其行为与结果间即无相

---

① ［荷］勒内·J. G. H. 西尔登、［荷］弗里茨·斯特罗因克编：《欧美比较行政法》，伏创宇、刘国乾、李国兴译，中国人民大学出版社 2013 年版，第 95 页。

当因果关系，不能仅以行为人就其行为有故意过失，即认为该行为与损害间有相当因果关系。①

我国台湾地区学者认为，损害与加害行为间只需具有相当因果关系即为足够，不以加害行为系发生损害的唯一原因为必要，即使另有其他原因共同造成损害，也不妨碍相当因果关系的成立。在有其他原因存在的情形下，会产生过失相抵的问题或共同不法行为。如果存在共同不法行为的，可以按照不同行为在造成损害过程中所起作用的不同，确定各自相应比例的赔偿额度；如果存在受害人也有过失的，可以根据受害人的过失程度，在行政赔偿数额中予以相应比例的扣减。

在裁判实务中，损害后果可能由多种原因引发，既包括公务员的违法行为与物的瑕疵责任的结合，也包括公法行为与私法行为的结合，甚至包括受害人本身的过失行为。相当因果关系论，抛弃了狭隘的绝对因果关系论，更符合实际生活中的复杂情形，通过原因力对结果的不同作用，确定不同主体不同比例的损害赔偿额，既维护了受害人的权益，又合理确定了侵权主体的责任比例。因此，合理采纳相当因果关系理论，是判断行政赔偿责任构成要件的重要抓手。

（二）关于因果关系的法律规定

从目前我国关于行政赔偿的立法及司法解释来看，我国采纳的是绝对因果关系说。但是，针对特殊情况，《国家赔偿法》第15条第2款也规定了特殊的举证责任分配原则，即如果赔偿义务机关采取行政拘留或者限制人身自由的强制措施期间，被限制人身自由的人死亡或者丧失行为能力的，赔偿义务机关的行为与被限制人身自由的人的死亡或者丧失行为能力是否存在因果关系，赔偿义务机关应当提供证据。由于被行政拘留或限制人身自由，受害人或其家属难以举证，由被告进行没有因果关系的举证，如果不能证明没有因果关系的，则推定存在因果关系。因此，在此类特殊情况下，因果关系采用推定原则。

另外，在最高人民法院《关于审理房屋登记案件若干问题的规定》（法释〔2010〕15号）中，也出现了对绝对因果关系说的突破。该规定第12条规定，申请人提供虚假材料办理房屋登记，给原告造成损害，房屋登记机构

---

① 参见台湾地区"最高法院"1959年台上字第481号判例、同院2000年度台上字第2483号判决及2009年度台上字第673号判决。

未尽合理审慎职责的，应当根据其过错程度及其在损害发生中所起作用承担相应的赔偿责任。该规定第 13 条规定，房屋登记机构工作人员与第三人恶意串通违法登记，侵犯原告合法权益的，房屋登记机构与第三人承担连带赔偿责任。在这份最高院的司法解释中，首次规定了登记机构存在疏忽过失，应当按照原因力比例承担赔偿责任，并且规定了恶意串通中的连带赔偿责任。可见，在行政赔偿责任的认定中，公务员的违法原因不一定必须是唯一的原因。

相当因果关系说在多因一果的情形下具有重要价值，在行政不作为引发的行政赔偿案件中，更具重要意义。在最高人民法院法释〔2001〕23 号批复作出之前，我国主流观点认为，在绝大多数情况下，相对人状告行政机关因不履行法定职责而造成相对人损害，其直接加害人是其他人而不是行政机关，即直接造成相对人伤害的行为并非行政机关的不作为，而是加害人的行为；因此，加害人应当承担全部责任，行政机关的不作为只是失察之责，与相对人所受损害没有直接因果关系。少数观点认为，虽然行政相对人受到的损害是由第三人造成的，但如果行政机关尽到了其保护性的职责，通过积极的作为消除损害发生的条件，可以阻止损害的发生，在这样特定的情况下，行政机关的不作为也可以构成损害发生的原因之一。最终，最高人民法院采纳了后一种观点，认为行政机关不履行法定职责的行为与相对人所受损害具有因果关系的，行政机关应负行政赔偿责任，最高人民法院同时指出，在确定赔偿数额时，应当考虑行政不作为在损害发生过程和结果中所起的作用等因素。这实际上承认了相当因果关系说。

综上，对公务员违法行为所致的行政赔偿责任，进行精细的要件划分和理论分析，可以充分展示对受害人合法权益的保护，又可以不断探索规则，维护公务员执行职务行为的正常有序开展。

第二节　物的责任

随着现代科技的发展，行政机关在履行职责的过程中，越来越普遍地运用各种先进公共设施，代替公务人员行使公权力。例如，交通信号灯的配置可以部分代替交通警察的交通指挥管理职能，电子警察的设置可以部分代替交通警察对某些交通违法行为进行证据固定。又如，为了增进全民健康，促进全民健身运动，政府在公共绿地设置健身跑道，沿路配备健身设施，这些设施设备本身就是福利行政的体现。因此，将公有公共设施瑕疵造成的损害等同于公务员违法行为造成的损害，由相关的行政机关承担赔偿责任，已是当前诸多国家和地区行政赔偿制度中的重要内容。

在日本，公有公共设施建设或管理不当的赔偿责任，被称为公营造物瑕疵责任。该责任原本由《民法》第717条加以规制。1947年日本颁布《国家赔偿法》时，创造性地将公共营造物瑕疵管理损害赔偿责任从《民法》中分离出来。公共营造物的使用者和设置、管理者之间被认为是一种行政法律关系，纳入《国家赔偿法》的调整范围，使其不再受传统《民法》的限制。之后，日本法院又通过一系列判例逐步建立起一整套公营造物管理瑕疵赔偿制度的理论体系。我国台湾地区深受日本《国家赔偿法》的影响，在"国家赔偿法"第3条规定："有公共设施因设置或管理有欠缺，致人民生命、身体或财产受损害者，国家应负损害赔偿责任。前项情形，就损害原因有应负责任之人时，赔偿义务机关对之有求偿权。"

在英美法系国家，虽然没有特定的行政赔偿诉讼程序，但公民对政府可以提起侵权诉讼，如同对私人侵权行为提起赔偿之诉一样。当政府设置或管理的公共设施引发损害的，公民也可以直接向政府索赔。美国还曾有一个对政府所管理的公共设施导致人身损害的赔偿确认的著名判例。20世纪60年代的一天，一名美国游客躺在沙滩上享受夏威夷阳光。大风将一个椰子吹落，游客因头部被击中而身亡。这宗美国史无前例的案件，唯有凭法官"自由裁量"。法官指出，夏威夷州政府因管理失职而侵犯公民的人身自由权利，使宪法精神蒙垢，致游客死亡，理应判罚。[①]

我国《国家赔偿法》数次修改中均未规定公有公共设施瑕疵致害的行政赔偿问题，在司法实务中，公民对公共设施瑕疵造成的损害，通常依据《民法通则》《侵权责任法》等民事法律规范提起民事诉讼。但有时，这些索赔

---

① 李明倩："从美国《联邦侵权赔偿法》看地铁事故中的行政赔偿责任"，载《检察风云》2011年第8期。

既在民事诉讼中被驳回，又无法通过行政诉讼主张。

鉴于各国和地区对于公共设施造成的行政赔偿责任，各有不同的称谓，本书倾向于采纳我国台湾地区的"公有公共设施"的说法，并将公有公共设施瑕疵责任简称为物的责任。关于物的责任的构成要件，日本对公营造物瑕疵责任规定有三个基本要件：（1）适用范围为公共营造物；（2）公共营造物的设置或者管理存在瑕疵；（3）对他人造成损害。韩国《国家赔偿法》也有类似的要求。从德国、日本、韩国和我国台湾地区的相关规定来看，对于物的责任，其构成要件一般包括：（1）须为公有公共设施；（2）公有公共设施的设置或管理存在欠缺；（3）当事人的生命、身体或财产遭受损害；（4）损害与设置或管理欠缺之间具有相当的因果关系。

鉴于从理论与学说解析物的责任的构成要件，未免过于抽象与空洞，本节将以我国"台北地方法院"审理的一起典型的行政赔偿诉讼案件为视角，对物的责任构成展开解析及述评。

陈某方案：2013年5月15日，"台北地方法院"对一起行政赔偿案件作出民事判决，判决被告台北市立图书馆给付原告陈某方新台币93474元，并按上述金额支付原告2012年7月5日起至清偿日止按年利率5%计算的利息。

本案中，原告诉称，2012年4月8日下午，其行经由被告维护管理的位于台北市建国南路2段151巷被告图书馆旁的人行道时，因被告在设置排水的入孔盖时，未将图书馆人行用石砖道路与红砖人行道接界处的圆弧切面加以填平，以致出现窟洞，久未弭平，周边日渐塌陷，原告不知有上述凹槽不规则的地面，栽跟头跌倒而受伤。之后，原告于7月4日以书面方式向被告请求赔偿，遭拒，故起诉至"台北地方法院"，要求被告赔偿医药费用9790元、不能工作损失75400元和精神慰抚金539471元。

被告辩称，被告关于该入孔盖的设计及施作方式没有错误或设置不当的情形，而且台北市内多处地点的入孔盖设置方式与被告情形相同。原告受伤虽为不争的事实，但与系争事故点的入孔盖没有因果关系。原告绊倒受伤，系其未能尽一般使用人的通常注意而致。故要求法院驳回原告请求。

下文将结合本案，逐一分析物的责任的构成要件，并介绍实践中存在的问题和争议。

一、公有公共设施的界定

由于物的责任要件中，损害必须由公共设施造成，因而对公有公共设施概念的剖析相当重要。

（一）关于"公有"的界定

在我国台湾地区，一种观念认为"公有"是指所有权而言，只有所有权属于国家或其他公法人的公共设施才能被称为"公有"公共设施。其理由在于：（1）台湾地区所谓"国家赔偿法"第 3 条关于公有公共设施瑕疵责任的规定，类似于所谓"民法"第 191 条的规定。而所谓"民法"第 191 条的内容是，土地上建筑物或其他工作物，因设置或保管有欠缺，由所有人承担责任。既然所谓"民法"强调土地上建筑物或其他工作物的所有权人承担因设置或保管欠缺引发的赔偿责任，那么所谓"国家赔偿法"中的公有公共设施瑕疵责任也应当强调设施的所有权人承担责任。（2）台湾地区物的责任制度系参照日本《国家赔偿法》第 2 条所称的公营造物责任而制定，但日本仅称公营造物，而台湾地区称为公有公共设施，说明台湾地区强调以所有权的归属为要件。[1] 另外，如果供公共使用的私人设施，也要行政机关承担赔偿责任，则行政赔偿责任负担未免过重，所以"公有"仅指所有权属于国家或其他公法人的情形。另一种观念认为，"公有"仅指国家或其他公法人具有事实上的管理状态就已足够。理由是：（1）当事人使用公共设施时，外观上无从知悉该公共设施的所有权归属，若以此否定行政赔偿责任，未免不妥。（2）所谓"国家赔偿法"第 9 条将设置或管理机关作为赔偿义务机关，并未将有所有权的机关列为赔偿义务机关，可见公共设施由国家仅处于管理状态的，已经足够。（3）日本学者认为，《国家赔偿法》第 2 条所称的公营造物，只要由国家处于事实上管理状态即可，无论设施的所有权归何人，这样更能保护公众权益。至于国家对该公共设施，究竟是什么原因而取得管理权限的，在所不问。台湾地区物的责任制度既然将日本《国家赔偿法》第 2 条作为重要的参考立法例，自然应当采纳上述观点。[2]

---

[1] 叶百修：《国家赔偿法之理论与实务》，元照出版公司 2012 年版，第 240 页。

[2] 翁岳生编：《行政法（下）》，中国法制出版社 2009 年版，第 1675 页。

比较上述两种观点，应当说，后一种观点较受害人更为有利。在物的责任诉讼中，设置或管理机关相对容易辨别，而对所有权人却极难作出判断，尤其在缺乏物权登记的情况下；此外，对于诉讼流程而言，如果对"公有"的判断以设置或管理人为国家或其他公法人为标准，那么在诉讼中确定被告时，可以和所谓"国家赔偿法"第9条确定的赔偿义务机关相匹配。反之，若以所有权为判断基准，那么当所有权人和设置管理人不一致时，如何选择被告，不免造成困扰。

事实上，最近台湾地区"最高法院"的见解，已经采纳后说。"凡供公共使用或供公务使用的设施，国家或地方自治团体事实上处于管理状态的，均有所谓'国家赔偿法'第3条之适用，并不以国家或地方自治团体所有为限，以符合所谓'国家赔偿法'之立法本旨。"① 因此，所谓公有公共设施之"公有"并不限于归台湾当局或其他公法人所有，凡公共设施由台湾当局或地方自治团体事实上处于管理或使用状态的，即为公有的公共设施。

本文所述的案例，采纳了"最高法院"的上述意见，法院在适用所谓"国家赔偿法"第3条时，并未以人行道的所有权人为公法人为审查标准，仅以人行道维护管理者为公法人即台北市立图书馆，即判断该公共设施为"公有"。

（二）关于"公共"的定义

对"公共"一词，存在广义与狭义等不同见解。狭义说认为，所谓公共，系指国家为公共行政目的而供一般公众使用者而言，不包括专供行政机关自身使用的情形在内。广义说认为，所谓公共并不以供一般公众使用的为限，供行政机关公务用的，也可以属于公共设施。如行政机关的办事场所，虽然设有公务使用设施，但同时，当事人也可以入内办理事务时使用的，也应当属于公有公共设施。相较而言，广义说更为契合所谓"国家赔偿法"的立法宗旨。公共虽然指多数人，但不以不特定多数人为限，譬如，公立学校的、监所的设施，仅供特定多数人使用，也应认为其具有公开性，而属公共设施的范围。

本案中系争事故发生于市立图书馆旁的人行道，该人行道既对读者公开，也供不特定行人使用，符合"公共"的要求。

---

① 台湾地区"最高法院"2005年度台上字第2327号、2006年度台上字第244号等判决。

（三）关于"设施"的界定

"设施"一般指有体物及物的设备而言，不包括人的措施或行为，也不包括无体物，以不动产居多。设施一般不会引起争议。本案原告发生系争事故于人行道上，该道路系人工修建，自然可以称为设施。实务中，对于自然设施是否可以属于所谓"国家赔偿法"意义上的设施，却存在不同见解。在我国台湾地区，持否定说者仍然参照所谓"民法"的规定，认为所谓"民法"第191条所称的工作物以人工完成为限，所以所谓"国家赔偿法"所称的设施也不应包括自然设施。持肯定说者认为，将以自然状态供公共使用的实态之物排除在外，似乎过于狭隘。因为道路、河川之类，前者是人工设施，后者是自然设施，但在供公众使用方面并无本质不同。相较而言，肯定说者更为合理。在日本，公营造物是指由国家、公共团体进行管理提供公众使用的营造物，既包括不动产，也包括公用汽车、作为教具的电刨子、手枪等动产，还包括虽然与"设置"的观念不符，但明确列举在《国家赔偿法》中的河川等自然公物。[1] 在韩国，公共营造物是指行政主体为公共目的直接提供的有体物，包括国家或地方自治团体基于所有权、借贷权等权限进行管理的或者事实上进行管理的，供一般公众自由使用或供行政主体自己使用的公共物品。[2]

我国大陆地区立法中不存在"公有公共设施"概念，但"公共设施"一词出现在31部现行法律中。在不同的法律中，公共设施具有不同的含义和范围。例如，在《固体废物污染环境防治法》中，机场、码头、车站、公园等被列为公共设施，在《建筑法》中，道路、管线、电力、邮电通信等被作为公共设施，在《治安管理处罚法》中，油气管道设施、电力电信设施、广播电视设施、水利防汛工程设施或者水文监测、测量、气象测报、环境监测、地质监测、地震监测等被纳入了公共设施的范围。此外，国务院《国家地震应急预案》（2012）中，广场、绿地、学校、体育场等也被看作公共设施。可见，在我国大陆地区立法中，对公共设施的含义，主要侧重于其是否供公众使用，公众既可能是在不特定范围的，如机场、码头，也可能是在相对特定范围的，如学校。另外，公共设施既可能包括机场、广场、绿地、公园等

---

① ［日］盐野宏：《行政救济法》，杨建顺译，北京大学出版社2008年版，第225页。
② 马超："公共设施致害赔偿的比较研究"，载《行政法论丛（第18卷）》第290-302页。

公共场所，也可能包括电力、电信、地质监测等公共设备，还可能包括道路等交通设施。公共设施既可能是不动产，也可能是动产；既可能是自然设施，也可能是人工设施。从"公有"的情况来看，大陆地区公有制和其他多种所有制并存，对设施所有权的判断与台湾地区一样，错综复杂。所以对"公有"的判断，也宜采纳台湾地区的主流观点，即对于公共设施，行政机关或法定授权组织具有事实上的管理状态就已足够认定其符合"公有"的定义。但需要注意的是，许多公共设施，譬如电力设施、油气管道设施等，实际上由国有企业管理，这些企业是私法主体；因此，对于由企业管理的公共设施，如果存在营利性的话，还是应当由民法加以规制为宜。

综上，台湾地区所谓"国家赔偿法"第3条第1项所称的"公有公共设施"，应归纳为公权力机关因公共行政目的，提供给公众或公务使用，并归其所有或管理的一切有体物或物的设备而言，包括但不限于道路排水沟沟盖、路灯、桥梁、河川堤防、公立学校礼堂等。本案系争事故发生的人行道，属于公法人维护管理的供不特定人使用的设施，认定为所谓"国家赔偿法"意义上的"公有公共设施"，在本案中并未产生争议。

二、设置或管理欠缺的判断

(一) 设置或管理的定义

我国台湾地区通说将所谓"国家赔偿法"第3条第1项所称的"设置或管理"类同所谓"民法"第191条①的"设置或保管"加以解释。所谓设置，系指公有公共设施于使用前的设立装置行为，包括设计、建造、施工、装设等行为。所谓管理，是指公有公共设施开始使用后，为确保公共设施发挥预定功能，维持可供运作状态的一切行为与操作公有公共设施的行为，包括保存、利用、改良等。在理论上，设置与管理容易区分，但在实务中，两者的区别并不明显。故而有学者建议，赔偿请求权人只需证明公有公共设施

---

① 台湾地区所谓"民法"第191条（工作物所有人之责任）规定："土地上之建筑物或其他工作物所致他人权利之损害，由工作物之所有人负赔偿责任。但其对于设置或保管并无欠缺，或损害非因设置或保管有欠缺，或于防止损害之发生，已尽相当之注意者，不在此限。前项损害之发生，如另有应负责任之人时，赔偿损害之所有人，对于该应负责者，有求偿权。"

存在瑕疵即可，不必准确指明设置欠缺还是管理欠缺。

在裁判实务中，设置或管理机关可能是同一机关。如本章所述陈某方案例中，人行道的设置和管理机关均为台北市立图书馆。

当然，更常见的情形是设置机关与管理机关系不同的机关，事故发生究竟因设置欠缺引起还是管理欠缺引起，行政机关之间存在推诿。在这种情况下，先行承担赔偿义务的机关，往往以另一机关存在设置或管理欠缺为由，行使追偿权。"台北地方法院"民事判决即记载了这样一个案例（以下简称"基隆市政府案"）。

原告基隆市政府为坐落基隆市某街 144 巷路旁未加井盖且未设立警示标志落水井的管理机关，该落水井由被告"交通部公路总局"西部滨海公路北区临时工程处设置。被告完成系争落水井及排水工程后，将滨海公路连同排水设施及系争落水井移交原告管理。2007 年 9 月 24 日晚间，诉外人李某桂、林某琴、林某珠及林某雄之被继承人林某兴，与友人在基隆外木山海边烤肉，后林某兴内急欲小解，寻小解处时掉入系争落水井，溺水死亡。为此，诉外人李某桂、林某琴、林某珠及林某雄向原告基隆市政府请求"国家赔偿"，经原告算至 2009 年 11 月 30 日止，原告应给付予李某桂、林某琴、林某珠及林某雄合计新台币 2365644 元。原告认为被告"交通部公路总局"西部滨海公路北区临时工程处存在设置欠缺，故提起诉讼，对被告行使追偿权，要求被告作为设置欠缺机关承担其已支付给诉外人的赔偿金额。

（二）对欠缺的解析

当然，在陈某方案件中，对于设置、管理机关为被告台北市立图书馆，诉讼双方均无争议。引起激辩的是被告对人行道的设置或管理是否存在欠缺？原告认为自己所受伤害因人孔盖设置及管理欠缺引起，而被告认为其不存在设置或管理上的欠缺。

在日本，公营造物设置、管理的瑕疵概念，与《民法》中规定的设置、保存的瑕疵意思相一致，是指"营造物欠缺通常应具有的安全性，具有对他人带来危险的状态"。在判断何为"瑕疵"的时候，不能仅局限于损害结果这一客观事实，还要考虑其他客观因素，如营造物的使用方法、所在场所的环境。理论界的通说认为，日本《国家赔偿法》第 2 条第 1 项的责任根据是危险责任。法院的判例也明确指出："《国家赔偿法》第 2 条第 1 项是基于危险责任法理，以对被害人救济为目的。"具体而言，如在道路事故中，判定道路是否存在瑕疵，会区别考虑道路使用人的不同（高速车辆驾驶员、电动自行车和行人）、道路的状况（速度限制、交通流量）、自然条件（浓雾、雨雪）与时间因素等。①

在我国台湾地区，关于什么是欠缺？目前存在主观说、客观说、折中说、义务违反说等各类学说。主观说认为，公权力机关对保持公有公共设施的无瑕疵或无欠缺的良好状态，负有各种作为或不作为义务，如果违反上述义务，即属于设置或管理有欠缺。而客观说认为，欠缺是指公有公共设施缺少通常应具备的性质或设备，也即缺少本来应具备的安全性状态而言。折中说认为，设置或管理是否有欠缺，除了应当对公有公共设施本身作客观观察外，还应探究设置或管理者有无违反作为或不作为义务。② 比较上述几种学说，客观说显然更为合理。如果要求被害人举证证明设置或管理人违反义务，显然负担过重。而且所谓义务的内容，必须要有法律的规定。所谓"国家赔偿法"第 3 条仅称"设置或管理有欠缺"，并未称"设置或管理义务有欠缺"。

事实上，客观说的理论在裁判实务中已经得到确认。台湾地区"最高法院"1961 年度台上字第 1464 号判例认为："所谓设置有欠缺，系指土地上的建筑物或其他工作物，于建造之初即存有瑕疵而言；所谓保管有欠缺，系指于建造后未善为保管，致其物发生瑕疵而言。"这已经成为裁判实务中判断欠缺问题的客观标准。这也意味着，公有公共设施瑕疵责任适用无过失主义，以公共设施的设置或管理存在欠缺，且欠缺致民众遭受损害为其构成要件，不以管理或设置机关存在过失为必要。如果设置或管理机关对于防止损害的发生，已采取及时且必要的具体措施，就应当认定其管理并无欠缺，如果公有公共设施于正常使用情况下有发生通常可预期危险的可能性，而未采取必要的预防措施，即使设置或管理机关没有过失，也不能减免行政机关应负的赔偿责任。故设置或管理有无欠缺，须视其设置或管理机关有无及时采取足

---

① 刘畅："论日本《国家赔偿法》中的公共营造物瑕疵管理责任"，载《吉林公安高等专科学校学报》2010 年第 2 期。

② 翁岳生编：《行政法（下）》，中国法制出版社 2009 年版，第 1686–1688 页。

以防止危险损害发生的具体措施为判断。①

综上，按客观说的标准，所谓欠缺，系指依据客观基准，公有公共设施不具备通常应有的客观上的安全性，而其安全性的欠缺，专指设置或管理上的欠缺，至于欠缺安全性的理由如何，是否系因设置或管理人违反义务所致，均非所问。

在陈某方案件中，被告辩称系争红砖人行道下方有图书馆建筑物结构，须维持一定高度且宽度无法内缩，1990年设置时已经由台北市政府工务局卫生下水道工程处审查核实。另外，被告还提供台北市区其他人行道及入孔设置照片，显示入孔盖设置类型与本案类似的情形存在颇多，甚至有入孔盖与人行道铺面高低落差更为明显的类型。

法院认为，台北市"道路挖掘施工维护管理要点"第23条明确规定，入孔盖顶面应固定与路面齐平、密合保持平顺。现场照片展示，本案事故发生时，系争人行道较靠外侧（建国南路）处为灰色地砖，内侧则为红砖人行道，两者间有高低落差，系争入孔盖系设于灰色地砖人行道与红砖人行道间，入孔盖顶面与所连接的红砖人行道交接处，确实存在明显的高低落差，且红砖人行道该处突呈圆弧状，并非平整，该红砖人行道凹陷的圆弧周围也无任何警示标志，足以使一般人行经该处均有摔伤的可能。至于台北市其他人行道上关于入孔盖设置、管理状况是否有缺失，不是本案应当审查的事项，不能作为认定本案系争人行道及入孔盖不存在设置欠缺的证据。被告作为系争入孔盖的设置机关，根据系争人行道通常使用的情形，显然可以预见该高低落差对于行人存在一定的风险，但被告未及时加以修改或管制，确实存在设置上的欠缺。

（三）设置欠缺及管理欠缺并存的情形

当然，在具体案件中，有时还可能存在设置欠缺及管理欠缺并存的情形。前述基隆市政府案件中，设置机关与管理机关分属不同的机关，而这两个机关分别存在欠缺情形，是典型的一例。

在该案中，对于是否存在设置欠缺，"法院"认定，引发事故的落水井，长约2米、宽约1米，非但足以将可以目视落水井的光线遮蔽，使人不易察

---

① 台湾地区"最高法院"2003年度台上字第2672号判决。

觉挡水墙下方尚有落水井的存在，而且系争落水井所在的武圣街 144 巷产业道路已开放供公众通行，以挡水墙下方空间，较诸一般成年人身躯犹大，确可穿越挡水墙下通行，然被告未在两侧加设栅栏、围篱等其他防护设施，通行该产业道路的行人未加注意即有误入跌落的可能，显然不具备通常的安全状态。被告设置挡水墙当时即应该有行人穿行可能的认知，却未加防范，其设置明显有欠缺。

关于管理上的欠缺，"台北地方法院"在上述案件中的认定是，系争落水井及挡水墙工程，已经于 2004 年 3 月 26 日经被告设置完成交付原告管理，原告于管理期间，对系争落水井、挡水墙及附连道路的使用应较被告更为熟稔，本应预见前述行人穿越挡水墙下方空间而跌入落水井的可能情形，但无作为，故法院认定原告基隆市政府存在管理欠缺，认定原告基隆市政府就损害的发生所应负责任的比例为 60%，被告"交通部公路总局"西部滨海公路北区临时工程处存在设置欠缺，责任比例为 40%。

（四）冒险行为的排除

公有公共设施设置或管理上的欠缺，主要是指其欠缺客观上的安全性而言，而客观上的安全性，与设施通常应有的使用安全性有关。公共设施依其物的性质，有一定的使用目的及使用方法，如受害人或其他人违反公共设施设置方式、目的及管理规则，导致伤亡或财产上损害，此项违反使用目的及使用方法的个人冒险行为，所导致的损害，已经超过了一般人预期使用的范围，故因冒险行为引发的不安全性，不能被认作是设置或管理的欠缺。由冒险行为造成的损害，不能由行政机关负赔偿责任。

三、因果关系的认定

在我国台湾地区，受害人根据所谓"国家赔偿法"第 3 条请求行政赔偿的，除了要证明公有公共设施设置或管理存在欠缺，还要证明其生命、身体或财产所受损害与公有公共设施设置或管理欠缺具有相当因果关系。在陈某方案中，原告陈某方受伤是否与设置欠缺存在因果关系，也是双方争议的主要焦点之一。

（一）相当因果关系论

在物的责任中，所谓相当因果关系，是指在公有公共设施因设置或管理有欠缺的情况下，依客观的观察，通常会发生损害的，即为有因果关系，如必不生该等损害或通常亦不生该等损害的，则不具有因果关系。[①] 换言之，相当因果关系是指无此行为，必不发生损害，有此行为，通常会发生损害的意思。

应当指出的是，根据相当因果关系论，公有公共设施设置或管理有欠缺，不一定是损害发生的唯一原因，如果被害人自己的行为与设置或管理欠缺结合而发生损害结果的，仍然认为，设置或管理欠缺与损害之间具有相当因果关系。

在论述因果关系成立的情形下，要避免倒果为因式的论证方法。"台北地方法院" 2010 年度第 10 号民事判决即展示了当事人错误的论证方法。在该案中，原告彭某以被告事后取消系争行人穿越道的设置，推论被告设置此行人穿越道有重大瑕疵。法院认为，这样的推论显然属于倒果为因。如果以事后行为推论被告自认设置系争行人穿越道有缺失，等于是限制政府机关裁量空间的行使，使得政府机关畏惧于行政赔偿诉讼而不敢在裁判前先采取积极改善作为，这对整体人民的利益反而有所损害。因此，系争行人穿越道有无设置管理的欠缺，应仅以其于事发时的设置管理状态决定，不能以被告事后涂销标线的作为就认定被告已经自行承认存在设置欠缺。

（二）与有过失

我国台湾地区所谓"国家赔偿法"第 3 条第 1 项所定的公有公共设施设置或管理欠缺而生的行政赔偿责任，性质上属于无过失主义的特殊侵权行为，不以故意或过失为责任要件，其立法本旨在于减轻行政赔偿请求权人的举证责任负担。但台湾地区所谓"民法"第 217 条关于被害人与有过失的规定，仍然可以适用。台湾地区所谓"民法"第 217 条第 1 项规定，损害的发生或扩大，被害人存在与有过失的，法院应当减轻赔偿金额。此项规定的目的在于谋求加害人与被害人间的公平性，如果受害人对于事故的发生也存在过失的，由加害人负全部赔偿责任，未免过于苛刻。因此，所谓"国家赔偿法"通过第 5 条的指引适用所谓"民法"领域的"与有过失"制度，赋予法院根据受害人的过失程度减轻赔偿金的职权，凸显责任制度的公平性。受害人，包括其代理人或使用人如同时存在过失的，应作过失相抵，扣减相应比例的赔偿金。

[①] 台湾地区"最高法院"2006 年度台上字第 923 号民事判决，该判决阐述了如何在物的责任中判断相当因果关系之成立。

在陈某方案中，法院认定，本案原告陈某方所受伤害与人孔盖设置欠缺之间的相当因果关系成立，但陈某方作为被害人同时存在"与有过失"。

法院认为，原告系因被告所设置、管理的人行道存在明显瑕疵而受伤，且该人行道瑕疵与原告所受伤害明显存在相当因果关系，如果被告按时填平上述高低落差，足以防止危险损害的发生。因此，原告依"国家赔偿法"第3条第1项之规定，请求被告负赔偿责任，应予支持。但是，系争事故发生时，系属白天，当时天晴，且原告视力正常，可见原告当时并非不能查知系争红砖人行道上因系争人孔盖的设置，存在高低落差及边缘不平整的情形。鉴于原告行走时，本应随时注意人行道状况，以维护自己安全，且系争红砖与灰色地砖人行道间，本来就存在高低落差，原告行走于两者交接边缘处，更应注意行走安全，原告不存在不能注意的情形，现因疏于注意人行道与人孔盖交接处的高低落差，致踏入圆弧处跌倒受伤，存在与有过失。最终，法院认为原告就其所受伤害的发生应负过失的比例为40%，被告应负过失的比例为60%。

（三）不可抗力

在公共设施致害赔偿认定中，不可抗力的因素，是构成免责事由还是瑕疵认定中考量的因素，各个国家和地区略有不同。

在日本，根据《国家赔偿法》规定，在判断公营造物设置或者管理瑕疵的无过错责任时，可用不可抗力作为抗辩事由，从而免除国家的赔偿责任。如果存在自然灾害等不可抗力与设施管理瑕疵竞合的情形，还应就原因力进行按比例的赔偿。在我国台湾地区，不可抗力可以作为免责事由，在本案中，原告所受的损害并不存在不可抗力因素，故被告也未拿不可抗力作为抗辩。

四、可赔偿的损害范围

（一）法律规定

公有公共设施设置或管理欠缺可能会造成受害人财产的毁损，也可能会侵害生命权或身体健康权等人身权益。对于损害赔偿的范围，所谓"国家赔偿法"本身并没有直接和具体的规定，而是以第5条指引适用所谓"民法"相关规定。所谓"民法"第192至195条分别对侵害生命权、身体健康权等人身权益的财产损害和非财产损害作出了具体规定，第196条则对侵害财产权益的损害赔偿办法进行明确。

关于侵害身体健康的财产损害赔偿，所谓"民法"第193条规定，不法侵害他人身体或健康的，对于被害人因此丧失或减少劳动能力或增加生活上的需要时，应负损害赔偿责任。前项损害赔偿，法院可以根据当事人的声请，判定被告定期支付赔偿金，但应当命令赔偿义务机关提出担保。

关于侵害身体、健康、名誉或自由的非财产上损害赔偿，所谓"民法"第195条规定，不法侵害他人身体、健康、名誉、自由、信用、隐私、贞操，或不法侵害其他人格法益而情节重大的，被害人虽无财产上的损害，也可以请求赔偿相当金额。其名誉被侵害的，可以请求恢复名誉。

关于侵害财产权益的情形，所谓"民法"第196条规定了物的毁损的损害赔偿方法，明确不法毁损他人之物的，被害人可以请求赔偿物因毁损所减少的价额。

（二）本案的认定

在陈某方案件中，原告财产权益并未遭受侵犯，仅存在人身权益损失。对于人身权益的损失，台湾地区所谓"民法"规定了侵害身体健康的财产损害赔偿及非财产上赔偿。原告依照所谓"民法"第193条第1项及第195条第1项规定主张的费用有三类：（1）医疗费及相关支出新台币9790元，理由是其因伤分别于2012年4月13日至2012年10月3日至台北市立联合医院仁爱院区就诊，共计支出上述医疗费。（2）减少劳动损失部分新台币75400元，理由是其因伤请假2个月，产生薪资损失。（3）精神慰抚金新台币539471元，理由是原告因本案事故受有头部外伤并脑震荡、脸部及唇部擦伤、上唇内侧裂伤、上颚右侧正门牙、侧门牙松动等伤害，现仍未完全回复，且于治疗期间容貌变形，需请假往返医院，对于工作及生活作息均造成相当影响，亦因此出现焦虑、失眠等症状，医嘱建议应由精神科会诊，所受精神压力或打击非轻，不言而喻，现其身心创伤久久未能复原，仍须长期继续就医治疗，精神苦痛不已。原告所主张的上述费用中，医疗费用及减少劳动损失属于所谓"民法"第193条所指的财产损害赔偿，精神慰抚金属于所谓"民法"第195条所指的非财产上损害赔偿。

被告认为，原告所受损害显然与被告的设备不存在任何因果关系，且被告已善尽对公有公共设施维护管理的责任，所以原告请求被告赔偿，缺乏依据。

对上述费用，法院经审查认为：

（1）关于医疗复健费用。按所谓"民法"第193条第1项所定"增加生活上的需要"，系指被害以前无此需要，因为受侵害，才有支付此费用的需要而言。经查，原告因被告设置欠缺，共支出医疗费用新台币9790元，有台北市立联合医院仁爱院区诊断证明书5张、医疗费用明细收据15张、台北市消防局救护纪录表等附卷佐证，并有台北市联合医院函文可查，上述费用系原告因身体受有损害而增加的支出，所以对于这部分请求，符合"法律"规定，法院予以确认。

（2）关于不能工作损失。经查，原告任职于远雄人寿保险公司，担任核保主办员，因受有系争伤害，办理2个月留职停薪，同时，原告单位亦函复法院表示：原告月薪为新台币33000元，留职停薪期间，并无领取薪资。故原告请求2012年5月10日至同年7月9日止的不能工作损失，具备事实根据。但原告自述每月薪资37700元，其超额部分，法院未作确认。

（3）关于精神慰抚金。台湾地区所谓"民法"第195条规定了非财产上损害赔偿的计算方式。该条第1项指明受害人可以就非财产上损害，请求赔偿相当金额。本案中，原告主张其因系争事故受伤受有非财产上损害，被告应赔偿新台币539471元，被告则抗辩请求金额过高。法院根据原告因系争事故所受伤害的具体情形，治疗期间脸部容貌受损状况，住院及治疗过程须请假往返医院且需持续门诊追踪的需要，身体受伤疼痛引发的精神痛苦，收入状况及名下财产状况等一切情形，认定原告所受非财产上损害，赔偿金额应以新台币8万元为适当。

最终，法院认定原告损害金额为医疗费新台币9790元、不能工作损失费用新台币6.6万元以及精神损害慰抚金新台币8万元。同时，以原告本人存在过失为由，按40%的比例减轻被告的赔偿责任。

五、如何区分公务员不作为责任与物的责任竞合的案件

对于公有公共设施的设置或管理，如果行政执法人员负有职务上的注意义务，因其违反此项注意义务，致使公有公共设施发生设置或管理欠缺并导致他人人身权益或财产权益受损的，此时，行政机关工作人员的行政不作为与公有公共设施瑕疵责任发生了竞合关系。在此情形下，受害人究竟应当主张人的责任还是物的责任？在我国台湾地区，通说认为，这种竞合关系属于请求权的竞合，受害人既可以以行政机关工作人员行政不作为为由，要求其承担行政赔偿责任，也可以以公有公共设施的设置或管理有欠缺为由，向公有公共设施的设置或管理机关主张行政赔偿。

但是，也有相当一部分情形下，公务员行政不作为与公有公共设施设置或管理欠缺貌似发生法条竞合，但实质上仅涉及物的责任。对此，台湾地区"最高法院"在 2006 年台上字第 923 号民事判决中作出了经典的解释。在该案中，上诉人称其于 2001 年 10 月 14 日晚上 8 时许，搭乘父亲即诉外人张某明的摩托车，行经台北县石碇乡县道一〇六乙线公路上，因下雨路滑，坑洞罗布，积水漫流，且无照明设备致机车失控打滑，上诉人头部撞击地面，半罩式安全帽帽缘严重伤及上诉人头部，经送医救治，上诉人仍有记忆力丧失、认知障碍、右侧偏瘫、步态不稳等后遗症。上诉人认为被上诉人存在公有公共设施设置或管理的欠缺，且公务人员具有行政不作为，致上诉人遭受人身损害。故依所谓"国家赔偿法"第 3 条第 1 项、第 2 条第 2 项后段的规定，提出赔偿请求。对于上诉人并用法律条文，同时主张公务员不作为责任与物的责任的情形，法院认为，上诉人主张上述路段因台风来袭造成路面坑洞罗布，被上诉人所属公务员疏于修复，致其人车倒地受伤虽然属实，但公民对于道路的修复只享有反射利益，只有督促政府机关尽速修复的建议权，并无公法上的请求权。故不能依公务员怠于作为为由提出赔偿请求。

关于反射利益及当事人相关的诉权问题，我国大陆地区最高人民法院在〔2018〕最高法行申第 2975 号行政案件（以下简称李某勤案）中也作出了明确的解释。在该案中，2016 年 1 月 4 日，李某勤向二七区政府邮寄了《情况反映》，请求二七区政府在合理期限内拆除或责令停止杨寨社区综合安置楼工程施工项目施工。2016 年 12 月 5 日，李某勤向郑州铁路运输中级人民法院提起行政诉讼，请求依法确认二七区政府未依法履行拆除职责的行为违法，并判令二七区政府依法履行法定职责。李某勤在法庭询问中陈述，杨寨社区综合安置楼是违法建筑，各项指标均没有经过行政机关的许可，空气是流通的，该工程对空气的危害不仅是二七区，郑州市每个公民均受到了侵害，故李某勤与该违法工程有利害关系。一审法院认为，李某勤不是本案适格的原告，故裁定驳回李某勤的起诉。二审法院维持了上述裁定。李某勤不服，向最高人民法院申请再审。最高人民法院认为，除法律明确规定的公益诉讼外，行政诉讼原则上属于主观诉讼。原告提起行政诉讼，必须是认为他自己的合法权益受到行政行为侵犯。判断是否属于自己的合法权益，主要看一个法律规范的保护目的究竟是保护个别公民的利益，还是保护公共利益。所谓公共利益，在于法律规范的受益人为不确定的多数。当法律规范基于公共利益的目的，命令行政机关作为或不作为时，这些不确定的多数受益人中的某一个个人也会从中获得事实上的利益，但这种利益是反射利益。法律并不认可仅具有反射利益的个人具有诉权。本案中，再审申请人李某勤以环境权为目的的诉讼，显然属于环境公益诉讼范畴，对此类诉讼，《行政诉讼法》只赋予人民检察院以原告资格。故最高人民法院最终裁定驳回再审申请人李某勤的再审申请。

综上，本节所解构的陈某方案、基隆市政府案判决以及相关理论、学说等，展示了公有公共设施瑕疵责任的构成，并不要求公有公共设施所有权为公有，对于设置或管理欠缺的认定采纳客观标准，可赔偿的范围既有财产损害又有非财产性损害，在损害与瑕疵之间只需具备相当因果关系即已足够。如果被害人存在与有过失的，不影响行政赔偿责任的成立，但应当在赔偿额中扣除被害人过失所占的相应比例。我国大陆地区的行政赔偿责任体系中，尚未建立公有公共设施瑕疵所生的行政赔偿责任。如果公共设施设置或管理单位不明，或存在设置或管理部门职能交叉的，相关部门之间对责任互相推诿的现象层出不穷。因此，尽快确立公有公共设施瑕疵的行政赔偿责任，是解决现实问题的迫切需要，也是推动我国行政法理论和实践发展的重要步伐。在建设法治政府的当今，若对公有公共设施的管理可以无人问责，意味着尚有行政权力处于真空监管状态，显然不符合法治的理念与宗旨。唯有人的责任与物的责任并列，行政赔偿责任体系才能趋于完整。

第三章
行政赔偿的标准

第一节　行政赔偿标准的概念

一、既有的界定

在《辞海》中，"标准"被解释为衡量事物的准则。[1] 在各个国家和地区，行政赔偿标准是衡量行使行政公权力机关对受害人权益救济程度的重要标杆。

关于行政赔偿标准的具体含义，当前主要有如下几种不同的见解。

（1）行政赔偿标准为赔付标准。有学者认为，行政赔偿标准，实际上是行政赔偿的衡量标准，决定了赔付内容的多寡，并不仅体现为对受害人所受损害或损失的计算标准。行政赔偿标准包含一套由人们设计的赔偿计算原则、规则、公式等一系列内容。研究行政赔偿标准，主要是研究分析国家赔偿的衡量原则、计算规则和评定公式等整体，而不仅是损害或损失如何计算的规则。[2]

（2）行政赔偿标准为金钱计算标准。也有学者认为，行政赔偿标准所涉及的损害，仅是能够兑换成金钱并以金钱加以弥补的损害，因而赔偿标准是金钱赔偿的计算规则。[3] 行政赔偿标准仅对金钱赔偿方式有意义，单纯的返还财产或恢复原状等赔偿方式，由于无须折算成金钱，自然不存在计算标准

---

[1] 夏征农、陈至立主编：《辞海（第六版）》，上海辞书出版社 2010 年版，第 123 页。

[2] 应松年主编：《行政法与行政诉讼法（下）》，中国法制出版社 2009 年版，第 735－737 页。

[3] 马怀德主编：《国家赔偿问题研究》，法律出版社 2006 年版，第 275 页。

的问题。在人身损害领域，赔礼道歉、消除影响、恢复名誉等赔偿方式，由于同样不涉及金钱赔偿，故而也不属于赔偿标准所考虑的内容。①

（3）行政赔偿标准是结果意义上的赔偿范围。有学者认为，行政赔偿标准是指行政侵权行为在给受害人造成损害时，行政机关在多大程度上予以赔偿的规则，又称结果意义上的行政赔偿范围。② 其实质是可以进行赔偿的损害范围，它决定了哪些损害可以被纳入行政赔偿的范围。行为意义上的行政赔偿范围是指，行政机关应对其哪些行为造成的损害承担赔偿责任。结果意义上的行政赔偿范围和行为意义上的行政赔偿范围相结合，最终确定了受公权力不法行使行为侵害的受害人可以获得赔偿的范围，这一范围的大小直接影响到对受害人权益的保护程度。

（4）行政赔偿标准是指影响行政赔偿数额幅度的计算标准和依据。行政赔偿标准反映的是行政赔偿的广度和深度问题，是衡量国家民主法治进程的重要标杆。行政赔偿标准，直接影响到受害人合法权益的受保护程度。③ 因此，行政赔偿标准是综合各类因素的尺度，不仅包括计算方式，还包括衡量的因素和依据，包括职务侵权损害程度和政府财政状况。④

比较上述观点不难发现，观点一和观点二是将赔偿标准的含义缩小至计赔标准，甚至缩小至仅与金钱赔偿方式相关的计算标准；观点三则是将赔偿标准演变至可以进行赔偿的损害范围，即哪些损害可以获得赔偿的问题；观点四不仅考虑了赔偿额的计算方式，而且囊括了影响行政赔偿标准的衡量因素。

上述观点基于不同的角度阐述行政赔偿标准的含义，均具有其存在的积极意义。确实，从狭义的角度看，行政赔偿标准只需被理解为赔偿金额的计算标准即可，这对于执法和司法实务操作而言，简单明了、便于实施。赔偿金额计算结果的高低，直接反映了行政赔偿标准的高低。而且，既然只有在金钱赔偿方式下，才存在计算方式和规则的问题，那么行政赔偿标准自然也仅指金钱赔偿的计算标准，与其他赔偿方式无关。不过，从广义的角度看，

---

① 沈岿：《国家赔偿法原理与案例》，北京大学出版社 2011 年版，第 437 页。

② 刘静仑：《比较国家赔偿法》，群众出版社 2001 年版，第 206 页。

③ 詹涛："论我国国家赔偿标准的提高"，载《河海大学学报（哲学社会科学版）》2006 年第 3 期。

④ 石佑启、刘嗣元、朱最新、杨桦：《国家赔偿法新论》，武汉大学出版社 2010 年版，第 251 页。

行政赔偿标准也离不开对损害的计算和考量。行政赔偿是对当事人损害的弥补，赔偿的目的在于恢复受害人损害发生前的原状，离开对实际损害的计算与评估，难以开展赔偿额的有效评定。另外，哪些损害属于行政机关可以赔偿的范围，展示了赔偿范围的广度，也直接影响了赔偿标准的高低。还有，政府财政状况、公务员违法或不当行为的情节等，也是影响赔偿标准的各类因素，难以在探讨行政赔偿标准时予以抛弃。

二、本书的界定

探讨行政赔偿标准的目的，在于研究行政赔偿制度是否实现了对行政公权力行使行为受害人的权益保障。因此，对行政赔偿标准概念的界定，既不能脱离多种赔偿方式存在的客观状况，仅考虑金钱赔偿的计算标准；也不能过于宽泛，与行政赔偿的范围相混淆；更不能在脱离损害的基础上，单向考虑赔偿的规则。

从行政赔偿的产生历史来看，随着行政公权力对社会生活的渗透，公权力行为不法侵害公民的现象日益增多。为了保护公民免受不法公权力行为的侵害，确保公权力的依法行使，许多国家或地区设置公权力机关赔偿制度，弥补损害并预防公权力之非法行使。因此，从理论层面而言，行政赔偿的首要功能在于填补损害，对行政赔偿标准的探讨，离不开对损害的分析。行政赔偿标准归根结底解决的是损害是否可以赔偿以及如何加以赔偿的问题。前者是指可赔偿的损害范围，即哪些种类的损害可以被法律认可而被纳入行政赔偿的范围；后者则是指如何计算或估价损害以进行赔偿。

从制度层面而言，行政赔偿标准表现为赔偿项目、赔偿方式和赔偿额的计算标准。赔偿项目是将损害以法律语言加以表达，反映的是可赔偿的损害范围，即确定哪些损害可以获得赔偿。赔偿项目对损害的表达，可能是笼统的，如对于人身损害，可以概括表达为丧失或减少劳动能力造成的损失、增加生活上需要的支出等，也可能是明确的，如表述为医疗费、护理费、误工费、残疾赔偿金等名称。赔偿方式是指行政机关对自身侵权行为造成的损害以什么样的责任形式承担法律后果，解决的是如何赔偿的问题。行政赔偿方式，一般包括恢复原状、返还财产、金钱赔偿等。金钱赔偿还可以包括定期金和一次性支付总额等方式。计算标准是指根据损害程度确定赔偿金额的衡量准则。赔偿方式与计算标准，共同解决的是如何赔偿的问题。其中，计算标准由于直接反映了受害人获得赔偿的程度，因而在实务中时常被等同于行政赔偿标准。

对行政赔偿标准的研究，实质上是考察制度意义上的赔偿是否涵盖了理论层面上因行使行政公权力机关侵权行为造成的全部损害，即实际损害——可赔偿的损害——赔偿额的层层传递过程，是呈现递减状态还是呈平行传送状态。显然，如果实际遭受的损害，均可以通过法律制度以设定赔偿项目的方式予以涵盖，表达为可赔偿的损害，并且通过科学合理的计算或估价规则，使得赔偿额等于或约等于可赔偿的损害，那么这样的赔偿标准体现的是对受害人权益的充分保护，即实际损害 = 可赔偿的损害，可赔偿的损害 = 赔偿额，使得实际损害与最终获得的赔偿基本趋同。反之，实际遭受的损害未能由立法完全涵盖，即可赔偿的损害小于实际损害，或者赔偿额度的计算公式不合理，导致赔偿额低于可赔偿的损害，那么经过层层递减，当事人获得的赔偿额将低于实际损害，在这样的情形下，行政赔偿制度对受害人权益的保护显然是不够完整的。

当实际损害与可获赔偿额相吻合时，损害的衡量标准与赔偿额的计算标准实质为同一事物的两个不同方面，因为相契合而成为行政赔偿制度中稳定的组成部分。而当实际损害与可获赔偿相脱节时，行政赔偿制度也将因为其组成部分的不和谐而偏离正常的运转轨道。赔偿额度要与实际损害趋同，既需要将客观存在的全部损害纳入可赔偿的损害范围，还需要促进赔偿额度的计算公式或评定规则，与损害的计算或衡量标准趋同。

基于这样的逻辑思路，本书对行政赔偿标准的研究，在制度层面，要探讨的是赔偿方式、赔偿项目、赔偿额的计算标准等内容；在理论层面，则要探讨受害人的实际损害是否通过行政赔偿制度获得了充分弥补，即实际损害——可赔偿的损害——赔偿额的层层传递过程，是否呈现了平行传送状态。事实上，对法律制度的探究，不外乎两个领域，前者探究法律制度"是什么"，追求的是事物的内在本质和规律，可谓追求"真"；而后者探究法律制度"应如何"，是根据一定的标准来评价事物，从而以主观努力使之趋向于某种价值目标，可谓追求"善"。追求"真"意味着要对现实的法律，即实然法开展研究，追求"善"意味着要探究法律应当如何的问题，即从应然法的角度开展问题研究。① 本书对行政赔偿标准的探讨，也正是从实然法的角度出发，探寻存在的问题，并研究应然法的构成，进而对实然法的构建和完善提出意见和建议。

因此，本书对行政赔偿标准含义的界定是：行政赔偿标准，是指国家或地区对受到行政公权力机关行使公法行为造成损害的对象给予赔偿的基本准则。对赔偿标准高低的评价，来自法定赔偿对实际损害的弥补是否充分合理。

需要指出的是，实际损害——可赔偿的损害——赔偿的层层传递过程，似乎只适用于金钱赔偿方式的研究。其实不然，对于返还财产或恢复原状等赔偿方式而言，如果赔偿方式选用适当，实际损害也能得到充分弥补。譬如，在原物没有毁损的情况下，较之金钱赔偿，及时返还原物的赔偿方式显然更能充分弥补受害人的物质损害与精神损害，实现从实际损害到赔偿的平行传递。因而，实际损害——可赔偿的损害——赔偿的层层传递过程，也可以适用于非金钱赔偿方式的研究。当然，在行政侵权行为引发的人身损害后果中，虽然可以采用金钱赔偿方式弥补精神损害，但事实上，精神损害抚慰金不可能弥补全部精神痛苦，只不过是用金钱带来的方便、舒适等物质条件的改变，来达到惩戒侵权人安慰受害人的目的。因此，在这一方面，由损害到赔偿的平行传送是有限的。

第二节　行政赔偿标准的适用原则

由于行政赔偿责任由行使行政公权力机关承担，因而赔偿义务机关支出的赔偿金均由政府财政负担。行政赔偿标准的确定，需要在政府财政负担和受害人权益保障之间寻求有效的平衡。由于经济发展程度、人权保护状况及法制健全完善程度的不同，不同的国家和地区确定行政赔偿标准的原则不尽相同。

按照损害与赔偿额的对应关系进行分类，行政赔偿标准的适用原则可以

---

① 周占生："关于'应然'和'实然'的法哲学思考"，载《河南大学学报（社会科学版）》1994 年第 3 期。

分为三类，即全部赔偿原则、适当赔偿原则和惩罚性赔偿原则，[①] 分述如下。

一、全部赔偿原则

全部赔偿原则又称补偿性原则，在行政赔偿领域，适用全部赔偿原则意味着，行政机关对受害人的损失应作出足额弥补，即受害人获得的赔偿相当于其实际损害。行政赔偿制度运行的目的，是填补实际损害，尽力使受害人得以恢复至受损害前的状态。因此，在适用全部赔偿原则时，实际损害——可赔偿的损害——赔偿的传递呈现平行状态。

多数国家和地区的行政赔偿制度采用了全部赔偿原则。例如，韩国《国家赔偿法》第3条专门规定了赔偿标准：对于损害生命的情形，规定按照生命被害时的月薪或每月实收额或平均工资等，乘以将来可能的就业期间，计算得出金额来赔偿遗属，同时赔偿的内容还包括总统令所定的殡葬费；对于伤害身体的情形，规定国家要赔偿受害人必要的医疗费、医疗期间的误工损失、按残疾程度和将来就业期间计算的残疾赔偿金等。同时，根据人身伤亡的情形，还规定了要参照被害人的社会地位、职业身份、主观过失程度、家庭生计状况等赔偿精神慰问金。[②] 这些内容体现了行政机关对实际损害的完整考量和按照合理标准确定赔偿额的规则。在法国，损害赔偿的方式仅是金钱赔偿，当然，如果行政机关自愿恢复原状的，可以不用支付赔偿金，行政法院也可以判决行政机关在损害继续存在期间，每天赔偿金额若干，从而达到恢复原状的目的。通常而言，行政机关的赔偿金额可以弥补行政侵权行为造成的全部损失。如果在法院判决后，损害加重的，受害人可以请求法院重新确定金额，同时，受害人因损害的事实而获得的利益，也应当从赔偿金中予以扣除。[③]

在德国，为全面衡量行政侵权行为造成的损害后果，1981年《国家赔偿

---

① 应松年主编：《当代中国行政法（下卷）》，中国方正出版社2005年版，第1860–1861页；马怀德主编：《国家赔偿问题研究》，法律出版社2006年版，第275–276页；石佑启、刘嗣元、朱最新、杨桦：《国家赔偿法新论》，武汉大学出版社2010年版，第251页；沈岿：《国家赔偿法原理与案例》，北京大学出版社2011年版，第437页。

② 皮纯协、何寿生编著：《比较国家赔偿法》，中国法制出版社1998年版，第317–318页。

③ 王名扬：《法国行政法》，北京大学出版社2007年版，第579–581页。张莉："法国行政司法赔偿的责任归属与归责原则"，载《华东政法大学学报》2012年第6期。

法》专门规定了间接受害人的请求权，具体包括以下内容：（1）对死者的埋葬费应赔偿给依法定义务应负担该费用的人。（2）死者在受害时如果依法对第三人负有抚养义务，或可能对第三人负担抚养义务，则第三人因受害人死亡而丧失受抚养的权利时，第三人的损失应当依照死者在可能生存期中抚养第三人的义务，通过定期金得到赔偿。即使第三人为胎儿，该赔偿义务也存在。（3）因死亡、身体完整或健康受损害以及被剥夺自由，受害人对第三人未尽其依法在家务上或职业上应负担的义务而造成的损失，以定期金赔偿。[①]可以说，德国《国家赔偿法》对人身权益损害的衡量十分全面，既考虑了受害人将来就业期间收入的损失，亦考虑了直接受害人和间接受害人的权益保护。另外，德国在阐述金钱赔偿损害原则时，还强调应予赔偿的损害包括所失利益。所失利益是指根据事情的通常进展情况、事情的特殊情况，特别是根据现存的设备或措施可能获得的利益。[②] 将所失利益也纳入赔偿范围，充分体现了德国国家赔偿对受害人损失的全面考量，凸显了全部赔偿原则。虽然德国《国家赔偿法》最终被联邦宪法法院宣布违宪而无效，[③] 当前，德国民众行使行政赔偿请求权的法律依据是联邦法律、州法律、法官法、判例和习惯法等，法院解决行政赔偿责任问题的法律主要是《基本法》第 34 条和德国《民法典》第 839 条的规定；[④] 但德国《国家赔偿法》关于法定损害赔偿范围包括损害与利益的原则以及其他诸多关于行政赔偿标准的原则，在大陆法系国家和地区产生了深远的影响。同时，由于德国《民法典》采用的是全部赔偿原则，德国行政赔偿制度在适用民事法律的情况下依然能够实现对实际损害的全部弥补。

二、适当赔偿原则

适当赔偿原则，又称抚慰性原则，是指行政机关仅对有限范围内的损害提供救济，受害人获得的赔偿低于实际损失。根据这一原则，行政机关赔偿不对受害人的实际损失作充分而完整的救济，行政机关本身性质和特征决定

① 袁登明：《发达国家赔偿制度》，时事出版社 2001 年版，第 263 页。
② 皮纯协、何寿生编著：《比较国家赔偿法》，中国法制出版社 1998 年版，第 261 页。
③ 刘兆兴："德国国家赔偿法研究"，载《外国法译评》1996 年第 3 期。杨鸿沛、张玉娟："德国、法国与中国国家赔偿制度之比较"，载《人民司法》2005 年第 2 期。
④ 刘松山："德国行政诉讼和国家赔偿制度"，载《云南大学学报法学版》2004 年第 3 期。

了行政赔偿只适合发挥抚慰受害人的作用。行政机关虽然尽可能给受害人以赔偿，但赔偿额通常低于其实际损失。①

我国大陆地区学者普遍认为，大陆地区行政赔偿标准适用的是抚慰性原则，行政赔偿的目的仅在于对受害人予以抚慰，损害仅能获得有限的赔偿，因而无法达到充分保障受害人合法权益的程度。② 这具体表现在以下几个方面：（1）赔偿项目有限。在公权力行为造成的损害后果中，并非所有的损害都已经由立法通过赔偿项目予以表达，可赔偿的损害范围和种类少于受害人实际遭受的损害。以人身损害赔偿为例，在行政赔偿领域，造成身体伤害的，可赔偿的项目包括医疗费、护理费、误工费等，而民事赔偿领域除了上述费用，还包括营养费、住院伙食补助费、为医疗实际支出的交通费等，甚至近亲属住宿费也可以获得赔偿。（2）计算额度偏低。与民事领域立足当事人的实际损害计算赔偿金额不同，行政赔偿立足全国平均标准，不考虑实际损害，也不依照受害个体具体情形的不同，进行赔偿额的增减。如行政赔偿中的误工费，每日以国家上一年度职工日平均工资计算；而民事赔偿中的误工费，立足于受害人的实际损失，受害人有固定收入的，按其实际扣薪计算，无固定收入的，按其近三年的平均收入进行估算。由于各地居民收入水平不同，对于经济较发达省市的受害人而言，仅误工费一项，行政赔偿和民事赔偿的金额就相差甚远。（3）采用最低标准。除了误工费、残疾赔偿金等项目在计算方式上采用全国平均主义，对于个别赔偿项目的酌定，行政赔偿甚至采用了当地最低标准。例如，在造成死亡或丧失全部劳动能力的情况下，行政机关应当赔偿被扶养人的生活费，但根据 1994 年《国家赔偿法》的规定，生活费仅参照当地民政部门有关生活救济的制度办理，这等于将被扶养人的生活水准降低到对贫困户的救济标准。2010 年《国家赔偿法》修改后，生活费改为参照当地最低生活保障费标准来执行。在刑事赔偿领域，2015 年最高人民法院、最高人民检察院《关于办理刑事赔偿案件适用法律若干问题的解

---

① 张正钊主编：《国家赔偿制度研究》，中国人民大学出版社 1996 年版，第 67 页。

② 应松年主编：《行政法与行政诉讼法（下）》，中国法制出版社 2009 年版，第 737 页；马怀德主编：《完善国家赔偿立法基本问题研究》，北京大学出版社 2008 年版，第 319 页；沈岿：《国家赔偿法原理与案例》，北京大学出版社 2011 年版，第 440－441 页；王华伟："国家赔偿财产损害直接与间接损失辨别及完善"，载《山东行政学院学报》2012 年第 5 期。

释》第18条第1款也规定，对于全部丧失劳动能力的受害公民，其扶养的无劳动能力人的生活费发放标准，参照作出赔偿决定时被扶养人住所地所属省级人民政府确定的最低生活保障标准执行。可见，在国家赔偿制度中，被扶养人生活费这一项目，始终奉行的是保障基本生存需要的标准，国家赔偿的金额仅能帮助被扶养人维持最低的生活水准。

可以说，在大陆地区，实际损害——可赔偿的损害——赔偿额的传递呈现递减状态，一方面，实际损害不可能全部被纳入法律规定的可赔偿范围，因而实际损害不等同于法定可赔偿的损害；另一方面，即使是已被纳入法定赔偿范围的损害，由于衡量损害的方式采用全国平均或当地最低标准，因而通过这种衡量方式得出的赔偿结果也无法准确反映被纳入赔偿范围的损害的真实情况。由于可赔偿的损害小于实际损害，同时赔偿额小于可赔偿的损害，最终赔偿额小于实际损害，大陆地区行政赔偿案件的受害人无法获得损失的充分弥补。

但是，抚慰性原则这一提法是否妥当，值得商榷。抚慰性原则的字面意思，似乎仅是给予象征性的补偿，以示对受害人进行安慰。但从实际情况来看，虽然大陆地区行政赔偿的标准，没有采纳民事侵权领域的全部赔偿原则，但毕竟涵盖了受害人的大部分损失，而且2010年《国家赔偿法》修改时，增加了许多赔偿项目，精神损害领域的抚慰金也得到了立法确认，展示了向民事侵权赔偿标准趋同的发展态势。2015年最高人民法院、最高人民检察院《关于办理刑事赔偿案件适用法律若干问题的解释》则对刑事赔偿领域的赔偿标准进行了细化，努力朝"填平补齐"的方向发展。因此，在当前的状态下，仍然称大陆地区行政赔偿标准采用的是抚慰性原则，未免过于严苛。因此，本书认为，大陆地区行政赔偿标准适用的原则，采纳适当赔偿原则为妥，这不仅符合当前的实际状况，也符合立法的原意。1993年《关于〈中华人民共和国国家赔偿法（草案）〉的说明》提到，"国家赔偿标准和方式，是根据以下原则确定的：第一，要使受害人所受到的损失能够得到适当弥补；第二，考虑国家的经济和财力能够负担的状况；……"[1] 可见，大陆地区国家赔偿

---

[1]　江必新主编：《〈中华人民共和国国家赔偿法〉条文理解与适用》，人民法院出版社2010年版，第294-295页。

标准采用适当赔偿原则，不是立法的疏漏，而是立法的本意，是立法之初就已确定的原则。

就发展趋势而言，在行政赔偿制度建立之初，对行政公权力行使行为造成的损害由行政机关进行有限赔偿是各国的通例，但在当前，采纳民事侵权领域全部赔偿原则已经成为行政赔偿标准的主流现象。在行政赔偿标准方面采用适当赔偿原则的国家和地区已经并不多见。

三、惩罚性赔偿原则

惩罚性赔偿是指在填补性损害赔偿金或名义赔偿金外，为了惩罚侵权人情节特别严重的不法行为，而另行加处赔偿。在这一原则之下，行政赔偿的金额超过了受害人的实际损失，即行政机关除了弥补受害人实际损失外，还付出了惩罚性费用。在惩罚性赔偿中，由于赔偿金额超过实际损害，损害赔偿金不仅对受害人构成补偿，同时也对故意加害人构成惩罚。[①]

在行政侵权行为直接适用民事侵权赔偿标准的国家和地区，民事侵权领域的惩罚性赔偿金相应地也会适用于行政侵权案件之中。但行政赔偿毕竟是由国家财政承担责任，因而惩罚性赔偿的重点是界定适用范围、控制赔偿金过高等方面。在英国，惩罚性赔偿被限制在有限类型的案件中。例如，在1964年 Rookes v. Barnard 案中，Devlin 勋爵认为，只有在下述三种类型的案件中，判处惩罚性赔偿金才是适当的：涉及国家公务员不公正的、专横的或者违宪的行为的案件；被告的行为是精心策划出来牟取超过原告可获得赔偿的利益的案件；制定法授权进行惩罚性赔偿的案件。要归入第一类案件，必须具备下述两个条件：一是必须存在一个不公正的、专横的或违宪的行为；二是该行为必须是运用政府权力实施的。2001年，在 Kuddus v. Chief Constable of Leicestershire Constabulary 案中，英国上议院认为，在具体案件中，惩罚性赔偿金能否得到支持，是基于案件的具体情形，重点不是行为的原因，而是侵权时的情况是否符合上述三种适用惩罚性赔偿金的案件类型。另外，违宪的行为即使不存在专横的情形，也可能归入第一类。英国禁止极端的惩罚性赔偿金，对惩罚性赔偿金的适用，采用"当且仅当"标准，即当且仅当填补性

---

① 韩飞："国家赔偿应引入惩罚性赔偿标准"，载《法制与社会》2011年第6期（下）。

损害赔偿金不足以惩罚被告、不足以遏制其他潜在加害人、不足以表明法院对这种行为的否定情形时，法院才能判处惩罚性赔偿金。①

在美国，通常情况下，行政赔偿采用全部赔偿原则。《联邦侵权赔偿法》（Federal Tort Claims Act）第 2674 条规定，联邦政府，根据本法关于侵权行为请求赔偿之规定，应在同等的方式与限度内，与私人一样承担民事责任，但责任不及于判决的利息，也不包括惩戒性赔偿金。对于导致死亡的案件，按行为地或不行为地法律或按其本质应给予惩戒性罚金的，联邦政府也仅在实际或补偿性的损害范围内负其责任。② 当然，如果政府雇员存在主观恶意的，法院也会作出惩罚性赔偿判决，不过对于主观恶意的存在，需受害人承担举证责任，并由陪审团决定是否应当进行惩罚性赔偿。不论法院判决多少惩罚性赔偿金，都是由政府从预算中支付。③

在我国台湾地区，鉴于刑事领域的公权力行为对受害人造成的损害后果具有特殊性，所谓"刑事补偿法"设置了双倍赔偿的规定。所谓"刑事补偿法"第 6 条明确，罚金及易科罚金执行的补偿，应依已缴罚金加倍金额附加依法定利率计算的利息返还。没收、追征、追缴或抵偿执行财产的补偿，已拍卖的，应支付与卖得价金加倍的金额，并附加依法定利率计算的利息。这些加倍赔偿的规定，体现了刑事赔偿领域的惩罚性赔偿特点。

在司法实务中，我国大陆地区也体现出了对行政赔偿应当发挥惩戒作用的看法。例如，在最高人民法院〔2018〕最高法行再第 163 号行政赔偿判决书中，最高人民法院认为，行政机关在确定行政赔偿标准与额度的过程中，应当充分考虑相关法律、法规和政策规定，在不违反法律、法规禁止性规定的情况下，尽可能给予再审申请人必要、合理的照顾和安排，以体现对违法行政行为的惩戒和对被侵权人的关爱与体恤。

上述全部赔偿原则、适当赔偿原则、惩罚性赔偿原则等三类原则，展示了行政赔偿制度中损害与获赔额之间的不同关系。通常情况下，经济较为发达和法制较为健全的国家或地区倾向于选择全部赔偿或惩罚性赔偿标准，全

---

① 董春华："各国有关惩罚性赔偿制度的比较研究"，载《东方论坛》2008 年第 1 期。

② 杨泽延、姚辉："美国国家赔偿制度纵横"，载《比较法研究》1988 年第 3 期。

③ 杨鸿沛："美国国家赔偿制度之印象"，载《人民司法》2006 年第 9 期。

额甚至超额弥补损害，实际损害——可赔偿的损害——赔偿的层层传递过程，呈现平行甚至扩张传送状态。与此相比，经济落后或法制并不完善的国家或地区则倾向于实行适当赔偿原则，对有限范围内的损害进行弥补，实际损害——可赔偿的损害——赔偿的层层传递过程，呈现递减传送状态。因此，对于前者而言，行政赔偿标准问题可能仅是法律技术问题，是简单的计算问题。但对于后者，行政赔偿标准则不仅是技术规则问题，更是法律和政策问题，是涉及对受害人合法权益保护程度的重要法律议题。

第三节 行政赔偿标准的规范模式

行政赔偿标准的规范模式，是指以何种立法或规范的方式确定和建立公权力行使行为的赔偿标准。我国专门在《国家赔偿法》设一章，直接规定赔偿方式、赔偿项目和计算标准的问题。但许多国家和地区并不区分行政赔偿标准与民事赔偿标准，在解决公权力机关赔偿纠纷时，直接适用民事侵权领域的赔偿标准，或在行政赔偿立法中规定可以援引民法或其他法律规定的赔偿标准。还有一些国家和地区，基于刑事赔偿的特殊性，制定专门的刑事赔偿标准，但行政赔偿领域的标准则与民事赔偿标准混同。

当前，各国和地区的行政赔偿标准规范模式大致可以分为如下几类。

一、法律援引制

法律援引是指有关行政赔偿的法律本身并不直接规定赔偿标准，而是通过援引民事法律或其他法律法规的方式解决赔偿标准的依据问题。适用法律援引制，意味着行政赔偿标准可以与民事赔偿标准高度混同，受害人无论是因行政侵权还是私人侵权行为受到损害，都能获得相同标准的赔偿。

许多国家通过援引民法的方式规范行政赔偿标准。例如，颁布于1947年的日本《国家赔偿法》，只有6个法条，但施行七十多年来从未加以修改。其中重要的一个原因是，该法对于行政赔偿标准不直接加以规定，而是通过第4条明确，国家或公共团体的损害赔偿责任，除第1—3条之规定外，依

《民法》之规定；同时在第 5 条又规定，国家或公共团体的损害赔偿责任，
《民法》以外的其他法律有特别规定的，按其他法律的特别规定处理。① 通过
法律援引制，日本行政赔偿责任与民事赔偿责任既实现了衔接又显示了区别，
在赔偿责任是否成立的领域，行政侵权责任与民事侵权责任各有不同的构成
要件和归责原则，但在填补损害的赔偿标准方面则又完全混同。② 韩国《国
家赔偿法》第 8 条也作出类似的规定："国家或地方自治团体的损害赔偿责
任，除依照本法的规定执行外，依照民法的规定。但民法以外的法律另有规
定时，依照其规定。"我国台湾地区的所谓"国家赔偿法"借鉴了日本和韩
国的规范模式，在第 5 条明确，所谓"国家损害赔偿"，除依"本法"规定
外，适用所谓"民法"规定；在第 6 条规定，"国家损害赔偿"，"本法"及
所谓"民法"以外其他"法律"有特别规定的，适用其他"法律"。③ 鉴于
台湾地区所谓"国家赔偿法"本身并没有规定赔偿项目、计算方式等关于赔
偿标准的具体内容，因而台湾地区行政赔偿的标准几乎完全遵循所谓"民
法"规定，仅在涉及其他"法律"特别规定时，才存在例外。

二、单独规定制

单独规定是指国家赔偿单独立法且直接在国家赔偿责任立法中规定适用
于国家赔偿的具体标准，从而在法律适用方面，行政赔偿标准无须援引民法
或其他法律关于赔偿标准的规定。

在瑞士，《关于联邦及其机构成员和公务员的责任的瑞士联邦法》第 5
条直接规定了侵害生命健康权的赔偿标准：（1）如果被害人死亡，应赔偿由
此产生的费用，特别是丧葬费用；如果被害人不是立即死亡，侵权主体要赔
偿试图治疗的费用和因丧失工作能力而造成的损害，因死亡导致他人丧失赡
养人，还需给予被赡养人赔偿。（2）如果身体受到伤害，被害人有权请求赔
偿费用以及补偿因全部或部分丧失工作能力所造成的损害。此外，在赔偿金

---

① 莫纪宏："日本国家赔偿法的几个问题"，载《外国法译评》1996 年第 1 期。何峻："日本国
家赔偿法研究"，载《华侨大学学报（哲学社会科学版）》1998 年第 3 期。

② 朱维究："日本国家赔偿法及其启示"，载《法学杂志》1993 年第 5 期。

③ 台湾地区所谓"国家赔偿法"，http：//www.rootlaw.com.tw/LawSearch.aspx，访问日期：2017
年 11 月 22 日。

的确定方法上，如果在判决宣告时尚无法充分准确确定伤害后果的，法官可以保留自判决之日起两年以内更改判决的权力。[①]

德国《国家赔偿法》第 2 条和第 3 条分别规定了金钱赔偿和请求消除后果两种赔偿方式。消除后果是指恢复原状，即如果损害系某一事实状态发生不利于受害人的变更时，公权力机关应当恢复原状；恢复原状不能达到目的，也可以通过恢复具有同等价值的状态以消除不良后果。在德国，损害的范围既包括财产损害又包括非财产损害。非财产损害是指侵害身体完整、健康、自由或严重损害人格等造成的精神损害，如果非财产损害可以通过消除后果加以弥补的，金钱赔偿请求权消灭。为进一步保障受害人的利益，德国《国家赔偿法》还规定了定期金和一次性给付赔偿总额等两种不同的支付方式。因损伤身体的完整和健康致使受害人降低、丧失工作能力，或增加受害人的生活需求的损害，应给付定期金赔偿；定期金每月预先给付，受害人即使在给付期限届满前死亡，仍然可以接受全部金额；受害人有重大理由的，可以不请求定期金给付，而请求一次给付赔偿总额。[②]

我国大陆地区也采纳了单独规定的方式，《国家赔偿法》专设第四章，具体规定了赔偿方式、赔偿项目和计算标准，以此作为确定国家赔偿标准的主要依据，该标准统一适用于行政赔偿、刑事赔偿和司法赔偿。由于《国家赔偿法》并未指出"本法没有规定的，适用民法或其他法律的规定"，因此，我国大陆地区的行政赔偿标准与民事侵权赔偿标准截然分立。

当然，单独对国家赔偿标准作出规定的，还包括刑事赔偿领域。大陆法系许多国家专门对刑事赔偿作出特别规定。德国《刑事追诉措施赔偿法》第7 条规定，赔偿标的物，可以是由刑事追诉措施造成的财产损失，在根据法院判决剥夺自由的情况下，也可以是非财产损失。对财产损失，只在损失超过 50 马克的情形下才可以主张；对非财产损失，每羁押一日赔偿 20 马克。[③]日本《刑事补偿法》第 4 条规定，对于关押或拘禁而给予的补偿，以一日1000 日元以上 12500 日元以下的比例额，对应天数交付赔偿金。有期徒刑、

---

① 肖胜喜："瑞士国家责任法评述"，载《比较法研究》1990 年第 2 期。
② 翁岳生："西德一九八一年国家赔偿法之研究"，载《台大法学论丛》1981 年第 6 期。
③ 皮纯协、何寿生编著：《比较国家赔偿法》，中国法制出版社 1998 年版，第 272 页。

禁锢、拘留的执行或者拘押的补偿亦同。同时规定，在决定前项补偿金时，法院必须考虑拘束的种类和期间的长短、本人所受财产的损失、应得利益的丧失、精神痛苦和身体损伤，以及警察、检察院和法院等机关是否存在故意或过失等一切情形。[①] 2015 年 12 月，我国大陆地区通过《关于办理刑事赔偿案件适用法律若干问题的解释》，也另行对刑事赔偿领域的医疗费、误工费、护理费等项目规定了明确的计算标准。

我国台湾地区参照日本立法体例专门制定所谓"刑事补偿法"，[②] 对错误羁押等限制人身自由的行为以及错误执行死刑的补偿等单独规定了每日补偿金、抚慰金的计算方式。如第 6 条第 1 项规定，羁押、鉴定留置、收容及徒刑、拘役、感化教育或拘束人身自由保安处分执行的补偿，依其羁押、鉴定留置、收容或执行的天数，以新台币 3000 元以上 5000 元以下折算一日支付；第 6 条第 6 项规定，死刑执行的补偿，除其羁押依第 1 项规定补偿外，并应按受刑人执行死刑当年度居民平均余命计算受刑人余命，以新台币 5000 元折算一日支付抚慰金。但其总额不得低于新台币 1000 万元。[③] 因此，在刑事赔偿领域，台湾地区既不适用所谓"国家赔偿法"来确定刑事赔偿责任的构成要件，也不适用所谓"民法"来确定刑事赔偿的具体标准，而是通过单独规定自成体系。

三、混合制

混合制是指对于行政赔偿标准，既有国家赔偿专门立法的规定，亦可以适用其他法律的规定。一般包括两类情形：一是国家赔偿法律作出主要规定，未尽事宜适用民事法律法规或其他法律法规的规定，如韩国；二是主要适用民事法律法规的规定，但同时也存在行政赔偿法律法规的若干特殊规定，这主要体现在英美法系国家。

韩国《国家赔偿法》第 3 条对赔偿标准作出了较为详细的规定，包括侵

---

① 肖军："日本刑事补偿法"，载《行政法学研究》2004 年第 4 期。

② 台湾地区所谓"刑事补偿法"原名"冤狱赔偿法"，刑事补偿的含义与我国大陆地区的刑事赔偿大致相同。

③ 台湾地区所谓"刑事补偿法"，http：//www. rootlaw. com. tw/LawSearch. aspx，访问日期：2018 年 3 月 1 日。

害生命权的赔偿标准，伤害身体的赔偿标准，减失、毁损他人物品的赔偿标准。例如，伤害他人身体的，国家或地方公共团体的赔偿项目包括治疗费、误工损失、残疾赔偿金及精神损害抚慰金等。其中误工损失按照受害人的月薪、每月实收额，或者平均工资计算；残疾赔偿金则根据受害人当时的月薪、每月实收额，或者平均工资乘以将来可能就业期间所得的金额确定；精神损害抚慰金在总统令所规定标准的范围内，考虑受害人的社会地位、过失程度、生活状况以及损害赔偿金额等因素，酌情赔偿。其中月薪、每月实收额、平均工资等，根据受害者住所地的税务署长或区长、市长、郡守以及受害人工作机关的首长的证明，或者，依其他具有公信力的证明而予以确定。如果不能证明，依总统令予以确定。如物品被损毁的，赔偿标准是物品的交换价格或必要的修理费；如因修理发生收入上损失时，还包括修理期间损失额的休业赔偿。除了规定具体的赔偿项目和计算标准，韩国《国家赔偿法》第 3 条还对国家赔偿额中应当予以扣除的项目作了规定，这主要包括两个方面的内容：一是贯彻损益相抵原则，既受害人受损害的同时又获得利益的，应从损害赔偿额中扣除相当于其利益之金额；二是利息扣除原则，如申请遗属赔偿、残疾赔偿及将来所必要的治疗费等费用时，应当扣除中间利息。在韩国《国家赔偿法》第 3 条对国家赔偿标准已经作出具体而详尽规定的情况下，该法于第 8 条又明确，损害赔偿责任的未尽事宜可以适用民法之规定，民法以外法律有特别规定的，适用其他法律的规定。[①] 可以说，韩国《国家赔偿法》对于赔偿标准的规定，体现了单独立法与援引他法的双重优点，既体现了国家赔偿标准的主要内容，又允许民法或其他法律补充或优先适用，这对于全面补偿受害人的损失具有重要的现实意义。

在英美法系国家，行政赔偿纠纷，如同其他民事纠纷，由法院作为民事案件审理，并直接适用民事法律关于赔偿标准的规定。虽然英国和美国分别制定了《王权诉讼法》《联邦侵权赔偿法》等关于行政赔偿制度的单行法，但其性质只是民事特别法。[②] 在这些民事特别法中，行政赔偿的标准仅有零

① 吴东镐："韩国国家赔偿法研究——公共营造物设置或管理上的瑕疵所引起的国家赔偿责任"，载《美中法律评论》2007 年第 7 期。
② 温世阳："评各国国家赔偿制度"，载《比较法研究》1989 年第 1 期。

星的规定。例如，英国对于行政赔偿标准没有作专门的统一规定，只是对一些特殊事项作出规定，《王权诉讼法》第 9 条第 2 款对于与邮政包裹有关的国家赔偿标准作出限制性规定，"根据本款规定提起诉讼，可得到的赔偿总额，不应超过相关的邮件在诉讼事由发生时的市场价值，此市场价值不包括邮件所呈送信息或消息的价值；诉讼中可得到的赔偿金额，不应超过《邮政条例》对交付挂号邮件费受害人规定的最高求偿数额"。① 美国《联邦侵权赔偿法》中，没有赔偿标准的大量规定，但设置了个别赔偿标准的特殊原则，如第 2674 条规定，美国联邦政府侵权行为的赔偿责任，与私人一样，但惩罚性赔偿金领域例外。②

英美法系国家之所以既没有在行政赔偿立法中专门对赔偿标准作出全面的规定，也没有规定援引民事法律法规之规定，主要原因在于，行政赔偿被作为民事责任看待。美国《联邦侵权赔偿法》的根本原则或主要精神是：联邦政府对其雇员在职务范围内活动时有过失的作为或不作为所引起的财产破坏或损失、人身伤害或死亡，根据行为发生地的法律，以相同情形下私人侵权人承担的相同方式和相同范围，向求偿人承担金钱赔偿责任。因此，向美国政府提起的以侵权赔偿为基础的诉讼是民事诉讼，由原告居所地法院或行为或不行为发生地的法院管辖。普通法系国家将行政侵权行为纳入民事赔偿责任的范围，是因为这些国家不存在公法与私法的划分，而且普通法关于"法律面前人人平等"的观念已深入人心，按照普通法规定，一切人包括自然人、法人等都受同一法律的支配，无论是国家侵权还是私人侵权造成他人损害的，都要承担相同的赔偿义务。

法律援引制、单独立法制和混合制，是行政赔偿标准较为常见的规范模式。但也有一些国家，采用了具有本国独特色彩的规范模式。例如，在法国，行政赔偿制度的特殊性在于，作为大陆法系国家，法国没有制定成文的行政赔偿制度，行政侵权赔偿责任是从法国最高行政法院针对有关司法案件的判决中形成、确立、发展和完善起来的。③ 法国早在 1978 年就确立了行政司法

---

① 皮纯协、何寿生编著：《比较国家赔偿法》，中国法制出版社 1998 年版，第 238－239 页。
② 杨泽延、姚辉："美国国家赔偿制度纵横"，载《比较法研究》1988 年第 3 期。
③ 周伟："法国行政赔偿制度"，载《比较法研究》1990 年第 2 期。

重过错赔偿原则。2000 年以来，法国最高行政法院通过"马吉拉案""博潘女士案""盖斯塔斯案"等一系列案件，回答了行政司法赔偿责任归属与归责原则问题，超期审判被定性为一般过错并成为行政司法赔偿的归责原则之一，这些专门判决构成了适用于行政侵权赔偿的一般规则。[①] 其中，公务过错是法国行政法特有的概念。行政机关的过失如果与执行职务无关，成为个人过失，适用民法的规则，受普通法院的管辖，而如果与行使公共权力有联系的过失，称为公务过错，对于公务过错的案件适用行政法的原则，受行政法院的管辖，由国家承担行政侵权赔偿责任。[②]

综上，对于行政赔偿标准的具体内容，大陆法系国家主要通过《国家赔偿法》规定的法律援引制实现，直接适用或补充适用了民事侵权领域的赔偿标准，将民法领域的全部赔偿原则融入行政赔偿制度；而英美法系国家则将行政赔偿责任作为民事侵权责任的特殊种类，从而亦实现了行政赔偿标准与民事赔偿标准的高度统一。当然，无论采用专门规定还是与民事混同的规范模式，在行政赔偿标准领域实现全部赔偿原则，充分保障受害人的合法权益，是世界各国和地区行政赔偿制度主要的发展趋势。

第四节　我国行政赔偿标准的演变和特征

在行政赔偿法律制度的变迁之中，行政赔偿的标准经历了与民事赔偿标准混同到分离的过程。

1986 年《民法通则》第 121 条明确了国家机关或其工作人员执行职务过程中，发生侵权行为造成损害的，应当承担民事赔偿责任。据此，法院可以根据《民法通则》的规定，审理公民、法人起诉国家机关或国家机关工作人员的侵权纠纷案件。但是，1986 年《民法通则》第 121 条并未明确，承担责任的主体究竟是国家机关还是国家机关工作人员，或者是两者共同承担责任。

---

① 张莉："法国行政司法赔偿的责任归属与归责原则"，载《华东政法大学学报》2012 年第 6 期。

② 王名扬："法国的行政赔偿责任"，载《法学杂志》1990 年第 1 期。

为此，1988 年最高人民法院在《关于贯彻执行〈中华人民共和国民法通则〉若干问题的意见（试行）》（以下简称《试行意见》）第 152 条进一步明确，对于国家机关工作人员的上述职务侵权行为，由国家机关承担民事责任。这意味着，对于公务员职务侵权行为造成的损害，承担赔偿责任的主体是国家，同时，也意味着，在这一阶段，国家赔偿责任被作为一种特殊的民事侵权责任，属于民事责任范畴。① 因此，在赔偿标准方面，国家侵权的赔偿项目与计算标准，须遵循《民法通则》及其《试行意见》的规定，即国家赔偿与民事赔偿标准完全混同。

《1989 年行政诉讼法》第九章专门规定了侵权赔偿责任制度，首次将国家赔偿中的行政侵权赔偿制度与民事侵权赔偿制度加以区分，但该章初步构建了行政赔偿制度，唯独没有涉及行政赔偿的具体标准问题。因此，即使行政赔偿纠纷被作为行政案件处理，适用行政诉讼程序，在赔偿的实体法方面，仍然只能适用《民法通则》及《试行意见》的标准确定赔偿项目和计算损失。②

1994 年《国家赔偿法》的颁布，不仅宣布国家侵权行为与民事侵权行为法律制度不同、国家赔偿责任不再属于民事责任，而且第四章对国家赔偿标准进行的单独规定，宣布了国家赔偿标准与民事赔偿标准的彻底分立。与民事法律法规分离后的行政赔偿标准呈现如下特征。

（1）在适用原则上，采用有限赔偿原则。多数国家和地区行政赔偿制度通过援引民法之规定，实现了与民事侵权赔偿标准的高度混同，从而凸显了全部赔偿原则。但我国的行政赔偿脱离民事法律规定后，呈现出有限赔偿的原则，与民事赔偿标准相比，不仅赔偿项目偏少，而且多类赔偿项目的金额采用当地最低标准或全国平均主义标准进行计算，即使是相同的损害后果，按行政赔偿标准计算的金额往往低于民事侵权领域的赔偿标准。

（2）在规范模式上，采用单独立法制。我国的行政赔偿标准由《国家赔偿法》单独规定，无须援引民事法律法规的规定，也没有其他领域的特别法可以优先于《国家赔偿法》的规定。且这一赔偿标准统一适用于刑事赔偿、

① 江必新："国家赔偿与民事侵权赔偿关系之再认识——兼论国家赔偿中侵权责任法的适用"，载《法制与社会发展》2013 年第 1 期。

② 朱维究、姜天波："国家赔偿与民事赔偿初探"，载《法学评论》1993 年第 2 期。

行政赔偿与司法赔偿。

（3）在立法技术上，多处使用固定的计算方式。与民事领域立足当事人的实际损害确定赔偿额不同，行政赔偿倾向采用全国平均主义的计算标准，不考虑受害个体的实际损害和行为发生的具体情形。发生行政侵权行为造成损害的，除了实际支出的医疗费等费用，国家对其他损害都按照全国平均的标准计算赔偿额。如限制人身自由的，每日的赔偿金按照国家上年度职工日平均工资计算。侵犯生命健康权的，在赔偿因误工减少的收入时，每日的赔偿金也仍然按照全国平均主义方式确定，不参照受害人实际的误工损失。在受害人实际收入高于全国平均工资的情形下，显然，获得的误工费不足以弥补误工损失。

（4）在司法实务中，裁判机关几乎没有裁量空间。行政赔偿标准除了据实支出的医疗费、交通费等费用外，其余赔偿金额的确定，都有固定的计算公式，因此，裁判机关的裁量权非常狭窄。例如，鉴于《国家赔偿法》第33条规定侵犯公民人身自由的，每日赔偿金按照国家上年度职工日平均工资计算，最高人民法院每年都会根据国家统计局公布的上一年度城镇非私营单位在岗职工年平均工资，以人力资源和社会保障部提供的日平均工资的计算公式，确定当年作出国家赔偿决定时，对侵犯公民人身自由权的每日赔偿金数额标准，并以通知形式下发全国各级法院。而除了限制人身自由权的每日赔偿金标准，行政赔偿标准领域的残疾赔偿金、死亡赔偿金、误工费等内容也需依赖此份通知里公布的年平均工资和日平均工资。可以说，最高人民法院每年发布的这份通知是确定行政赔偿标准的重要法律渊源之一。[1] 因此，对于误工损失，即使受害人有证据证明其实际收入超过最高人民法院通知公布的国家上年度职工日平均工资，裁判机关也只能按照通知确定的标准计算误工费，当事人的实际误工损失不作为计算的依据。

1994年《国家赔偿法》赔付损害不足的问题，受到了法学界较多的批评。[2]

---

[1] 例如，2013年5月17日，最高人民法院发出法〔2013〕114号通知，确定各级法院在2013年作出国家赔偿决定时，对侵犯公民人身自由的每日赔偿金应为182.35元。2014年5月27日，最高人民法院公布2014年每日赔偿金标准为200.69元。

[2] 刘嗣元、石佑启、朱最新编著：《国家赔偿法要论（第二版）》，北京大学出版社2010年版第118－119页。台运启、杨小君："关于国家赔偿标准的问题与建议"，载《中国人民公安大学学报》2003年第5期。

尤其是对于采用全国平均主义计算标准确定误工费、残疾赔偿金、侵犯人身自由每日赔偿金等问题的做法，一经颁布，就受到了诸多学者的批评和质疑。有学者提出，我国应当建立以国家标准为基础，以地方标准为补充的原则。我国幅员辽阔，各地收入差异较大，以全国标准计算不够充分，应当允许存在特殊情况的地区根据本地区实际，参照全国标准另行制定本地标准。① 在中国法学会行政法学研究会 2004 年年会上，与会学者们一致认为，我国国家赔偿应当提高国家赔偿金的数额，应当根据国家赔偿请求权人的实际损害，作最大限度的赔偿，不仅要考虑直接损失，还要弥补间接损失，在一定情况下还应当考虑对精神损害以抚慰金的形式予以赔偿。② 甚至有学者提出，在行政机关及其工作人员严重过错造成公民合法权利受损的情形下，应当适用惩罚性行政赔偿标准。③

2010 年 4 月，《国家赔偿法》进行了第一次修改，在赔偿标准领域最大的变化，是将精神损害抚慰金的支付也纳入了国家赔偿领域，规定对于国家机关侵犯人身权致人精神损害的，应当在侵权行为影响的范围内，为受害人消除影响，恢复名誉，赔礼道歉；造成严重后果的，应当支付相应的精神损害抚慰金。这意味着，我国公民在受到行政侵权行为伤害后，不仅可以就财产上的损失获得金钱赔偿，而且发生精神损害的，也可以通过金钱赔偿获得精神抚慰。另外，在身体伤害的领域，赔偿项目增加了护理费；在造成残疾的情形下，残疾生活辅助具费、康复费等因为残疾而增加的必要开支，也被纳入了赔偿项目，继续治疗所必需的费用应当获得赔偿也被立法确认。在财产领域，一些间接损失也进入了行政赔偿的范围，④ 如罚款或者罚金被返还后，赔偿义务机关还应当向受害人支付上述款项的银行同期存款利息。另外，当变卖财产的价款明显低于财产价值的，行政机关也应当支付相应的赔偿金。

虽然 2010 年《国家赔偿法》通过增设若干赔偿项目的方式细化和提高了国家赔偿包括行政赔偿的标准，同时以金钱赔偿方式弥补严重精神损害的

---

① 孙建华："实施国家赔偿法几个亟须解决的问题"，载《法学杂志》1995 年第 6 期。

② 周佑勇、薛刚凌、吴雷："中国法学会行政法学研究会 2004 年年会及第七届海峡两岸行政法研讨会综述"，载《中国法学》2004 年第 6 期。

③ 袁维勤、黄文："论确立我国的惩罚性国家赔偿标准"，载《重庆工商大学学报（社会科学版）》2008 年第 1 期。韩飞："国家赔偿应引入惩罚性赔偿标准"，载《法制与社会》2011 年第 6 期（下）。

④ 赵大龙："我国国家赔偿的赔偿标准可行性分析"，载《唯实》2011 年第 7 期。

做法也显示了与民事侵权赔偿标准趋同的迹象。但总体而言，行政赔偿制度中的全国平均主义计算标准并未动摇，无法弥补经济发达省市受害人的实际损失；对被扶养人生活费采取当地最低标准的做法依然延续；赔偿项目与民事赔偿相比，仍然偏少。可以说，行政赔偿标准经过 2010 年修改后，实质上呈现的仍然是适当赔偿原则，对损害仅作有限范围和较低额度的赔偿，受害人的实际损害与获赔额之间还是存在较大差距。2012 年《国家赔偿法》第二次修改，但未涉及赔偿标准内容。2015 年最高人民法院、最高人民检察院《关于办理刑事赔偿案件适用法律若干问题的解释》对刑事赔偿领域各类赔偿项目规定了具体的计算方式，但仍然奉行全国平均主义的计算模式。如该解释第 16 条第 1 款规定："误工减少收入的赔偿根据受害公民的误工时间和国家上年度职工日平均工资确定，最高为国家上年度职工年平均工资的五倍。"刑事赔偿虽然朝着"填平补齐"的方向发展，试图采取更有利于保护权利的标准，[1]但赔偿额的确定，囿于计算方式的限制，仍不能与实际损害相契合。

综上，行政赔偿标准考察的是行政机关对受害人权益的保护程度。对行政赔偿标准是否科学合理的衡量，取决于制度层面的赔偿是否涵盖了受害人遭受的实际损害。从损害与赔偿的对应关系考量，行政赔偿标准的适用原则可以分为全部赔偿原则、适当赔偿原则和惩罚性赔偿原则。当前，世界多数国家和地区关于行政赔偿标准的规范模式可以分为法律援引制、单独规定制和混合制等三类。我国台湾地区制定专门的所谓"国家赔偿法"，但行政赔偿标准援引所谓"民法"和其他"法律"的规定，赔偿额能与实际损害高度契合，实现了全部赔偿原则。刑事赔偿领域进行单独规定，赋予司法机关针对受害个体之不同情形，确定合理的补偿金标准。我国大陆地区行政赔偿制度虽然起源于民事法律之规定，但自 1994 年《国家赔偿法》颁布后，行政赔偿标准另起炉灶，仅以适当赔偿为原则，无法弥补受害人的全部损害。虽然《国家赔偿法》对赔偿标准已经作出修改，但多类项目采用全国平均主义计算方式，剥夺了司法的裁量空间，无法实现实际损害、可赔偿的损害与赔偿额之间的平行传送关系。

---

[1] "'两高'出台刑事赔偿司法解释——'疑罪从挂'亦可获赔，赔偿标准'填平补齐'"，载《人民法院报》2016 年 1 月 8 日第 1 版、第 2 版。

第四章
人身损害的行政赔偿

根据《国家赔偿法》第3条和第4条的规定，我国行政赔偿的范围限于人身权和财产权受侵犯的领域。人身权益与财产权益相对而言，是民事主体依法享有的与其人格和身份不可分离的民事权利和相关利益，包括人身权及与人身相关的利益。① 侵害人身权益，可以分为侵犯生命权、身体、健康、名誉及自由等多类情形。

从《国家赔偿法》的相关规定来看，行政侵权行为造成人身损害的，主要包括侵害生命权、健康权和人身自由权三类。因此，本章对人身损害的行政赔偿研究，分别在侵犯生命权、身体健康权和人身自由权三大领域展开，同时基于精神损害问题在行政赔偿领域的特殊性，本书将另设一章对精神损害赔偿开展具体研究。

第一节　侵犯生命权的赔偿标准

一个人的权利能力，始于出生，终于死亡。甚至在胎儿时期，也可以获得某些民事权利。《民法总则》第16条规定："涉及遗产继承、接受赠与等胎儿利益保护的，胎儿视为具有民事权利能力。但是胎儿娩出时为死体的，其民事权利能力自始不存在。"因此，生命权是人最重要的权利。行政侵权

---

① 蔡永民、李功国、贾登勋主编：《民法学》，人民法院出版社、中国社会科学出版社2006年版，第297页。

行为侵犯公民生命权的情形，包括殴打、虐待、违法使用武器或警械等造成公民死亡等。在刑事领域，还包括刑讯逼供致死、错误执行死刑等情形。对侵犯生命权的行政赔偿，需要研究赔偿项目、计算标准等法律规定，也需要探讨司法实务中的裁判思路和通行做法。

一、法定赔偿内容

对于行政侵权行为导致公民死亡的情形，多数国家和地区规定了行政赔偿的项目和计算方式。

（一）赔偿项目

不法侵害他人致死造成的损害，可以区分为财产上损害和非财产上损害。对于财产损害，申请人可以请求的赔偿项目一般包括殡葬费、医疗费、被扶养人生活费等；非财产上损害，是指受害人亲属承受的精神损害，申请人可以主张相当金额的精神抚慰金。如果被害人死亡之前经过治疗的，除了赔偿医疗费，医疗过程中增加的看护费、相关交通费等，一般也属于赔偿范围。

在韩国，针对损害生命的情形，《国家赔偿法》第 3 条专门规定了赔偿标准，即按照生命被害时的月薪或每月实收额或平均工资等，乘以将来可能的就业期间，计算得出金额来赔偿遗属，同时赔偿的内容还包括了总统令所定的殡葬费。在日本，通过《国家赔偿法》第 4 条明确的法律援引制，损害生命情形的行政赔偿适用日本《民法》的相关规定。针对侵犯生命权的情形，日本《民法》第 711 条规定："害他人之生命者，对被害者之父母、配偶者及子，虽不害其财产权，亦须赔偿损害。"该法第 721 条规定："胎儿于损害赔偿之请求权，视为已生者。"[①] 在巴西，对于侵犯生命的情形，《民法典》第 948 条规定赔偿项目包括支付受害人的治疗、丧葬费用和其家庭成员的哀悼费用，以受害人可能的剩余寿命为期确定对其扶养权利人应给付的扶养费。[②]

我国对于侵犯生命权的情形，设置的行政赔偿项目包括死亡赔偿金、丧葬费及被扶养人生活费、精神损害抚慰金等。如果受害人系抢救无效后死亡

---

① 《新译日本法规大全（第一卷）》，何佳鑫点校，商务印书馆 2007 年版，第 357 页。
② 齐云译、徐国栋审校：《巴西新民法典》，中国法制出版社 2009 年版，第 131 – 132 页。

的，为抢救而支出的医疗费也属于行政赔偿项目。

（二）计算标准

对于侵犯生命权引发的精神损害，多数国家和地区均没有规定具体的赔偿标准，仅分别以"相当金额""相应金额"加以规定。对此，一般应斟酌加害人与被害人双方身份、经济地位、加害行为之加害程度及被害人所受痛苦等各种情形确定具体的赔偿金额。在我国，侵犯生命权时精神损害赔偿的所谓"相应金额"，是由赔偿义务机关或司法机关进行酌定。

对于精神损害以外的损害，多数国家和地区也没有设置固定的计算标准。以丧葬费为例，我国台湾地区称为殡葬费，系指收殓及埋葬费用而言，根据"司法院"1990年度2月5日民一字第88号函、"最高法院"1956年度台上字第420号以及2003年度台上字第1427号判决，其赔偿范围应当以实际支出的费用为标准，但仍应斟酌被害人当地的习俗、被害人的身份、地位以及生前经济状况及实际上有无必要而定。[①] 至于医疗费、增加生活上费用应当如何计算，也要衡量实际支出以及支出的必要性和合理性加以判断。被扶养人的生活费，也留给司法机关选择合适的参考标准加以确定。日本《民法》第722条规定："凡因不法行为之损害赔偿，准用第四百十七条规定。"而第417条规定："赔偿损害，别无意思表示，则以金钱定其额。"针对刑事领域侵犯生命权的情形，日本《刑事补偿法》第4条第3项规定，"对死刑的补偿是交付3 000万日元以内、法院认为相当的补偿金。但是在因本人死亡而造成财产上的损失被得到证明的情况下，其补偿金的数额在损失额与3 000万日元相加的范围内。"该法第4条第4项规定，"法院在对前项补偿金的数额进行判定时，必须考虑本人的年龄、健康状态、收入能力以及其他情况"。[②]

我国大陆地区对于医疗费，也是以实际支出的必要性和合理性为考虑因素。但对于死亡赔偿金和丧葬费，则确定了总额为国家上一年度职工年平均工资的20倍，被扶养人生活费则参照当地最低生活保障标准判断，因而司法机关并无裁量空间可言。

---

① 陈清秀："国家赔偿实务之研讨（上）"，载《月旦法学杂志》2007年第2期。
② 肖军译："日本刑事补偿法"，载《行政法学研究》2004年第4期。

二、司法实务

对于受害人因行政侵权行为而死亡的情形，行政赔偿应当如何具体实施，可以通过一些案例分析获得较为直观和清晰的认识，这些案例也体现了司法机关的裁判思路。

（一）典型案例

1. 台湾地区 SARS 案

需要说明的是，我国台湾地区的行政赔偿虽然在所谓"国家赔偿法"中加以规定，但通过"法律"援引制，行政赔偿与民事赔偿标准趋同。且单独提起的行政赔偿诉讼，由普通法院作为民事案件进行审理。另外，在台湾地区，公立医院、公立学校等非营利性机构，也被视为实施公权力的机构，其工作人员执行职务时的故意或过失，被认为属于公务员的故意或过失。

"台北地方法院" 2005 年度第 12 号案件，是一起因感染严重急性呼吸道症候群（以下简称 SARS 案）引发的行政赔偿纠纷。① 受害人蔡某融于 2003 年 4 月 2 日至被告台北市立联合医院和平院区 B 栋 8 楼担任看护工。该院前院长吴某文及前感染科主任林某第，因过失怠于执行防治传染病的法定义务，造成院内防疫措施严重疏失、感控督导不力、疫情未获有效控制，最终爆发院内 SARS 感染灾害。蔡某融于 4 月 29 日确诊感染 SARS，不幸于 5 月 4 日死亡。原告辛某系受害人蔡某融的配偶，丁某为受害人的养女，在受害人病逝时尚未成年，原告庚某、己某、戊某、壬某分别为受害人的成年子女。6 名原告提出了精神慰抚金和被扶养人生活费的国家赔偿请求。

原告辛某主张精神慰抚金新台币 200 万元，其余 5 名原告，每人请求赔偿精神慰抚金新台币 150 万元。原告的理由是，死者蔡某融为原告一家支柱，为至亲。其发病并遭隔离期间，原告辛某忧虑至极，屡次前往医院探望，却均遭阻隔而无法与蔡某融相见，甚至在蔡某融死亡后，又只能草草火葬了事，如此对于原告等又是二度伤害；此外，当时因 SARS 在和平医院爆发院内感

---

① 台湾地区"'台北地方法院'2005 年度第 12 号民事判决"，http://www.rootlaw.com.tw/BookSearch.aspx，访问日期：2013 年 12 月 26 日。

染，造成全岛恐慌，而原告等也因蔡某融在和平医院感染 SARS，遭社会大众以异样眼光看待，邻居更视其等为洪水猛兽，原告等为此饱受奚落与怒骂，心灵受挫甚巨，且精神上痛苦不堪。

原告辛某提出的被扶养人生活费是新台币 356862 元、原告丁某提出的被扶养人生活费为新台币 920345 元。原告的理由是，扶养费的酌定，应斟酌受扶养人生活上的实际需要。根据台湾地区行政主管部门主计处 1999 年公布的《台湾地区家庭收支调查报告》，台北县每户总平均人数为 3.72 人、家庭最终消费支出总平均为新台币 702709 元，故一人一年平均消费支出为新台币 188901 元。

原告辛某计算被扶养人生活费的依据是，蔡某融病逝时，辛某为 54.58 岁，按居民平均余年计算，辛某尚有余命 24.52 年，蔡东融尚有余命 15.72 年，故辛某请求被告赔偿 15.72 年扶养费。鉴于辛某应由自己及蔡某融、子女 4 人，共 6 人扶养，同时，丁某应于 23 岁时投入就业市场，届时对辛某亦负有扶养义务。因此，辛某扶养费的具体计算标准为：自 2003 年 5 月 4 日起，迄 2015 年 12 月 15 日丁某应就业时日止，共计 12.58 年即 151 个月，辛某由自己及蔡东融、子女 4 人，共 6 人扶养，由于在此期间，辛某因蔡某融死亡，每月损失新台币 2624 元扶养费（188901/6/12），依霍夫曼系数表扣除中间利息，共计新台币 306860 元。自 2015 年 12 月 16 日丁某投入就业市场日起，共计 3.14 年即 38 个月，辛某由自己、蔡某融子女，共 7 人扶养，在此期间，辛某因蔡某融死亡，每月损失新台币 2249 元扶养费（188901/7/12），故依霍夫曼系数表扣除中间利息，共计新台币 50002 元。合计辛某可以请求扶养费为新台币 356862 元。

原告丁某计算被扶养人生活费的依据是，丁某 1992 年 12 月 15 日出生，蔡某融 2003 年 5 月 4 日死亡时，丁某年仅 10.38 岁，迄 2015 年 12 月 16 日投入就业市场而有谋生能力为止，尚有 12.62 年（23 - 10.38 = 12.62）（即 151 个月）。在此期间，原告丁某应受蔡某融及原告辛某共同扶养，因蔡某融死亡，原告丁某每月损失的扶养费用为新台币 7870 元（188901/2/12），依霍夫曼系数表扣除中间利息，原告丁某扶养费合计为新台币 920345 元（7870 × 116.9435 = 920345）。

对于原告计算的扶养费计算标准，法院不持异议，均给予认可，分别判决原告辛某应受赔偿的扶养费为新台币 356862 元，丁某应受赔偿的扶养费为新台币 920345 元。对于原告提出的精神损害慰抚金，法院根据原告与死者亲疏关系之不同，判决被告赔偿原告辛某精神损害抚慰金 100 万元、原告丁某 80 万元、其余原告每人 50 万元。

2. 程某贵被刑讯逼供致死案（以下简称程某贵案）

需要说明的是，在我国大陆地区，行政行为致死的案例在公开报道中并不多见，相关的行政赔偿也难以查询。但是在刑事领域，由于刑讯逼供致死或错误执行死刑而主张刑事赔偿的公开案例可以查询，鉴于《国家赔偿法》对行政赔偿与刑事赔偿规定了统一的赔偿标准，同时最高人民法院、最高人民检察院《关于办理刑事赔偿案件适用法律若干问题的解释》未对侵犯生命的情形作出不同于《国家赔偿法》的规定，我们也可以从刑事赔偿案件入手，了解侵犯生命权领域的裁判思路。

2001 年 8 月下旬，丹东市公安局成立"721"专案组，侦查程某武涉嫌黑社会性质组织犯罪一案，程某贵被列为该涉嫌黑社会性质组织成员之一接受审讯，2001 年 9 月 11 日程某贵在审讯中死亡。2001 年 9 月 27 日，辽宁省检察院、法院、公安厅法医联合对程某贵的死因进行鉴定，结论为：程某贵系在患有脂肪心、肺结核、胸膜粘连等疾病基础上，因带械具长时间处于异常体位而使呼吸、循环功能发生障碍，最终导致肺功能衰竭而死亡。2003 年 12 月 11 日，抚顺市望花区人民法院作出〔2003〕望刑初字第 269 号刑事判决，认定丹东市公安局原案审处处长卢某忠为获取口供，指使办案人员将程某贵戴口罩、头套、双臂平行拷在铁笼子两侧的栏杆上长达 18 小时，其行为构成刑讯逼供罪。2005 年 8 月 3 日，程某贵父亲程某洪向丹东市公安局提出国家赔偿申请，丹东市公安局于 2005 年 8 月 30 日作出不予确认决定书。程某洪不服，于 2005 年 9 月 19 日向辽宁省公安厅申请复议，辽宁省公安厅逾期未予答复。2006 年 4 月 5 日，程某洪向辽宁省高级人民法院赔偿委员会申请作出赔偿决定。赔偿委员会认为，本案中，法院生效判决已认定丹东市公安局干警卢某忠刑讯逼供罪名成立，并处以刑罚，故丹东市公安局应当承担国家赔偿责任。在案件审理中，经该院主持协调，赔偿义务机关与赔偿请求人自愿达成协议。辽宁省高级人民法院赔偿委员会据此作出决定，由丹东市公安局向赔偿请求人支付赔偿金 40 万元。①

3. 聂树斌被错误执行死刑案件（以下简称聂树斌案）

在大陆地区，被错误执行死刑的案件，最引发关注的当属河北聂树斌案件。聂树斌系河北省鹿泉市下聂庄村人，1974 年 11 月 6 日出生，原鹿泉市综合职业技校校办工厂工人。1994 年 10 月 1 日，聂树斌因涉嫌强奸杀人被刑事拘留，1995 年被判处死刑立即执行。2005 年，另一起刑事案件被告人王书金承认自己为"聂树斌案"中杀害受害人的真凶。② 此事经媒体报道后，引发社会关注。自 2007 年 5 月起，聂树斌母亲张焕枝、父亲聂学生、姐姐聂淑惠向河北省高级人民法院和多个部门提出申诉，认为聂树斌不是凶手，要求改判无罪。2014 年 12 月 4 日，根据河北省高级人民法院请求，最高人民法院指令山东省高级人民法院复查此案。山东省高级人民法院经复查后建议最高人民法院重新审判该案。最高人民法院同意山东省高级人民法院意见，于 2016 年 6 月 6 日决定提审该案。6 月 20 日，最高人民法院决定该案由第二巡回法庭审理。2016 年 12 月 2 日，聂树斌故意杀人、强奸妇女案再审合议庭在最高人民法院第二巡回法庭公开宣判，宣告撤销原审判决，改判聂树斌无罪。③

最高人民法院、最高人民检察院《关于办理刑事赔偿案件适用法律若干问题的解释》第 9 条第 1 款规定，受害的公民死亡，其继承人和其他有扶养关系的亲属有权申请国家赔偿。2016 年 12 月 14 日下午，聂树斌家人委托律师向河北省高级人民法院递交了《刑事国家赔偿申请书》，提出 7 项赔偿申请：（1）死亡赔偿金、丧葬费 1264820 元；（2）侵犯人身自由赔偿金 52336.80 元；（3）精神损害抚慰金 12000000 元；（4）赔偿受害人聂树斌被抚养人聂学生、张焕枝生活费至死亡时止，为被抚养人张焕枝办理养老保险；（5）赔偿请求

---

① "程显民、程宇、曹世艳、杨桂兰申请辽宁省丹东市公安局刑讯逼供致死国家赔偿案"，参见最高人民法院办公厅《关于印发国家赔偿典型案例的通知（附国家赔偿典型案例）（公办〔2012〕481 号）》，http：//www. court. gov. cn/spyw/xzspgjpc/201311/t20131129_ 189904. htm，访问日期：2018 年 3 月 26 日。

② "聂树斌冤案真凶死刑前欲为替死者洗冤"，http：//news. sina. com. cn/c/2007 - 11 - 01/101714211691. shtml，访问日期：2014 年 1 月 3 日。

③ "聂树斌改判无罪的法治意义"，http：//www. legaldaily. cn/fxjy/content/2016 - 12/21/content_ 6926861. htm，访问日期：2016 年 12 月 21 日。

人因受害人聂树斌当年被错误追究刑事责任而支付给被害人亲属康家的 2000 元钱及其利息；（6）赔偿请求人因申诉产生的费用及损失 600000 元；（7）请求原河北办案机关向请求人发送道歉信并在媒体上公开国家赔偿决定书予以道歉、恢复名誉、消除影响。① 2017 年 3 月 30 日，河北省高级人民法院作出赔偿决定，向聂树斌的赔偿请求人聂学生、张焕枝支付赔偿金合计 2681399.1 元。具体数额包括：（1）死亡赔偿金、丧葬费 1264820 元；（2）侵犯人身自由 217 天的赔偿金 52579.1 元；（3）一次性支付张焕枝生活费 64000 元；（4）向赔偿请求人聂学生、张焕枝支付精神损害抚慰金 1300000 元。②

（二）案例评析

上述案例展示，在侵犯生命权的行政赔偿领域，司法实务中需要考虑的重要因素包括如下几个方面。

1. 扶养费的参照标准

对于受害人生前扶养的没有劳动能力的人员，在确定扶养费时需有一定的参照标准。例如，在我国台湾地区，扶养费的酌定，可以按照行政主管部门主计处所编制的国民个人所得消费支出表，计算平均每人每年消费支出额，也可以依据综合所得税免税额计算。在司法实务中没有固定的标准，要看个案情况而定。前述 SARS 案件中，原告提出的按当地居民人均消费支出计算的方式获得了司法机关的认可，说明该计算方式是当地司法实务中通行的裁判基准。该基准参酌的是当地平均的消费性支出，以家庭平均消费性支出折算出个人平均消费性支出作为衡量扶养费金额的标准。在我国大陆地区，由于贯彻适当赔偿原则，始终倾向于优位考虑国家经济和财政能够负担的状况，因而对于被扶养人生活费的考虑，仅以保障最低的生存需要为原则。因此，1994 年《国家赔偿法》规定，对被扶养人的生活费的酌定，要参照当地民政部门有关生活救济的规定办理；2010 年《国家赔偿法》修改后，则改为以当地最低生活保障费为基准进行核算。被扶

---

① "河北高院主动约见聂树斌家属，听取千万国家赔偿申请理由"，http：//news.jstv.com/a/ 20161223/1482464218810.shtml，访问日期：2016 年 12 月 23 日。

② "聂树斌家属获 268 万余元国家赔偿 聂母表示不申诉"，澎湃新闻网，http：www.thepaper. cn，2017 年 3 月 30 日。

养人生活费的设置在于弥补行使行政职权行为对受害人以外的人所造成的财产损失。对于仰仗受害人扶养而生存的个体而言，失去受害人就意味着失去了生活的来源。但是，受害人的收入水平不同，被扶养人在受害人生前的生活水平也必然存在差异，如何按照合理的规则确定被扶养人生活费的标准，既符合被扶养人生活的合理需要，又不至于造成国家较大的财政负担，是必须要考虑的问题。

2. 扶养费的计算期限

被扶养人包括未成年人和丧失劳动能力的成年人两类。对于未成年人扶养费支付期限的确定，有些国家和地区明文规定适用到达成年标准时止；有些国家和地区则适用就业年龄标准，以被扶养人可以被投放至就业市场就业的平均年龄为止。对成年人扶养费的赔偿，大陆地区以丧失劳动能力为前提条件，并计算至死亡时止；台湾地区也以不能维持生活、无谋生能力为限，计算期限以当年度居民平均寿命计算原告剩余生存年限，并参考死者的剩余生存年限，以较短者为准计算扶养费。对于成年人的扶养期限，台湾地区参照当年居民平均寿命的方法，根据受害人及被扶养人的余命，取其短者计算应当受扶养的年限，也更为符合实际情况。大陆地区赔偿成年人扶养费的前提是被扶养人无劳动能力，条件较为严格，虽然被扶养期限可以计算至死亡，但由于死亡期限无法进行计算和估量，对于侵权人与受害人而言，无法一次性了结纠纷。

3. 精神损害抚慰金需因人而异

由于侵犯生命权是人身权益受损案件中最严重的情形，因而精神抚慰金的赔偿必不可少。我国大陆地区在国家赔偿领域，对于赔付精神损害抚慰金的认可，仅在2010年修改《国家赔偿法》之后，对于如何具体赔付，仅规定了"相应金额"，至于如何根据损害个体的具体情形确定"相应金额"，立法并无规定具体的衡量基准，在裁判实践中，法院似乎倾向于对同一顺序的继承人采取同等的赔付方式，但未进行充分的裁判说理。我国台湾地区在侵犯生命权案件中，对于存在不同原告的情形，精神损害的赔偿需衡量不同原告与死者之间关系之亲疏，进而区别不同的精神痛苦程度。SARS案中，法院审酌6名原告所述的精神痛苦及被告为台北市立联合医院等情形，在考量被害人死亡给家人带来的痛苦中，法院将配偶放在第一位考虑，其次是未成年子女，然后是成年子女。另外，在错误执行死刑的情况下，对精神损害抚慰金的衡量，客观参照了居民的平均寿命，计算受刑人被执行死刑当年的余命，确定了科学合理的计算公式，同时规定了新台币1000万元的最低限额，凸显了对生命的尊重和对受害个体差异化的客观考量。在聂树斌案中，聂树斌的父母获得了130万元的精神损害抚慰金，创下国内冤错案国家赔偿的最高纪录。

4. 司法裁量的空间

在侵犯生命权案件中，许多国家和地区司法机关对赔偿金额拥有较大的裁量权，法院可以在没有立法具体规定的情形下，确认当事人按照合理标准提出的赔偿金额，并对精神损害抚慰金进行自由裁量。即使在明文规定计算公式的刑事补偿领域，法院仍然拥有一定的裁量权。如在我国台湾地区，对于错误执行死刑之前的羁押天数，可以在新台币3000—5000元的幅度内选取合理的每日补偿金。在我国大陆地区，司法机关对侵犯生命权的国家赔偿金额没有任何自主裁量空间，每年均以国家统计局公布的上一年度全国职工年平均工资乘以简单的倍数，法院没有裁量余地，因而司法对于立法之完善，可以发挥作用的空间并不大。当然，在2010年《国家赔偿法》增加精神损害抚慰金后，司法机关开始对精神损害抚慰金的确定拥有一定的裁量权，在司法实践中，国家赔偿委员会通过法外协调，进一步促进了赔偿决定内容的合理性。

第二节　侵犯身体健康权的赔偿标准

一、法定赔偿内容

（一）赔偿项目

对于侵害身体健康的赔偿，也可以分为财产上的损害赔偿和非财产上的损害赔偿。财产上的损害分为被害人丧失或减少的劳动能力或增加生活上需要的费用。其中"丧失或减少劳动能力"是指由此减少的工作收入的损失，即误工费。所谓"增加生活上的需要",如前所述,系指受害人以前无此需要,因为受侵害,才有支付此费用的需要而言,如护理费、营养费。至于非财产上的损害赔偿,主要是指侵害情节重大的情形下,被害人可以请求赔偿相当金额的精神抚慰金。

身体健康受损可以区分为受伤但劳动能力不减损及减损两种情形。对于受伤但未构成劳动能力受损的,可以获得的行政赔偿项目包括医疗费、护理费及误工费等费用。对于受伤后丧失部分或全部劳动能力的,可以获得的行政赔偿,除了上述项目,还包括康复费、残疾赔偿金、残疾生活辅助用具费、继续治疗的费用以及其他因残疾而增加的必要支出等。另外,侵害身体健康,经鉴定存在伤残等级的,通常认为致人精神损害严重,行政机关还应当根据伤残等级赔偿相应金额的精神损害抚慰金。在巴西,《民法典》第 949 条规定,在对健康造成损害或其他伤害的情形,除了赔偿被害人已承受的任何损害,加害人还应向他赔偿治疗费用和在治疗期间未获得的利益。该法第 950 条规定,如伤害导致被害人残疾,由此不能从事其工作或职业,或减少了其劳动能力,除了治疗费用以及在治疗期间未获得的利益外,赔偿金还应当包括一笔定期金,此等定期金的数额应与他失去或减损的劳动能力的价值相当。①

(二)计算标准

劳动能力减损的损害赔偿,旨在补偿受侵害人于通常情形下,有完整劳动能力时,凭借劳动能力陆续取得的收入,其金额应就被害人受侵害之前的身体健康状态、教育程度、专门技能、社会经验等方面酌定。实务中,多以实际薪资作为请求的基准。例如,在我国大陆地区,每日误工费按全国职工上一年度的日平均工资计算,最高不超过年平均工资的 5 倍;残疾赔偿金根据伤残等级确定,最高不超过年平均工资的 20 倍。

对于增加生活上需要的费用,一般而言,应以实际支出的必要性和合理性进行衡量。如受害人受伤后丧失全部劳动能力的,对受害人扶养的无劳动能力的人,行政机关还应当赔偿被扶养人生活费。在我国大陆地区,除了医疗费、护理费等需据实支出的费用,其他赔偿项目的标准,严格规定了法定

---

① 齐云译、徐国栋审校:《巴西新民法典》,中国法制出版社 2009 年版,第 132 页。

的计算标准。

（三）过失相抵原则的运用

在侵害身体健康权领域，计算赔偿额时适用较多的是过失相抵原则。该原则意味着，如果受害人存在与有过失的，在确定赔偿额时，可以根据过失与损害的关联程度，按比例扣减赔偿金。此项规定的目的在于谋求加害人与被害人间的公平性，如果受害人对于事故的发生也存在过失的，由加害人负全部赔偿责任，未免过于苛刻。所以，行政赔偿制度中，参考民事侵权领域的与有过失制度，赋予法院根据受害人的过失程度减轻赔偿金的职权，可以凸显责任制度的公平性。

受害人的与有过失情形可以分为两种：一种情形是对于损害的发生或扩大，受害人本人存在过失；另一种情形是对于重大损害的发生原因，赔偿义务机关来不及知晓，而被害人明知却没有预先促使赔偿义务机关注意或怠于避免或减少损害发生的，也属于与有过失的情形。另外，被害人的代理人或使用人，也适用与有过失的规定。由被害人与有过失产生的过失相抵制度，可以根据受害人的主观过错程度减轻行政机关的赔偿责任。在我国大陆地区的行政赔偿案件中，受害人存在与有过失的情形也较为常见，但遗憾的是长期以来未引入民事侵权领域的过失相抵制度。不过，我国《2018 年行诉解释》第97 条规定，原告或者第三人的损失系由其自身过错和行政机关的违法行政行为共同造成的，人民法院应当依据各方行为与损害结果之间有无因果关系以及在损害发生和结果中作用力的大小，确定行政机关相应的赔偿责任。这意味着自 2018 年 2 月 8 日起，受害人自身过错引发的损害，也应当在行政赔偿额中予以扣除，这一条规定体现了过失相抵原则。

二、司法实务

（一）典型案例

1. 台湾地区 2007 年第 8 号案件

在我国台湾地区，公有公共设施瑕疵责任引发的纠纷是较为常见的行政赔偿争议。公有公共设施如存在设置或管理欠缺造成公民身体受伤的，设置或管理机关须承担行政赔偿责任。由于此类案件引发的损害多以人身损害为主，因而研究此类案件中的损害赔偿标准，具有典型意义。

2008 年 3 月 26 日，台湾地区"高等法院"作出 2007 年第 8 号民事判决，[①] 该判决是对"台北地方法院"2007 年第 5 号民事案件的二审判决。在一审案件中，法院查明，2006 年 4 月 4 日下午，原告途经被告台北市政府工务局新建工程处管理的某街人行道时，因该人行道路缘石崩塌，原告跌倒并遭受右踝扭伤等伤势。故原告起诉要求被告赔偿医疗费用、医疗器材费用、出租车费、看护费用、受伤不能工作损失以及精神慰抚金等。但一审法院仅判决支持部分费用，原告为此向"高等法院"提起上诉。

"高等法院"经审理后作出如下认定。

（1）关于医疗费用。二审法院支持了一审法院没有支持的自负医疗费用和健保给付费用，理由是自负费用均与系争跌倒事件有关，有中医诊所诊断书、收费明细表为证，且就诊项目与上诉人受伤部位相符；上诉人虽受领全民健康保险提供的医疗给付，但其因侵权行为所生的损害赔偿请求权并不因此丧失，台湾地区"最高法院"2000 年度台上字第 805 号、2006 年度台上字第 1628 号判决要旨可以作为参照，故健保给付费用也应当支持。

（2）关于出租车费。二审支持了一审扣除的出租车费，理由是上述交通费经审核与上诉人就诊时间相符，且为必要。

（3）关于看护费用。二审同意一审的看法，没有予以支持。理由是上诉人所受左手腕远程桡、尺骨关节半脱位的伤势虽有疼痛及无力感，但上诉人仍能从事轻便工作，难以认定其存在无法自理日常生活的情形。虽然治疗期间因需持续使用拐杖，照顾日常生活所需较为辛苦，但日常生活依赖拐杖虽有不便，也尚未达到无法自理生活须依赖护工照顾起居的程度。

（4）关于工作收入损失及劳动能力减损部分：一审仅支持了扣薪部分，二审认为，上诉人目前仍有右踝疼痛及部分行动不便，不宜长时间行走及搬运重物，足踝存有运动障碍的现象，影响上诉人从事业务等工作的工作能力

---

① "台湾地区'高等法院'第 8 号民事判决"，http://www.rootlaw.com.tw/BookSearch.aspx，访问日期：2017 年 12 月 27 日。

约 10%，左腕仍有疼痛及无力感，只能从事轻便工作，左手腕存有运动障碍的现象，约减少工作能力 5%，故上诉人因本案跌倒受伤对其原所从事业务等工作有减损 15% 工作能力的情形。对于留职停薪的工作收入损失，按照原告实际收入，计算 2006 年 7 月至 2007 年 8 月的工作收入损失为新台币 84000 元（40000×14×15% ＝84000）；对于劳动能力减损，法院认定上诉人 2007 年 9 月为 28 岁，依所谓"劳动基准法"第 53、54 条规定的退休年龄为 60 岁，应以上诉人自 28 岁至 60 岁止的 32 年期间为计算上诉人减少劳动能力的期间，根据现行劳保每月最低投保薪资 17280 元计算，其间 32 年，按霍夫曼式计算法并扣中间利息，则上诉人减少劳动能力的损失为新台币 539608 元 [17280×229（384 个月之霍夫曼系数）×15% ＝593608，元以下 4 舍 5 入]。现上诉人请求被上诉人赔偿减少劳动能力的损失新台币 30 万元，二审予以支持。

（5）关于精神慰抚金，二审同意一审的观点，仅支持新台币 5 万元。二审法院认为，上诉人受有左手腕脱臼及右足踝扭伤韧带裂伤等伤害，且手术后仍存在运动障碍，不宜长时间行走及搬运重物，其正值青年，受此身体及健康的侵害造成生活不便，肉体、精神都受有痛苦。审酌上诉人上述受伤程度、受伤发生的原因、被上诉人为国家机关、上诉人目前系硕士班 1 年级学生、受伤前原任职公司业务暨法务襄理职务、于 2007 年经警察人员考试录取、2005 年总所得为新台币 618738 元、有位于苗栗县竹南镇造桥乡的房地等一切情形，认定一审法院判令被上诉人给付上诉人精神慰抚金 5 万元，尚属合理。对上诉人请求被上诉人再给付 25 万元的精神损害慰抚金，不予支持。

综上，"高等法院"认为，上诉人请求被上诉人再给付医疗费用新台币 112145 元、出租车费新台币 2435 元、2006 年 7 月至 2007 年 3 月之工作收入损失新台币 54000 元、追加请求 2007 年 4 月至 2007 年 8 月之工作收入损失新台币 3 万元、劳动能力减损新台币 30 万元，共计新台币 33 万元，均有理由，应予准许。其余上诉请求没有依据应予驳回。

2. 基隆市政府案

台湾地区所谓"民法"第 217 条第 1 项规定，对于损害的发生或扩大，如果被害人存在与有过失的，法院可以减轻或免除国家的赔偿金额。从裁判实务来看，行政赔偿案件中，既存在被害人适用与有过失制度的情形，也存在共同赔偿义务通过与有过失制度分担责任比例的情形。在第二章所述的陈某方案件中，法院认定原告陈某方具有与有过失，按比例自行承当40%的责任；在基隆市政府案中，法院将与有过失制度，扩展至共同赔偿义务机关，法院认定被告"交通部"公路总局西部滨海公路北区临时工程处存在设置欠缺，但同时认定原告基隆市政府存在管理欠缺，因而原告就损害的发生存在与有过失。最后，法院审酌被告设置及原告管理系争落水井的关系、原告管理时间至事发当时已逾三年的事实，认定原告就损害的发生所应负责任的比例为60%，被告为40%。①

3. 上海金某诉街道办事处案

在我国大陆地区，由行政行为引发侵犯身体健康的情形，主要是指行政机关工作人员违法伤害他人身体的行为，这些行为可能是执行职务的行为，也可能是事实行为。

2006年10月30日，上海某区法院立案受理了一起原告金某要求确认被告黄浦区某街道办事处行为违法并主张行政赔偿的案件。原告诉称：2005年2月12日，原告在路边设摊时，与市容协管员发生争执，被三名市容协管员打伤。此后原告虽然与其中一名市容协管员达成调解，但未与其他两人达成任何协议。原告受伤后因头痛和脸部麻木经常到医院治疗。原告要求被告予以赔偿遭拒绝，遂诉至法院，请求法院判决确认被告下属市容协管员于2005年2月12日殴打原告的行为违法；判令被告赔偿原告医药费人民币3800元、一年误工费人民币18000元、营养费人民币10000元、精神损失费人民币10000元。法院审理后认为，依照原告的伤势，其于当日治疗发生的相关费用人民币229.20元被告应予赔偿。依验伤结果，原告的伤势主要系挫伤，原告提交的其他医疗费单据或与伤势无关，或系在事发多时后产生，不能证明该费用和其与协管员互殴受伤之间的因果关系，对原告该部分赔偿要求不予支持。原告伤势并不影响其设摊经营等活动，主张误工损失缺乏依据。对于原告主张的营养费、精神损失费等费用，法院也认为缺乏事实和法律依据，

---

① "'台北地方法院'2000年第37号民事判决"，http://www.rootlaw.com.tw/BookSearch.aspx，访问日期：2017年12月27日。

没有支持。最终一审法院判决确认被告黄浦区某街道办事处下属市容协管员于 2005 年 2 月 12 日在市容管理过程中致原告金某受伤的行为违法；判决被告黄浦区某街道办事处赔偿原告金某医疗费人民币 229.20 元并判决驳回原告金某的其他诉讼请求。①

（二）案例评析

在侵害身体健康的行政赔偿方面，司法实务中应重点考虑下列因素。

1. 可赔偿的损害范围

多数国家和地区可予以行政赔偿的损害范围，与民事侵权领域的损害赔偿范围相同。例如，在我国台湾地区，法律规定的赔偿项目仅简单概括为劳动能力减损及生活增加费用两项，但司法裁量空间较大，实践中可赔偿的损害比较充分，已经涵盖了因身体健康受影响而遭受的全部损害。在司法实务中，裁判机关立足于对这两项内容的解析，可赔偿的损害包括医疗费、护理费、交通费、精神损害抚慰金、工作收入损失及劳动能力减损损失等多项内容。但在我国大陆地区，虽然赔偿项目较多，但法院有时通过对因果关系的严格认定、对损害的否认，缩小可赔偿的损害范围。如否认损害由行政不法侵害行为引起，或者否认受害人遭受精神痛苦等。

2. 费用支出宽严尺度的把握

对于侵害身体健康造成劳动能力减少或生活所需费用增加的，赔偿额具体应当如何计算，一般而言是留给司法机关根据个案情形加以判断。法院对医疗费的认定，根据受害人的伤情及医疗记录，客观判断医疗支出的必要性和合理性，并在判决书中充分阐明认定的理由。在前述台湾地区 2007 年度第 8 号案件中，法院对于出租车费用、医疗费、看护费等费用，根据受害个体的伤情，逐笔核对支出的必要性及合理性，在逐笔据实审查的基础上，作出客观认定，维护了受害个体的权益，也符合治疗及生活的实际状况。

3. 伤残鉴定程序

我国大陆地区通过误工费及残疾赔偿金等赔偿项目，赔偿受害人实际收

---

① "〔2006〕黄行初字第 217 号行政判决书"，http://www.hshfy.sh.cn:8081/flws/index.jsp，访问日期：2017 年 2 月 8 日。

人的损失及劳动能力减损后对将来收入的影响，在具体认定上，法院一般要委托专业医疗鉴定机构对受害人的误工期限、护理期限和伤残等级进行鉴定，才能据此计算误工费、护理费和残疾赔偿金等费用。但在我国台湾地区，司法机关可以立足于减少受害人的讼累，可以根据受害人伤势，直接由司法机关而不是专业机构评定受害人的劳动能力减损情况，并据此计算相关的赔偿费用，司法的裁量权和便捷性得到了充分体现。

4. 影响赔偿额的责任因素

我国台湾地区在确定赔偿额时，对于受害人的过失行为所导致的损害，运用所谓"民法"第217条规定的过失相抵原则，客观计算赔偿额并根据过失比例进行相应扣除。在公有公共设施瑕疵责任引发的人身损害赔偿纠纷中，也充分考虑了受害人的过失，甚至其他赔偿义务机关的过失，根据过失程度及造成的后果，对赔偿额进行比例划分。我国大陆地区在很长一段时期内对于人身伤害的发生存在受害人过失情形的，并未规定可以按照受害人的过失程度，按比例抵扣赔偿额。只是在不动产登记引发的财产损害赔偿案件中，开始考虑第三人违法行为在损害发生过程中的作用。但自《2018年行诉解释》施行以后，我国大陆地区法院确定行政赔偿额时，也需考虑受害人自身的过错因素，并根据受害人过错对损害的作用力大小，在赔偿额中予以相应的扣除。《2018年行诉解释》第97条规定，原告或者第三人的损失系由其自身过错和行政机关的违法行政行为共同造成的，法院应当依据各方行为与损害结果之间有无因果关系以及在损害发生和结果中作用力的大小，确定行政机关相应的赔偿责任。同时，对于行政机关不作为行为违法而引发的损害，也规定了赔偿数额。《2018年行诉解释》第98条规定，因行政机关不履行、拖延履行法定职责，致使公民、法人或者其他组织的合法权益遭受损害的，人民法院应当判决行政机关承担行政赔偿责任。在确定赔偿数额时，应当考虑该不履行、拖延履行法定职责的行为在损害发生过程和结果中所起的作用等因素。

当然，值得商榷的是，前述基隆市政府一案中，被告存在设置欠缺，原告存在管理欠缺，从法律关系而言，受害人似乎将两者均列为被告为妥。即使受害人没有同时列被告，基隆市政府要求被告分担责任时，法院适用所谓

"民法"第 217 条关于"与有过失"的制度确定原告的责任，似乎有些牵强。因该法条仅适用于被害人的与有过失情形，而原告基隆市政府在本案系争事故中显然不能归于受害人一方。在大陆地区，如果两个以上赔偿义务机关均存在不法行为的，也是共同承担赔偿责任，不适用过失相抵制度。在这方面，似乎大陆地区的共同赔偿制度更为合理。

第三节　侵犯人身自由权的赔偿标准

人身自由又称身体活动的自由，是指任何人可以随心所欲在任何时间前往任何地点的自由，以及有权在任何时间居留在任何地点或者不前往任何地点的自由。人身自由具体包括居住自由、迁徙自由、出入境自由等。[1] 如巴西《民法典》第 954 条第 2 款规定，以下情形视为侵犯人身自由：（1）私人监禁；（2）因虚假和恶信的指控或检举导致受监禁；（3）非法监禁。[2] 在行政赔偿领域，侵犯公民人身自由，是指行政机关非法实施妨碍、限制或剥夺他人身体活动自由的行为。具体而言，这些行为包括违法行政拘留、违法行政强制措施、违法拘禁等限制或剥夺公民人身自由的行为。在侵害人身自由领域，我国行政赔偿与刑事赔偿均适用《国家赔偿法》规定的赔偿标准，而多数国家和地区将刑事赔偿作为国家赔偿的特别领域，基于特别牺牲补偿请求权，制定单独立法对侵犯人身自由的刑事补偿标准作出特别规定，不属于刑事赔偿领域的侵犯人身自由赔偿责任则适用《国家赔偿法》和《民法》的规定。因此，研究侵害人身自由领域的行政赔偿标准，也可以比较研究相应的民事赔偿标准与刑事赔偿标准。

一、法定赔偿内容

对于侵害人身自由造成的损害，相关行政赔偿的规定主要包括如下内容。

---

[1]　汪进元："人身自由的构成与限制"，载《华东政法大学学报》2011 年第 2 期。

[2]　齐云译、徐国栋审校：《巴西新民法典》，中国法制出版社 2009 年版，第 133 页。

（一）赔偿项目

对侵犯人身自由的损害，多数国家和地区规定了每日赔偿金制度和精神损害赔偿制度，两者分别核算，可以同时主张。例如，在我国台湾地区，对于侵犯人身自由的赔偿，如构成刑事补偿的，适用所谓"刑事补偿法"中的每日补偿金制度，如构成行政赔偿的，适用所谓"民法"第195条的非财产上损害赔偿即精神损害赔偿制度。在日本，根据《民法》第709条、第710条的规定，侵害他人身体自由或名誉的，与不法侵害财产权一样，应当承担损害赔偿责任，对财产损失以外的损害，也应当赔偿。

（二）计算标准

巴西《民法典》第954条规定，侵犯人身自由的赔偿金是对被害人承受的损失和损害的清偿，如受害人不能证明损害，法官有权公平地根据案件的具体情况确定赔偿金的数额。我国大陆地区对侵害人身自由的损害，规定了固定的计算公式，即每日赔偿金按照全国上一年度职工的日平均工资计算，因而被限制人身自由的赔偿金，只能按照羁押天数乘以职工日平均工资计算。而精神损害的赔偿，则由法院根据具体损害情况酌定"相应"的金额。在我国台湾地区，所谓"民法"对限制人身自由的情形，规定了可以主张"相当金额"的非财产上损害赔偿。所谓"相当金额"，如前所述，应斟酌加害人与被害人双方身份、经济地位、加害行为之加害程度及被害人所受痛苦等各种情形确定的金额。

台湾地区所谓"刑事补偿法"对于限制人身自由规定的补偿金，则按日计算。根据所谓"刑事补偿法"第6条的规定，受害人被羁押、鉴定留置、收容或执行的天数，以新台币3000元以上5000元以下的标准折算1日支付。易服劳役执行之补偿、易服社会劳动执行之补偿，也有类似的计算标准。如果受害人具有可归责事由的，就其个案情节，依社会一般通念，认为依第6条标准支付补偿金显然过高时，则根据第7条的规定，可以依照执行天数，以新台币1000元以上3000元以下的标准折算1日支付。

二、司法实务

侵害人身自由的案件多数发生于错误羁押领域，在我国大陆地区，行政机关作出的劳动教养决定，一度是典型的限制人身自由行政行为。

（一）典型案例

1. 王某彦案

"台北地方法院"2013年度刑补更〔二〕字第1号是一起典型的冤狱赔偿案件，请求人王某彦由于受羁押110日，按每日新台币5000元的标准，提出刑事补偿请求。法院综合各项因素，适用所谓"刑事补偿法"第6条的标准，按每日新台币4000元，于2013年11月29日作出刑事补偿决定书，决定补偿王某彦新台币440000元。[①] 在该案中，请求人王某彦因背信等案件，于1999年2月11日经"台北地方法院"检察署检察官向"台北地方法院"请求羁押获准，于1999年5月31日始以新台币100万元具保停止羁押，其间共遭羁押110日。后该案经"台北地方法院"以2003年度金诉字第1号判决请求人无罪后，检察官提起上诉，再由台湾地区"高等法院"以2011年度金上诉字第55号驳回上诉，后因检察官未提起上诉而确定。

请求人王某彦认为，其受羁押前曾为上市公司台湾日光灯股份有限公司（以下简称台光公司）董事长，并兼任台光公司子公司旭光照明股份有限公司（以下简称旭光照明公司）、旭光投资股份有限公司（以下简称旭光投资公司）董事长，在社会上具有相当的身份地位，突然遭受羁押，名誉遭受重大损失，在羁押期间所受精神上痛苦，更超过一般普通人的情形，且请求人受羁押达110日，比一般短期受刑人应服刑期还长，精神上所受折磨实属重大；故依据所谓"刑事补偿法"第3条第1项规定，请求以5000元折算1日，补偿其新台币550000元。

"台北地方法院"认定，请求人于判决无罪确定前，确实被羁押110天，且其无所谓"刑事补偿法"第3条各款所列不得请求补偿的情形或第4条、第5条所列受理补偿事件的机关可以不为补偿的事由，因此，王某彦可以依据所谓"刑事补偿法"的相关规定请求补偿。具体的补偿金额，应审酌公务员行为违法或不当的情节，及受害人所受损失及可归责事由的程度等一切情形而定。在本案处理过程中，由于请求人存在重大犯罪嫌疑且有逃亡之虞，

---

① "'台北地方法院'2013年度刑补更〔二〕字第1号刑事补偿决定书"，http://www.rootlaw.com.tw/BookSearch.aspx，访问日期：2018年2月27日。

故公务员对其羁押并无违法或不当，但犯罪嫌疑重大并非是可以归责于请求人的事由。"台北地方法院"审酌请求人遭受羁押时年约 50 岁，时任旭光投资公司及旭光照明公司董事长，在社会上具有相当身份地位，案发时月收入 28 万元，羁押期间遭受外界加以报道，于人格评价及信用存在贬损，并考虑请求人因受羁押，丧失人身自由，造成事业中断，又该案自 1999 年案发至 2012 年为台湾"高等法院"驳回检察官上诉而无罪确定，请求人经历近 13 年的诉讼煎熬，因本案所耗的劳力及费用，及其于羁押期间所受财产上损害、精神上痛苦、名誉减损、自由所受拘束暨受羁押期间共计 110 日等一切情形，认为以每日补偿新台币 4000 元标准为适当，故决定补偿请求人新台币 440000 元。

2. 赵某侑案

"台北地方法院" 2013 年度刑补字第 1 号也是一起冤狱赔偿案件，请求人赵某侑由于受羁押 151 日，按每日 5000 元的标准提出刑事补偿请求，但法院综合各项因素，适用所谓"刑事补偿法"第 7 条的规定，按每日新台币 2000 元，于 2013 年 9 月 26 日决定补偿赵某侑新台币 302000 元。①

在该案中，请求人赵某侑因违反"毒品危害防制条例"案件，于 2011 年 8 月 5 日经"台北地方法院" 2011 年度声羁字第 294 号裁定羁押，至 2012 年 1 月 2 日经该院裁定准予具保停止羁押，共计受羁押 151 日。该案经该院于 2012 年 1 月 19 日以 2011 年度诉字第 1086 号判决无罪，并经台湾地区"高等法院"于 2012 年 11 月 20 日以 2012 年度上诉字第 506 号判决驳回检察官上诉确定。

原告赵某侑认为自己并无所谓"刑事补偿法"第 7 条第 1 项可归责自身的事由，依法请求依第 6 条以新台币 5000 元折算 1 日的标准，补偿其 755000 元。

"台北地方法院"认为，赵某侑于侦查中，在未遭暴力胁迫等不法方法取供的情形下，与同案共同被告纪某廷作出相同内容的供述，足以使法院认为其犯罪嫌疑重大，有羁押的必要而予以羁押。且赵某侑于遭羁押后多次供述也前后不一致，也足以导致法院认为其显然有为推卸责任而与同案被告勾

---

① "'台北地方法院'2013 年度刑补字第 1 号刑事补偿"，http://www.rootlaw.com.tw/BookSearch.aspx，访问日期：2013 年 12 月 27 日。

串的嫌疑，故持续羁押赵某侑。所以，虽然赵某侑不存在不可以请求补偿的事由，但就受羁押的执行而言，显然有可归责自身的事由，就其情节及依社会一般通念，按所谓"刑事补偿法"第6条的标准支付补偿金显然过高，应当依据第7条第1项第1款决定其数额为妥当。综上，法院审酌承办法官所为羁押处分并无违法或不当的情节，同时兼顾赵某侑于遭受羁押时年满30岁、教育程度为高职毕业、职业为服务业、案发当时自己经营牛肉面未申请营利事业登记证、每月营业额扣除成本净赚约5万元左右等事实，复查其2011年所得财产，除领取薪资所得1100元外，并无其他所得收入，且名下亦无任何财产数据，其于羁押期间所受精神上痛苦、名誉减损、自由受拘束等一切情形，认定以补偿每日2000元为适当，故依受羁押日数151日核算，决定补偿其302000元。

3. 赵作海案

2010年4月30日，赵作海"故意杀人案"中的"受害人"赵振晌回家。河南省高级人民法院随即启动赵作海案件的再审程序，并于5月8日下午作出再审判决宣告赵作海无罪。5月11日下午，赵作海以公安机关刑讯逼供、检察院错误批捕、法院错误判决造成其被错误羁押为由，向河南省商丘市中级人民法院提出国家赔偿申请，要求赔偿各项损失120万元。商丘市中级人民法院根据赵作海被羁押4019天的事实，参照全国职工的日平均工资约124.4元，最终确定国家赔偿金额为50万元。鉴于当年《国家赔偿法》已经设置精神损害抚慰金，但尚未施行，而赵作海被羁押期间，家庭遭遇变故，生活困难，法院为体现人文关怀，决定另行给予赵作海生活困难补助款15万元。5月12日上午，商丘市中级人民法院作出赔偿决定，赔偿赵作海国家赔偿金及生活困难补助费等共计65万元。①

4. 聂某某劳动教养案

2011年7月26日，聂某某向上海某区法院提起行政赔偿诉讼，要求被告上海市劳动教养管理委员会进行行政赔偿。原告的理由是，被告对其作出

---

① 郭俊华："河南坐11年冤狱农民赵作海获国家赔偿65万元"，http://news.qq.com/a/20100513/001198.htm，访问日期：2014年2月8日。

劳动教养决定，限制其人身自由。原告被关押期间，受到同监人的欺侮，精神恍惚、夜不能寐，身心受到极大摧残。这些损失都是因被告违法侵犯原告人身自由直接造成。现被告作出的劳动教养决定已被依法撤销。原告为维权，两次行政诉讼，一次申请国家赔偿，花去律师费人民币 12000 元、误工费 500 元、车旅费 2500 元。但被告 2011 年 5 月 16 日仅决定对原告被限制人身自由 220 日按国家标准予以赔偿。故原告请求法院判决被告赔偿原告被限制人身自由 220 日的赔偿金 31312.60 元、精神抚慰金 50000 元、误工费 500 元、律师代理费 12000 元及车旅费 2500 元。

法院经审理查明，2010 年 9 月 15 日，被告以原告犯有妨碍执行公务行为对其作出〔2010〕沪劳委审字第 3233 号《劳动教养决定书》，决定对原告收容劳动教养一年。同年 9 月 17 日，被告决定对原告执行劳动教养，并决定此前原告被羁押一日折抵劳教期一日。原告为撤销该决定，向安徽省和县人民法院提起行政诉讼。2010 年 12 月 16 日，安徽省和县人民法院作出〔2010〕和行初字第 27 号行政判决，撤销了〔2010〕沪劳委审字第 3233 号劳动教养决定。被告不服，提起上诉。2011 年 3 月 22 日，安徽省巢湖市中级人民法院作出驳回上诉、维持原判的终审判决。2011 年 4 月 2 日，原告被解除劳教。嗣后，原告向被告提出行政赔偿申请。被告经审查认为原告被限制人身自由期限为 220 日，遂根据《国家赔偿法》第 3 条第 1 项、第 33 条的规定，决定对原告按照 2010 年度全国城镇职工日平均工资标准，即每日 142.33 元予以赔偿，一次性支付给原告赔偿金 31312.60 元，对原告的其他赔偿申请主张，则不予支持。原告对该赔偿决定不服，诉至上海某区法院。

法院认为，原告虽提供了门诊病历、疾病诊断证明及照片，但不足以证明原告存在精神损害且有严重后果，也无法证明其现在的精神状态与被告的违法行为之间具有因果关系。因此，原告提供的证据不能够证明其符合请求精神损害抚慰金的条件。关于误工费、律师代理费及车旅费损失，法院认为，《国家赔偿法》明确规定，对于侵犯公民人身自由的，每日赔偿金按照国家上年度职工日平均工资计算，原告的上述主张超出了法律规定的范围，法院难以支持。最后，法院判决被告赔偿原告限制人身自由 220 日的赔偿金

31312.60 元，对原告其余诉讼请求没有支持。①

（二）案例评析

上述案例展示，在侵犯人身自由的行政赔偿案件，司法机关考虑的因素包括如下方面。

1. 司法裁量权

我国台湾地区对于刑事补偿分别规定不同金额幅度的补偿标准，如对于羁押，"刑事补偿法"第 6 条和第 7 条分别规定了 3000—5000 元和 1000—3000 元的两档赔偿标准。法官可以根据个案情况，决定适用不同的条款，并衡量各种因素，裁量在该幅度内选择合适的赔偿金标准。在适用"民法"第195 条作出非财产上损害赔偿即精神损害赔偿，也可以对相当金额进行裁量。我国大陆地区对侵犯人身自由的每日赔偿金标准以全国平均工资为标准，法官没有可以裁量的余地。但在困难补助及司法救济方面，有时法院拥有较大的裁量权。在赵作海案件中，基于当时的《国家赔偿法》尚未规定精神损害抚慰金，法院酌情给予其生活困难补助费 15 万元。

2. 赔偿金额的参考因素

台湾地区对侵犯人身自由的情形，在刑事补偿方面，首先要考虑受害人是否具有可归责的事由、公务员行为是否存在违法或不当情节，如果公务员不存在违法或不当情节的，而受害人具有可归责事由的，赔偿标准通常会从第 6 条降低到第 7 条的金额幅度；其次是考虑申请人的年龄、受教育程度、从事职业、实际收入、名下财产等一切情况，在每日补偿金幅度内裁量。

在前述赵某侑案件中，"台北地方法院"正是按上述方法加以考量，认为在本案的羁押过程中，公务人员并无违法或不当情节，且受害人本人有可归责于自身的事由，故按照所谓"刑事补偿法"第 6 条规定的 3000—5000 元的补偿标准过高，应按第 7 条规定的 1000—3000 元的补偿标准进行。在该标准幅度内，考虑到受害人自身的收入情况、于羁押期间所受精神上痛苦、名誉减损、自由受拘束等一切情形，最终法院确定每日补偿金 2000 元的标准。

---

① 〔2011〕黄行赔初字第 1 号行政判决决书，http://www.hshfy.sh.cn：8081/flws/index.jsp，访问日期：2013 年 12 月 13 日。

在王某彦案件中，由于请求人没有可归责自身的事由，"台北地方法院"确定适用第 6 条规定的 3000—5000 元的补偿标准，并在该标准幅度内，综合各项因素，确定每日 4000 元的补偿标准。

3. 每日补偿金与精神损害赔偿的关系

在刑事补偿领域，台湾地区法院在确定受害人每日补偿金的赔偿标准时，还会考虑其被错误羁押所承受的精神痛苦、名誉受损、自由受拘束等情形，即每日补偿金本身涵盖了对当事人精神损害的赔偿。在大陆地区，对于错误羁押等限制人身自由的行为，受害人在每日赔偿金之外，可以另行获得精神损害赔偿，因而对于每日赔偿金，无须衡量各种因素，只需依法定公式计算，但精神损害赔偿可以衡量各种因素。

4. 对精神损害认定的宽严程度

我国大陆地区行政赔偿领域对损害的认定，严格遵循证据规则，即使对于精神损害的认定，也需要证据加以证明。在前述聂某某劳动教养案件中，在原告已经提供门诊病历、疾病诊断证明及照片的情况下，仍认为不足以证明原告存在精神损害并造成严重后果，也不足以证明原告精神状态与被告的违法行为之间具有因果关系。对于错误被限制人身自由 220 日的情形，即使没有证据支持，按照常理推断，也可以判断精神损害的存在及其相应的严重程度。但大陆地区司法机关在精神损害显然客观存在的情形下，仍然没有对该节损害事实认定为属实。但在刑事赔偿中，基于刑事领域受害人所遭受的特别牺牲，从当前的趋势看，精神损害抚慰金的金额明显高于行政赔偿领域。

5. 法外补偿途径

在台湾地区，曾经出现当局为摆平民众的抗议，不经过法律途径，直接通过拨款解决赔偿的做法，这种现象被称为溢流，一出现就受到了学者的激烈批评。[1] 在大陆地区，赔偿义务机关会在法定标准之外另行以生活困难补助等名义给予额外补偿，从而平息受害人的愤怒与抗议。[2] 如前述赵作海案

---

[1] 叶俊荣："国家责任的溢流：国家赔偿法施行现况的检讨"，载《台大法学论丛》2008 年第 2 期。

[2] 石新鹏、淡林纳："从赵作海案看国家赔偿法"，载《河南法制报》2010 年 6 月 30 日，第 13 版。

件中,《国家赔偿法》对限制人身自由的每日赔偿金规定了明确的标准,法院对此并无裁量余地,但法院却决定给予其 15 万元的生活困难补助费。虽然这一做法极富人情味,但显然没有任何法律依据。在行政赔偿领域,情况也大体相似。原告在行政诉讼中获得撤销或确认行政行为违法的胜诉判决后,往往不依法提起行政赔偿诉讼,而是自行与赔偿义务机关协商赔偿事宜。有些赔偿义务机关担心影响政绩及本机关形象,或出于对承担国家赔偿责任后被追究个人责任的担忧,往往用其他名义补偿受害人,以致发生某市国家赔偿费用 5000 万元从未动用的奇迹。[①]

第四节　人身损害行政赔偿标准之完善

在人身权益受损领域,损害的构成要素可以分为普通因素和特别因素。普通因素是指损害事件中不因受害人差异而不同的因素。特别因素是指损害事件中因受害人差异而不同的因素。以如此分类为基础,计算损害时若仅考虑普通因素的,就属于客观计算;若考虑受害个体之区别的,则为主观计算。[②] 我国大陆地区对人身权益领域的行政赔偿,多数采用客观计算方式,仅在发生精神损害的情况下,采用主观计算方式。当然,如果在一个国家,各地区的经济发展和居民收入水平相差无几,国民平均收入的统计数据真实可靠,那么采用客观计算的方式,无疑既科学合理、简便易行,又对社会资源的节省大有裨益。但我国大陆地区的客观现实是,各省市经济发展极为不平衡,在此情形下,采用客观计算方式适用全国平均标准的前提条件并不成立,在这一客观计算的方式下,经济发达省市受害人获得的国家赔偿远远低于民事赔偿。

因此,完善人身权益的行政赔偿标准,总的原则是正视受害个体存在差异的客观现实,加强主观计算方式,合理评定受害个体的实际损害,推动赔偿与损害的高度契合,具体分述如下。

---

① 马怀德:"制度变迁中的国家赔偿",http://www.legalinfo.gov.cn/zt/2004-06/10/content_105894.htm,访问日期:2013 年 12 月 8 日。

② 沈岿:《国家赔偿法原理与案例》,北京大学出版社 2011 年版,第 438-439 页。

一、侵犯生命权赔偿标准之完善

(一)分别核算丧葬费和死亡赔偿金

《国家赔偿法》对于国家侵权行为造成死亡的情形,规定赔偿死亡赔偿金和丧葬费,但将其合并计算为全国职工上一年度平均工资的 20 倍。但丧葬费是实际支出的费用,死亡赔偿金是针对受害人未来就业不能而对家庭造成的物质损失,两者性质完全不同,应当分项计算。

(二)赔偿费用的确定

1. 丧葬费

在民事侵权领域,根据 2003 年最高人民法院《关于审理人身损害赔偿案件适用法律若干问题的解释》,丧葬费系按照受诉法院所在地职工上一年度的月平均工资标准,按照 6 个月总额计算丧葬费。这一数据可以反映当地的平均水平,适合行政赔偿领域采用。

2. 死亡赔偿金

在民事领域,死亡赔偿金根据受诉法院所在地上一年度城镇居民人均可支配收入或者农村居民人均纯收入标准,按 20 年计算。但 60 周岁以上的,年龄每增加 1 岁减少 1 年;75 周岁以上的,按 5 年计算。显然,根据当地收入状况计算的死亡赔偿金更接近受害人死亡对家庭造成的实际损失。因而行政赔偿首先宜采用民事领域的当地标准,不以全国平均工资为据。在期限方面,如果死者系 20 多岁的青年,只赔 20 年的期限显然无法起到弥补损害的作用。宜以法定退休年龄为据,如死者 25 岁,但法定退休年龄 60 岁的,则应按照 35 年而不是 20 年的期限计算死亡赔偿金。

3. 被扶养人生活费

在多数国家和地区,计算被扶养人生活费时,采取按居民平均寿命计算余命的方式确定配偶的受抚养期限,对于未成年人,则按照其一般就业年龄而不是成年年龄计算未成年人的被抚养期限,更符合实际情况。在参照标准上,选择以当地实际的平均消费水准为据,对于被扶养人而言,其生活不致因为行政侵权行为而落入社会最底层的生活水准,而是可以维持当地平均的消费水准，有助于被扶养人的人格尊严不因行政侵权行为而受到伤害，显然更为科学合理也更为人性化。

我国对被扶养人生活费，可以在两个方面加以完善：首先，关于扶养期限。对于未成年人的扶养期限，可以参照其他国家和地区的做法，计算至23周岁止。因为在通常情形下，被扶养人接受大学教育进入就业市场也大约在23周岁左右，如果生活费仅赔偿到18周岁，显然不尽合理。对于被扶养人为丧失劳动能力的成年人的情形，也可以按照当地平均寿命计算受害人的余命及被扶养成年人的余命，以期限较短者为准来确定被扶养的期限，这样更为符合客观实际。其次，关于生活费的发放金额，可以参照当地平均消费水平。具体而言，可以参照民事侵权领域的标准，即年赔偿额不超过上一年度居民人均消费支出额。判赔最低生活保障费，对于受害人的被扶养人而言，无疑是较为不公的。

二、侵犯身体健康权赔偿标准之完善

在侵犯身体健康领域，我国大陆地区行政赔偿与实际损害不相匹配的内容突出表现在过多采用客观计算方式，多项费用设定全国平均标准，忽略受害个体的实际损害。这些费用主要包括误工费、残疾赔偿金和被抚养人生活费。

对此，可以在如下方面进行完善。

（一）误工费

对误工费的计算，宜立足于当事人的实际损失。按照全国平均工资计算的误工费，显然不能与实际损害趋同。最高人民法院、最高人民检察院《关于办理刑事赔偿案件适用法律若干问题的解释》虽然对刑事赔偿领域误工时间的计算进行了明确，但在赔偿标准方面，仍然坚持国家上一年度职工的日平均工资标准。在民事侵权领域，误工费按照受害人实际遭受的扣薪损失计算，如收入不固定的，按照其近三年的平均收入计算，如没有收入但具有正常劳动能力的，则按照当地平均工资计算。因此，行政赔偿的误工费可以参照民事侵权领域对误工费的计算方式确定。

（二）残疾赔偿金

根据最高人民法院、最高人民检察院《关于办理刑事赔偿案件适用法律若干问题的解释》，在刑事赔偿领域，公权力机关造成公民身体伤残的赔偿，应当根据司法鉴定人的伤残等级鉴定确定公民丧失劳动能力的程度，并参照以下标准确定残疾赔偿金：（1）按照国家规定的伤残等级确定公民为一级至四级伤残的，视为全部丧失劳动能力，残疾赔偿金幅度为国家上一年度职工年平均工资的 10 倍至 20 倍；（2）按照国家规定的伤残等级确定公民为 5 级至 10 级伤残的，视为部分丧失劳动能力。5 至 6 级的，残疾赔偿金幅度为国家上年度职工年平均工资的 5 倍至 10 倍；7 至 10 级的，残疾赔偿金幅度为国家上年度职工年平均工资的 5 倍以下。有扶养义务的公民部分丧失劳动能力的，残疾赔偿金可以根据伤残等级并参考被扶养人生活来源丧失的情况进行确定，最高不超过国家上年度职工年平均工资的 20 倍。可见，在刑事赔偿领域，对于残疾赔偿金的确定，赔偿义务机关以及拥有了一定的裁量幅度，但仍然离不开全国统一的职工平均工资标准。在行政赔偿领域，对残疾赔偿金标准的确定，可以从以下三个方面加以完善。

首先，对于伤残等级，如果受害人存在明确的诊断结论，而且国家伤残等级具有明确规定的，法官直接对照就可以得出结论的，可以不必经过伤残鉴定程序，直接由法官确定残疾等级并计算残疾赔偿；或者伤势轻微的，也可以由法官合理裁量伤势对劳动能力的影响。尽量减少不必要的鉴定程序的运用，可以减轻当事人的讼累。

其次，对于残疾赔偿金的计算期限，《国家赔偿法》关于残疾赔偿金不超过国家职工年平均工资 20 倍的规定，实际是规定了最长不得超过 20 年的期限。对于 20 多岁的人而言，显然 20 年的期限不足以弥补损害。因而可以按照平均退休年龄扣除现有年龄，计算剩余工龄，如剩余工龄超过 20 年的，宜按剩余工龄计算残疾赔偿金的补偿年限。

最后，对于残疾赔偿金的标准，与死亡赔偿金类似，同样应当参照民事领域的标准，即按照受诉法院所在地上一年度居民的平均收入标准，结合丧失劳动能力程度或者伤残等级计算，方能与实际损害相匹配。

（三）被扶养人生活费

与侵害生命权情形类似，被扶养人为未成年人的，应计算至 23 周岁，被扶养人为成年人的，应按平均寿命计算余命的方式确定扶养期限；同时，应当参照当地人均消费支出确定具体金额。不过，与侵害生命权情形不同的是，在因造成受害人残疾而需赔偿被扶养人生活费的情形下，生活费的计算，还需根据扶养人丧失劳动能力程度而定。

另外，值得注意的是，人身伤害案件的发生，有时也存在受害人的过失，对此，多数国家和地区适用民事侵权领域的过失相抵制度，审酌过失对损害的影响力，按比例扣除行政赔偿金额。《侵权责任法》第 26 条规定，受害人存在过错的，可以减轻侵权人对损害的赔偿责任。《2018 年行诉解释》也对受害人的过失影响赔偿额的情形作出了规定。因此，我国可以在行政赔偿领域适用过失相抵原则，允许司法机关根据受害人过失程度对损害结果的影响，按比例抵扣相应的行政赔偿金额的规定。另外，对于当事人住院医疗的情况，行政赔偿中仅限于医疗费，而民事领域还包括营养费、住院伙食补助费等，对于赔偿项目少于民事领域的情形，应当在行政赔偿领域予以补足，方能展示全部赔偿原则的特点。

三、侵犯人身自由权赔偿标准之完善

对于如何完善侵犯人身自由的国家赔偿标准，有学者提出，行政侵权比普通民事侵权后果更严重，人身自由受到不法侵害的，赔偿标准"至少应当是日平均工资的 1 至 5 倍"，而且应当代之以受害人所在地的职工平均工资。① 也有学者提出，《国家赔偿法》第 26 条宜修改为"侵犯公民人身自由的，每日赔偿金按照公民被侵害时的日薪或实际年收入的日平均工薪计算；个体工商户，按照其人身自由受侵害时上 5 个年度的纳税标准折算成日均工薪计算"。② 这些建议，都是为了充分保障人身自由被侵犯的公民的合法权益。

参照多数国家和地区对限制人身自由案件的行政赔偿模式和标准，我国完善对限制人身自由的行政赔偿标准，可从如下几方面加以努力。

（一）明确界定人身自由赔偿金的内涵

人身自由赔偿金即每日赔偿金，要赔偿的是哪些方面的损害？有学者认

---

① 马怀德主编：《完善国家赔偿立法基本问题研究》，北京大学出版社 2008 年版，第 322 页。
② 朱庆红、程百和："国家赔偿法计算标准初探"，载《当代法学》1997 年第 2 期。

为，限制或剥夺人身自由造成的损害，包括人身自由价值本身的损害，也包括限制人身自由造成的物质损害和精神损害。① 鉴于《国家赔偿法》已经对精神损害的赔偿作出明确，对限制人身自由的赔偿金，宜认定为是对受害人误工损失的赔偿。

（二）确定每日赔偿金的标准

如果每日赔偿金针对的是误工损失，那么每日赔偿金的标准，应当立足于当事人的实际损失，按照受害人实际遭受的扣薪损失计算，如收入不固定的，可按照其近三年的平均收入计算，如没有收入但具有正常劳动能力的，宜按照受害人所在地职工的月平均收入计算。另外，在确定人身自由赔偿金时，在行政机关一方，要考虑的是公务员行为是否存在违法或不当的情节，在受害人一方，要考虑受害人所受损失以及可归责受害人事由的程度。"受害人所受损失"的衡量，要包括被限制或剥夺人身自由的种类、人身自由受拘束的程度、期间长短、所受财产上损害及精神上痛苦等各类情形；而"受害人可归责事由的程度"，则指受害人有无可归责事由及其故意或重大过失的情节轻重程度等因素。衡量因素的充分性，可以促进赔偿义务机关全面完整地评估损害。

（三）与刑事领域的每日赔偿金分轨运行

早在唐代，针对冤狱，就存在双倍的国家赔偿标准，"每枉一年，折两年。虽不满年，役过五十日者，折一年。其有军役者，若枉一年，亦通折二年番役"。② 在当代，受到错误逮捕、错误刑罚等行为侵害的，受害人所遭受的精神痛苦和名誉损失，也更甚于行政处罚或行政强制措施。目前，我国大陆地区对于侵害人身自由的情形，不区分刑事赔偿与非刑事赔偿，统一适用每日赔偿金制度，赔偿标准是按照国家上年度职工日平均工资计算。这一标准的优势在于计算简单，又能与经济发展的趋势相适应，可以动态地增长。但现实表明，在这一固定标准之下，司法机关没有任何可以衡量损害的因素。因此，按照这一标准计算出来的赔偿额脱离当事人的实际损害，无法体现受

---

① 杨小君：《国家赔偿法律问题研究》，北京大学出版社 2005 年版，第 147 - 148 页、第155 页。
② 长孙无忌：《唐律疏议》，中国政法大学出版社 2013 年版，第 187 页。

害人的个案情形。另外，将限制人身自由赔偿标准一刀切的做法，也忽略了对刑事领域受害人特别牺牲的衡量。因此，在具体赔偿金额的问题上，鉴于刑事赔偿领域受害人或其家属遭遇的特殊牺牲，应当采用加倍赔偿法，即在限制人身自由赔偿金按照受害人实际收入计算的基础上，对于刑事赔偿领域的限制人身自由赔偿金，应当予以加倍，以督促国家侦查机关、检察机关、审判机关等审慎行使职权，避免侵犯公民的人身自由。鉴于加倍赔偿构成了对赔偿义务机关的惩罚，如果受害人具有可归责自身的事由的，如受害人的表现足以使执法人员相信有采取羁押行为必要的，而且执法人员并无主观过错、行为没有违法或不当的，而则在判断每日赔偿金的幅度时，仍然可以采用单倍赔偿的方法。通过每日赔偿金的弹性化设计，既达到弥补冤狱受害人的目的，又达到鼓励执法人员积极打击违法犯罪的目的。当然，由于立法并未明确何谓可归责事由，司法实务可以发展出不具有可归责事由的客观标准：（1）请求人没有国家赔偿法所列的不得请求赔偿的情形；（2）请求人没有故意招致犯罪嫌疑、误导侦查或审判的行为；（3）客观上的犯罪嫌疑重大并非是受害人的可归责事由等。

（四）侵犯人身自由造成其他损害的，应当允许赔偿

侵犯人身自由的过程中，有时受害人也会遭受人身损害或其他合法权益的侵害。但《国家赔偿法》第33条仅规定，侵犯公民人身自由的，每日赔偿金按照国家上年度职工日平均工资计算。如麻旦旦一案中，一审法院就是机械适用这一条，仅判决赔偿麻旦旦两天的人身自由赔偿金74.66元，引起舆论哗然。因此，对于限制人身自由过程中，受害人同时遭受身体伤害或精神损害等情形的，应当允许受害人同时提出其他的赔偿项目，如医疗费、营养费。另外，由于限制人身自由，造成投资损失等财产损失等，也应当允许受害人主张财产权益的损失，当然，赔偿义务机关在决定是否赔偿如何赔偿时，应当审慎衡量受害人财产损失与限制人身自由行为之间的因果关系。

四、侵犯名誉权赔偿标准之完善

多数国家和地区的民法对侵害名誉权的赔偿作出规定，并可以为行政赔偿直接采用。如日本《民法》第710条规定，侵害他人身体自由或名誉的，

与侵害他人财产相同，均应负赔偿责任，同时，对于造成财产以外的损害，也应当予以赔偿。我国台湾地区所谓"民法"第195条对侵害名誉的非财产上损害赔偿作出规定，明确被害人即使没有遭受财产上的损害，也可以请求赔偿相当的金额。而相当金额，需要参酌不法行为的情节及后果、受害人个人的具体情形而定。我国大陆地区对于侵害名誉的情形，规定了消除影响、恢复名誉、赔礼道歉等方式，如造成严重后果的，受害人也可以主张侵权人赔偿相应金额的精神损害抚慰金。至于相应金额具体为多少，也需参照个案情形而定。

完善我国大陆地区对侵犯名誉权的行政赔偿标准，首先，应当赋予司法机关一定的裁量空间，允许其根据受害人的不同情形，判断最合适的赔偿方式，如果消除影响、恢复名誉足以弥补名誉权损害的，可以不考虑金钱赔偿。其次，应当考虑到行政机关侵害名誉权的情形不同于民事侵权领域，来自行政机关的对人格贬损的行为，容易造成受害人社会声望及自我尊严的严重丧失，同样的行为，相比私人的行为，造成的后果将更为严重，因而，在赔偿金额上，行政赔偿应当上浮一定的比例，这不能称为惩罚性赔偿，仍然是与其损害相对应的补偿性标准。另外，对名誉权的赔偿，如果造成精神损害严重，需给付相应赔偿金的，则应当充分衡量各类损失，作出合理的金额判断，赔偿义务机关或司法机关可以根据个案的具体情形，斟酌加害人与被害人双方身份、经济地位、加害程度及被害人所受痛苦等各种情形，确定合理的金额。同时，司法机关在裁判文书中应当叙明各个具体的衡量因素，提高裁判文书说理的充分性和公开性，显示赔偿金支付的合法性、合理性与公平性。

综上，对于行政公权力行为侵犯人身权益的损害赔偿，多数国家和地区通过援引民法或直接作为民事案件处理，对损害予以全面考量，司法机关也拥有广泛的裁量权和造法权，推动了赔偿额与损害实际情形的吻合，充分保障了受害人的权益。我国大陆地区行政赔偿标准单独立法，在侵犯人身权益领域不仅赔偿项目有限、计赔标准机械，而且司法机关立足于法律的规定，缺乏足够的裁量空间。行政赔偿标准过低造成的法外补偿现象，又阻碍了行政赔偿的法治化发展进程。因此，我国在侵犯生命权、健康权、人身自由权等领域，需要不断完善行政赔偿标准，提高立法的合理性并拓展实务中的裁量空间和裁量因素。

第五章
精神损害的行政赔偿

行政侵权领域的精神损害，是指行政机关或其工作人员在行使职权行为过程中，侵犯自然人生命、身体健康、名誉和人身自由等，造成受害人或其家属生理或心理上的痛苦不安及精神状况的异常，或者使受害人或其家属的尊严、威信和社会评价降低。[①] 对精神损害予以赔偿系借助物质手段弥补精神创伤，旨在使受害人感到慰藉而逐步遗忘痛苦。[②] 在人身权益方面，除了侵犯生命、身体健康、人身自由等情形涉及精神损害赔偿内容外，侵犯名誉或其他人格权等情形，当事人更是主要以精神损害赔偿为诉求。鉴于行政赔偿和刑事赔偿领域的精神损害，均由国家公权力行为引起，且在我国，刑事赔偿和行政赔偿标准均由《国家赔偿法》加以规制，因此，本章也会涉及刑事赔偿领域的精神损害赔偿制度，以供分析、比对与研究。

第一节 精神损害赔偿制度概述

一、精神损害的概念

精神损害是一项宽泛的概念，遭受身体伤害的人，往往同时承受肉体痛苦与精神痛苦。无论是大陆法系还是普通法系国家，基本上都承认与身体伤

---

① 郝明金："精神损害与国家赔偿责任"，载《政法论坛（中国政法大学学报）》2002 年第6 期。

② 谭金生："国家侵权精神损害问题研究"，载《湖北行政学院学报》2013 年第 4 期。

害相伴而存在的精神痛苦。其他人格权益，如姓名权、肖像权、名誉权、荣誉权、人格尊严权、人身自由权、身份权等遭受侵害的受害人，或者具有人身象征意义的特定纪念物品因侵权行为被损毁的受害人，也会承受精神上的痛苦，这些精神痛苦有些为法律所承认并保护，有些并未被纳入行政赔偿的范围。

精神损害可能表现为饱受沮丧和绝望情绪的困扰，也可能发展成精神疾患，甚至进而引发各类生理疾病，乃至危及生命。对侵害人身权益产生的精神损害，从受害人的角度而言，主要包括两类情形：一是侵犯生命权的领域，二是侵害身体、健康、名誉或自由的领域。对于前者，可以提出精神损害赔偿请求的人员通常包括父母、子女、配偶。对于后者，可以要求精神损害赔偿的人员仅限于受害人本人。

二、各国关于精神损害赔偿的规定

为了彰显法律对人身权的切实保护，同时使侵害人承担应有的责任，德国、法国、瑞士等大陆法系国家的侵权行为法均认可通过精神损害赔偿的方式来保护人身权。在涉及精神损失的案件中，有时无须举证受害人是否遭受实际损失，即使是那些处于无意识状态从而无法感受伤害的人（例如精神病人或者植物人）亦可能因为人身权被侵害的客观事实而获得赔偿。[①] 在行政赔偿发达的法国，行政法院起初对名誉、情感等不能用金钱计算的精神损害不负赔偿责任，后来逐渐承认并通过判例将精神损害赔偿范围延展到宗教信仰损害、感情损害、精神痛苦等。[②] 在日本，《国家赔偿法》本身没有规定精神损害赔偿制度，但是允许援引《民法》之规定，使得民事领域的精神损害赔偿制度，也可以在行政赔偿中适用。日本《民法》第 709 条规定："因故意或过失，而侵害他人权利的，应赔偿因此而生的损害之责。"日本《民法》第 710 条规定："凡害他人之身体自由或名誉之时，与害财产权之时，根据前条规定承担损害赔偿责任的，对财产以外的损害，亦须赔偿。"该法第 711 条规定："害他人生命的，对被害人的父母、配偶及子女，虽不害其财产权，

---

① 丁春艳："过失侵权中的精神创伤赔偿"，载《清华法学》2012 年第 6 期。
② 王名扬：《法国行政法》，北京大学出版社 2007 年版，第 564 - 565 页。

亦须赔偿损害。"因此，在侵害生命、身体自由或名誉等领域，日本《民法》允许赔偿财产以外的损害，而非财产上的损害主要是指精神损害。[①] 瑞士《民法典》有关精神损害赔偿的规定同样适用于行政赔偿责任。

在大陆法系国家，精神损失一般只限于侵害人身权的情形，并未扩展到侵害财产性权利的案件。但在普通法系国家，除了人身权，精神损害赔偿还扩展至财产权受侵害的情形。因为在普通法系国家，有些权利是如此重要，以至于当事人无须证明实际损害的存在，即可以提起诉讼，这被称为自身可诉性（Actionable per se）标准。如对土地的侵入（trespass to land）、对身体的侵害（trespass to person）、诽谤（defamation）等，受害人无须证明损害的存在，即可以获得名义上的损害赔偿（nominal damages），以此突出法律对这些权利的特别保护，以维护权利的神圣性和不可侵犯性。而其中的土地占有权属于财产权。

三、我国关于精神损害赔偿的规定

我国香港地区精神损害赔偿受英国普通法的影响，不区分行政赔偿与民事赔偿之不同，民事侵权领域的精神损害赔偿同样适用于政府行为引发的精神损害赔偿。我国台湾地区行政赔偿领域的精神损害赔偿，借由所谓"国家赔偿法"规定的法律援引制，实现与民事侵权赔偿标准的统一性。我国台湾地区所谓"民法"对于侵害人身权益的非财产上损害的赔偿规定，在司法实践中被解读为判决精神慰抚金的法律依据。至于精神损害的慰抚金数额，究竟以多少金额为适当，应斟酌当事人身份、地位、职业、教育程度、财产及经济状况综合认定。[②]

我国大陆地区精神损害赔偿制度最早也出现于民事侵权领域。1986 年《民法通则》第 120 条明确，公民的姓名权、名誉权、肖像权、荣誉权受到侵害的，有权要求消除影响、停止侵害、赔礼道歉、恢复名誉，并有权要求赔偿损失。由于《民法通则》第 121 条同时规定了国家机关或其工作人员在

---

① 何佳馨点校：《新译日本法规大全（点校本）（第一卷）》，商务印书馆 2007 年版，第 357 页。
② 台湾地区"'最高法院'1997 年度台上字第 511 号判决""'最高法院'2003 年度台上字第 1262 号判决"，http://www.rootlaw.com.tw/BookSearch.aspx，访问日期：2017 年 12 月 27 日。

执行职务中，发生侵权行为造成损害的，应当承担民事责任。因而从理论上而言，行政赔偿责任被作为民事责任的一种，在当时就已经包含了精神损害赔偿制度，而且赔偿的方式包括了消除影响、停止侵害、赔礼道歉、恢复名誉等多种非物质赔偿方式。

针对精神痛苦在人身权益被侵犯领域存在的普遍性，2001年2月26日最高人民法院审委会专门通过《关于确定民事侵权精神损害赔偿责任若干问题的解释》中，不仅将精神损害赔偿的适用范围扩大到任何权利遭受非法侵害的领域，而且首次规定了精神损害后果严重的，可以赔偿精神损害抚慰金。但在该解释中，残疾赔偿金和死亡赔偿金被当作精神损害抚慰金看待。2004年5月1日，最高人民法院施行《关于审理人身损害赔偿案件适用法律若干问题的解释》后，残疾赔偿金和死亡赔偿金不再被归类于精神抚慰金之列。2008年《侵权责任法》第一次以法律形式确立了精神损害的金钱赔偿制度。

但是行政赔偿领域的精神损害赔偿制度，并未及时与民事领域同步进行。1994年《国家赔偿法》对造成受害人名誉权、荣誉权损害的情形，仅规定了应当为受害人恢复名誉、消除影响、赔礼道歉，但没有规定精神损害的金钱赔偿制度。因而，大陆部分学者一度认为，行政赔偿制度中缺乏精神损害赔偿。[①] 事实上，1994年大陆地区《国家赔偿法》并没有否定精神损害赔偿制度，只不过没有规定精神损害的金钱赔偿方式。由于《国家赔偿法》没有规定精神损害抚慰金，司法实务中，受害人提出的精神损害赔偿金的请求无法得到支持。最典型的莫过于2001年陕西的麻旦旦案，其提出的精神损害抚慰金因不属于当时《国家赔偿法》规定的赔偿范围而遭到拒绝，一审法院仅依法赔偿限制人身自由赔偿金74.66元，遭到了社会各界的批评。[②] 在河南赵作海案件中，赵作海被错误羁押4019天，鉴于当时的国家赔偿制度尚未施行精神损害抚慰金，法院为体现人文关怀，决定另行给予赵作海生活困难补助

---

① 台运启、杨小君："关于国家赔偿标准的问题与建议"，载《中国人民公安大学学报》2003年第5期。王喜珍："国家侵权精神损害抚慰金评定规则之探讨"，载《郑州大学学报（哲学社会科学版）》2013年第3期。覃怡："略论国家赔偿制度中的精神损害赔偿"，载《法学评论》2000年第6期。

② "麻旦旦悲剧，反思处女嫖娼案中法律尴尬"，http：//www.sxrtvu.edu/file_post/display/read.php? FileID =1749，访问日期：2013年10月12日。

款15万元。① 2010 年《国家赔偿法》修改，在坚持原有的精神损害赔偿方式的基础上，终于增加了支付精神损害抚慰金的规定。当然，由于精神损害具有抽象和无形的特点，确定具体的赔偿标准十分困难。2010 年《国家赔偿法》的修改，并没有规定具体的计算标准，仅提出应当支付"相应的"精神损害抚慰金。至于"相应的"金额如何判断，立法将问题留给司法实践去解决。最高人民法院、最高人民检察院《关于办理刑事赔偿案件若干法律问题的解释》对刑事赔偿领域医疗费、护理费等作出了具体的规定，但在精神损害抚慰金的衡量方面，没有建立细化的规则。

第二节　精神损害的赔偿标准

一、赔偿范围

《国家赔偿法》第35条规定，有本法第3条或者第17条规定情形之一，致人精神损害的，应当在侵权行为影响的范围内，为受害人消除影响，恢复名誉，赔礼道歉；造成严重后果的，应当支付相应的精神损害抚慰金。因此，我国将精神损害的行政赔偿与刑事赔偿分别限定在第3条和第17条规定的范围内。

根据《国家赔偿法》第3条的规定，行政赔偿领域所允许的精神损害赔偿，仅适用于行政机关及其工作人员在行使行政职权时有下列侵犯人身权的情形：（1）违法拘留或者违法采取限制公民人身自由的行政强制措施的；（2）非法拘禁或者以其他方法非法剥夺公民人身自由的；（3）以殴打、虐待等行为或者唆使、放纵他人以殴打、虐待等行为造成公民身体伤害或者死亡的；（4）违法使用武器、警械造成公民身体伤害或者死亡的；（5）造成公民身体伤害或者死亡的其他违法行为。这表明，我国行政赔偿领域的精神损害

---

① 郭俊华："河南坐 11 年冤狱农民赵作海获国家赔偿 65 万元"，http://news.qq.com/a/20100513/001198.htm，访问日期：2014 年 2 月 8 日。

赔偿，并非针对所有的侵犯人身权益的行政行为，只有存在侵犯生命权、健康权和人身自由权等行为的情形之下，受害人或其家属才有主张精神损害赔偿的法律依据。对于诽谤、侵犯隐私、侵犯名誉等亦可能涉及当事人精神损害的违法行政行为，我国《国家赔偿法》并未将其列为可以予以精神损害赔偿的范围。

　　而在民事侵权领域，《侵权责任法》《关于确定民事侵权精神损害赔偿责任若干问题的解释》等法律和司法解释，并未限定精神损害的赔偿范围。只要是侵害他人人身权益，造成他人严重精神损害的，侵权人均需承担损害赔偿责任。其中，对于造成精神损害但未造成严重后果的，法院可以根据具体情形判令侵权人停止侵害、恢复名誉、消除影响、赔礼道歉。对于致人精神损害并造成严重后果的，法院除判令侵权人承担停止侵害、恢复名誉、消除影响、赔礼道歉等民事责任外，还可以根据受害人一方的请求判令侵权者赔偿相应的精神损害抚慰金。另外，在民事侵权领域，根据最高人民法院《关于确定民事侵权精神损害赔偿责任若干问题的解释》，除了公民的人身权益遭受侵害，受害人可以主张精神损害赔偿以外，具有人格象征意义的特定纪念物品，因侵权行为而永久性灭失或者毁损，物品所有人以侵权为由，向人民法院起诉请求赔偿精神损害的，人民法院应当依法予以受理。可见，在我国大陆地区，与民事侵权领域相比，精神损害的行政赔偿范围显得过窄。

　　在世界多数国家和地区，行政赔偿标准与民事赔偿标准相同，因而不存在赔偿范围不同的问题。日本通过法律援引制，行政赔偿适用民法的规定。巴西《民法》第 186 条规定，任何人因自愿的作为或不作为、过失或轻率侵犯权利并造成他人损害的，即使完全是精神损害，仍属于实施了不法行为。该法第 187 条规定，权利持有者行使权利明显超出根据其经济或社会的目的、诚信或善良风俗科加的限度的，也属于实施了不法行为。[①] 该法第 927 条规定，因不法行为（第 186 条和第 187 条）给他人造成损害的人，有义务赔偿损害。该法第 944 条规定，赔偿应按损害的范围计算。如在过失的轻重与损害的大小之间严重不成比例，法官可公平地减少赔偿额。该法第 953 条规定，

---

① 齐云译、徐国栋审校：《巴西新民法典》，中国法制出版社 2009 年版，第 30 页。

对侮辱、造谣或诽谤造成的损害的赔偿金是对上述行为给被害人造成的损害的填补。如被害人不能证明物质损害，法官有权公平地根据案件的具体情况确定赔偿金的数额。[①]

在刑事赔偿方面，我国大陆地区精神损害赔偿也只限于侵犯生命、健康和人身自由领域。根据《国家赔偿法》第 17 条的规定，可以申请精神损害赔偿的情形包括：（1）违反刑事诉讼法的规定对公民采取拘留措施的，或者依照刑事诉讼法规定的条件和程序对公民采取拘留措施，但是拘留时间超过刑事诉讼法规定的时限，其后决定撤销案件、不起诉或者判决宣告无罪终止追究刑事责任的；（2）对公民采取逮捕措施后，决定撤销案件、不起诉或者判决宣告无罪终止追究刑事责任的；（3）依照审判监督程序再审改判无罪，原判刑罚已经执行的；（4）刑讯逼供或者以殴打、虐待等行为或者唆使、放纵他人以殴打、虐待等行为造成公民身体伤害或者死亡的；（5）违法使用武器、警械造成公民身体伤害或者死亡的。

需要注意的是，如前所述，在多数国家和地区，基于刑事领域的特别牺牲说，受国家公权力侵害的刑事领域受害人，可以根据单独的刑事补偿立法寻求刑事赔偿，且精神损害赔偿金的金额往往高于民法的相关规定。例如，在我国台湾地区，针对错误执行死刑的情形，"刑事补偿法"明文规定精神损害抚慰金的计算标准，且规定精神损害抚慰金最低限额为新台币 1000万元。

二、赔偿方式

行政侵权行为致人精神损害的，赔偿方式通常包括金钱赔偿方式与非金钱赔偿方式。我国大陆地区关于精神损害的金钱赔偿，直接运用了精神损害抚慰金的称谓。非金钱赔偿方式，则往往是指赔偿义务机关在侵权行为影响的范围内，为受害人消除影响、恢复名誉、赔礼道歉等。非金钱赔偿方式，与民事侵权领域基本是一致的。

在日本，如前所述，通过《国家赔偿法》规定的法律援引制，日本行政

---

① 齐云译、徐国栋审校：《巴西新民法典》，中国法制出版社 2009 年版，第 129 页。

赔偿标准适用《民法》的规定，而《民法》对精神损害的赔偿方式也作出了规定。根据《民法》第 723 条及第 417 条的规定，对毁损他人名誉的，裁判所应当根据受害者的请求，采用适当的方式予以损害赔偿，包括恢复名誉，也包括作出金钱赔偿。[①] 在我国台湾地区，对精神损害的赔偿，多以金钱赔偿为主，也存在恢复名誉、消除影响等方式。司法实务中，对于"法律"没有规定的赔偿方式，有时法院也会根据案情判决合适的赔偿方式，如判决道歉。

三、计算标准

对于精神损害的金钱赔偿方式，需要确定相应的衡量标准，不过多数国家和地区，并未规定固定的计算方式。我国《国家赔偿法》第 35 条也仅规定，致人精神损害造成严重后果的，应当支付相应的精神损害抚慰金。至于何谓"相应"金额，顾名思义，应当结合个案具体情形而定。在 2010 年《国家赔偿法》修改草案拟定过程中，大陆地区有关部门和法律专家反复研究，考虑到国家赔偿案件涉及公民人身自由、生命健康以及财产等权利，案件情况千差万别，非常复杂，对精神损害赔偿的标准，在实践经验不足的情况下，不宜在法律中作出具体规定，可留待司法实践中根据案件的具体情况由司法解释予以明确。[②] 不过，由于精神损害因个案而异，2015 年 12 月最高人民法院、最高人民检察院《关于办理刑事赔偿案件适用法律若干问题的解释》虽然对诸多赔偿项目的计算作出了细致的规定，但仍然回避了对精神损害抚慰金的衡量标准问题。

值得注意的是，在我国大陆地区，刑事赔偿领域精神损害抚慰金的法律依据虽然与行政赔偿一样，同为《国家赔偿法》第 35 条，且最高人民法院、最高人民检察院《关于办理刑事赔偿案件适用法律若干问题的解释》

---

① 何佳馨点校：《新译日本法规大全（点校本）（第一卷）》，商务印书馆 2007 年版，第 359 页。
② 洪虎："全国人民代表大会法律委员会关于《国家赔偿法修正案（草案）》审议结果的报告"，http://www.pkulaw.cn，访问日期：2019 年 1 月 6 日。

未对刑事赔偿领域的精神损害抚慰金问题另作具体规定，但在司法实务中，我国大陆地区刑事赔偿领域的精神损害抚慰金出现了明显高于民事侵权领域的趋势和特点。如在江西李锦莲"毒奶糖杀人"案中，江西省高级人民法院作出国家赔偿决定，支付李锦莲被侵犯人身自由的精神损害抚慰金 90 万元；在被错误执行死刑的呼格吉勒图案中，其父母获得 100 万元精神损害抚慰金；在聂树斌被错误执行案中，聂树斌的父母获得了 130 万元的精神损害抚慰金。

在我国台湾地区，行政赔偿适用所谓"民法"之规定，而所谓"民法"对非财产上损失的衡量也仅表述为"相当金额"。在司法实务中，对于"相当金额"之确定，根据台湾地区"最高法院" 1958 年度台上字第 1221 号判例、1962 年度台上字第 223 号判例的解释，应斟酌加害人与被害人双方身份、地位、经济状况、加害行为之加害程度及被害人所受痛苦等各种情形确定。刑事领域的精神损害赔偿，首先发生于错误执行死刑领域。早在 20 世纪 50 年代所谓"冤狱赔偿法"中，台湾地区对于死刑执行的赔偿，执行的是新台币 4 万元以上 6 万元以下的抚慰金标准。之后，随着国民收入的增加，在每次法案修正时，都会相应提高抚慰金金额，至 1991 年修正时已经提高至新台币 500 万元以上 1000 万元以下之幅度。2011 年所谓"刑事补偿法"颁布时，鉴于民众收入已大幅提高，且国际上对于人权的重视亦与日俱增，故对死刑执行的补偿，再次强化了抚慰金的规定，一方面，要求按照受刑人执行死刑当年度民众平均余命计算受刑人余命，以一日新台币 5000 元的标准，支付抚慰金；另一方面，为维护人权，规定支付总额不得低于新台币 1000 万元。其次，在错误羁押等侵害人身自由的案件中，所谓"刑事补偿法"所规定的每日补偿金，也包含了对精神损害的弥补。受理补偿机关审酌赔偿金标准时，需根据第 8 条规定，考虑公务员行为违法或不当情节，并斟酌受害人损失及可归责事由的程度。其中受害人的损失，在司法实务的衡量中包括了精神损失。诸多案件的裁判文书展示，法院考虑了当事人的精神痛苦、名誉受损、自由被拘束等精神损失后，在第 6 条或第 7 条规定的幅度内选择了合理的每日补偿金标准。

第三节　精神损害赔偿的司法实务

一、典型案例

（一）泰姆诉新南威尔士案

澳大利亚属于英联邦国家，英国法对其有着重大的影响，不过，在精神损害赔偿问题领域，其确立了一些不同于英国法但极具典范意义的规则。在泰姆诉新南威尔士案（Tame v. New South Wales）中，原告发生了一起撞车交通事故，警员立即为其进行了血液酒精测量，但却误将其血液酒精含量记录为0.14，并在之后一个月内发现错误并予以更正。事故发生一年后，原告获悉了警员错误记录的事件，开始担忧人们会以为她醉酒驾车引发事故，从而损害她的声誉。原告为此颇受困扰，最后被确诊患上精神抑郁疾病。法院最后判定被告对原告不负有避免其遭受精神损害的注意义务，但是在审理中细致探讨了精神损害赔偿的相关规则。持多数意见的法官们认为：（1）法律并不要求受害人的精神创伤必须是由突发性和意外性的震惊而引起，即放弃了英国法上"须由震惊引起精神伤害"的这项要件；（2）法律仅对被医学认可的精神伤害予以赔偿，情绪上的痛苦则不具有可赔偿性；（3）受害人具有正常的情绪和心理承受能力并不是获得精神损害赔偿的前提条件，不过它可能是判定"精神损害是否可被合理预见"时需要考虑的一项重要因素，被告明知或应知受害人不堪承受正常的情绪或心理压力的除外。①

（二）丁某被限制出境案

在"台北地方法院"2009年度第4号民事判决中②，原告丁某为诉外人永裕公司的临时管理人。被告财政部认为，该公司欠缴税捐及罚款，已经达

---

① 丁春艳："过失侵权中的精神创伤赔偿"，载《清华法学》2012年第6期。
② 台湾地区"'台北地方法院'2009年度第4号民事判决"，http：//www.rootlaw.com.tw/BookSearch.aspx，访问日期：2013年12月27日。

到"限制欠税人或欠税营利事业负责人出境实施办法"之标准，故函请有关部门限制原告出境。原告提出行政诉讼，台北"高等行政法院"判决撤销了上述限制出境的行政处分。被告提出上诉，"最高行政法院"于 2008 年 4 月22 日裁定驳回被告上诉，被告于同年 5 月 2 日收到裁定。原告认为，被告收到裁定后，应立即解除对原告的出境限制，但迟至 2008 年 8 月 14 日才函请有关部门解除出境限制，显然怠于执行职务，并侵害了原告的迁徙自由及权利。为此，原告于 2008 年 9 月 5 日向被告提起行政赔偿请求，遭拒。故原告依照所谓"国家赔偿法"第 2 条第 2 项后段以及所谓"民法"第 195 条的规定，向"台北地方法院"提起行政赔偿诉讼，要求被告给付原告新台币 100万元，并支付相应利息。

"台北地方法院"认为，人民享有居住及迁徙的自由，即使处于公益上的理由而有必要限制个人的自由，也必须有法律明文规定。限制或禁止人民出入边境，属对人民自由的限制，根据所谓"宪法"第 23 条规定，必须依法进行。被告所为限制出境的行政处分已经撤销，依法溯及既往失其效力，被告负有从速通知移民署解除原告出境限制的义务，以免影响人民迁徙的自由权利。但被告于 2008 年 5 月 2 日收到裁定，知悉系争限制出境的行政处分违法后，却迟至 2008 年 8 月 14 日，才函请移民署解除对原告的出境限制，长达3 个月有余，显然已经超过执行公务的合理期限。法院考虑在此期间原告所受的心情煎熬、原告 2006 年度年收入约 104 万元、2007 年度年收入 56万元、有投资 100 万元、被告迟至 2008 年 8 月 14 日才解除对原告的限制出境处分、被告为政府机关、原告实际受害情形及原告身份地位等一切情形，认为原告主张被告应赔偿自由权受损害的精神损害 100 万元，尚属合理正当，故判决予以支持。

值得注意的是，在我国大陆地区，对于违法限制出境的情形，不予赔偿精神损害。这一点，可以由最高人民法院的复函加以证明。2012 年，江苏省高级人民法院就常州市中级人民法院作出的〔2007〕常民一初字第 78—1 号民事决定是否构成违法采取限制出境的措施，向最高人民法院请示是否属于行政赔偿范围。2013 年 6 月 4 日，最高人民法院作出〔2013〕赔他字第 1 号

《关于限制出境是否属于行政赔偿范围的复函》,① 答复：你院〔2012〕苏法委赔字第 1 号《关于限制出境是否属于行政赔偿范围的请示》收悉。经研究认为，根据《国家赔偿法》第 38 条的规定，人民法院在民事诉讼过程中违法采取限制出境措施的，属于国家赔偿范围。对于因违法采取限制出境措施造成当事人财产权的直接损失，可以给予赔偿。你院应针对常州市中级人民法院作出的〔2007〕常民一初字第 78—1 号民事决定是否构成违法采取限制出境的措施予以认定，并依法作出决定。这一复函有两方面的含义：（1）违法限制出境行为虽然属于限制人身自由的行为，但赔偿仅限于财产损害，不涉及非财产损害的赔偿包括精神损害赔偿；（2）即使是对于造成财产损害的赔偿，也只是赔偿其中的直接损失。由于最高人民法院的复函对于下级人民法院的影响力，这等于是宣告，在大陆地区，限制出境的措施造成损害的，国家不赔偿精神损害等非财产上损害。

（三）教官受辱案

"台北地方法院"2007 年 3 月 5 日作出的 2006 年度第 31 号民事判决，是法官突破法律明文规定，行使"造法权"的典型一例。② 该案原告为前淡江大学军训教官，因退伍诉愿事件未接获被告答辩书，于 2004 年 11 月 1 日、3 日向教育主管部门民意信箱陈情，却于同年 11 月 8 日晚上 11 点 11 分至系争信箱查询处理情形时，发现内容为"干王八蛋"的回函。

原告称其于深夜受辱，身心俱感震惊与愤怒，致彻夜难眠。之后被告不但拒不道歉，其军训处长王某林于 2004 年 11 月 12 日接受记者访问时，又表示："很可能是有人故意修改网页后打印出来""里面大有文章"，二度污辱原告。原告认为，"干王八蛋"一词系贬低人格、名誉的言语，足以使自然人在社会上的评价受到贬损；且原告查询系争回函时，原告妻子张某珍因在旁浏览而知悉其事；事后原告诉诸媒体，社会大众知情者较多；被告军训处、电算中心及部长办公室的公务员，也均可以由其账户、密码知悉此事；况且

---

① 最高人民法院《关于限制出境是否属于国家赔偿范围的复函》（〔2013〕赔他字第 1 号），http：//www. pkulaw. cn/fulltext_ form. aspx? Db = chl&Gid = 210529&keyword = &EncodingName = &Search_ Mode = accurate，访问日期：2018 年 2 月 19 日。

② 台湾地区"'台北地方法院'2006 年度第 31 号民事判决"，http：//www. rootlaw. com. tw/BookSearch. aspx，访问日期：2013 年 12 月 27 日。

被告军训处长王某林于 11 月 12 日接受记者访问时，又公开影射原告伪造或变造系争回函，使第三人知悉其事。故原告认为，被告已侵害原告的人格权和名誉权，要求法院判决被告应以正式书面文件向原告致歉，该道歉文件并应登载于联合报、自由时报及军训通讯等报纸第 1 版。另外，被告应给付原告新台币 20 万元精神慰抚金。

法院查明，系争回函确实为被告工作人员发出，并认为，系争回函所载"干王八蛋"四字系一般辱骂用语，以此回复原告的陈情，应认可使原告产生自尊受辱的感觉，侵害了原告的人格权。故原告主张被告公务员于执行职务行使公权力时，因故意或过失以系争回函不法侵害原告的人格权，而请求被告负损害赔偿责任，理由成立。但法院认为，系争回函或王某林所言并未侵害原告名誉。查询系争回函内容，除须输入电子邮件账号外，尚须输入信件编号。除原告可以其电子邮件账号及信件编号查询系争回函内容外，难以认定第三人可以知悉系争回函的内容，从而难认原告人格于社会上的评价会因系争回函而受影响或贬损。虽然原告称，其阅览系争回函时，其妻在旁知悉其事等语，但未进行举证，且原告之妻素与原告亲密，深知原告为人，显然不致因系争回函内容减损对原告人格的评价。另外系争回函虽经媒体报道而公之于众，此因原告主动诉诸媒体所致。故原告纵因公众知悉其曾接获系争回函致其名誉受损害，该损害也与被告公务员发送系争回函的行为无相当因果关系。

至于侵害人格权应当如何赔偿，法院认为，根据所谓"国家赔偿法"第 7 条第 1 项的规定，行政赔偿原则上应以金钱进行，例外情形下可以依请求回复损害发生前的原状。所以即使是非财产上损害，公权力机关仍应依该规定进行赔偿。在人格权受损害时，在何种情况下应由公权力机关进行金钱赔偿，须适用所谓"民法"第 195 条第 1 项之规定，即"情节重大"的，被害人才可以就其非财产上损害请求赔偿相当金额。所谓情节重大，应考虑公务员执行职务的故意或过失程度、人民所受损害的情节而定。系争回函内容仅有"干王八蛋"四字，虽属回复原告的信函，但未具体指明受文对象，也没有前后文，动机如何、所指何事、究系故意或过失误发，均难以查清。故系争回函的内容虽可以使原告产生自尊受辱的感觉，但难以认定其侵害情节确属重大。

综上，法院认定，被告没有侵害原告的名誉权，仅侵害了原告的人格权，且侵害人格权尚未达到"情节重大"的程度，故判决被告以书面方式向原告道歉，对原告主张精神损害抚慰金的请求予以驳回。

（四）李锦莲"毒奶糖杀人案"

对于国家公权力行为造成的精神损害，我国进行精神损害抚慰金赔偿的案例主要集中在刑事赔偿领域。

1998年10月9日18时许，江西省遂川县横岭乡茂源村发生一起中毒事件。该村11岁的李某林和10岁的李某红在家附近的石壁上捡到四粒"桂花奶糖"，食用后不久中毒死亡。次日，被认为有重大作案嫌疑的李锦莲被警方带走。1999年7月6日，江西省吉安地区中级人民法院以故意杀人罪判处被告人李锦莲死刑，缓期二年执行。2000年5月23日，江西高院裁定驳回上诉，维持原判。此后19年，李锦莲和女儿李春兰不断进行申诉，多位全国人大代表、法学专家也曾为此案奔走呼吁。2018年6月1日，江西省高级人民法院对李锦莲一案作出再审判决，认定其无罪，当庭释放。此时，李锦莲在狱中已服刑18年11个月。

2018年7月18日，李锦莲向江西省高级人民法院递交国家赔偿申请书，提出共计41402694.6元的国家赔偿，其中包括赔偿侵犯人身自由赔偿金10902694.6元、侵害身体健康权的赔偿金1000万元、精神损害抚慰金2000万元以及申诉支出50万元，并要求法院就当年错判造成的影响向自己赔礼道歉。2018年9月18日，李锦莲收到了江西省高级人民法院〔2018〕赣法陪1号国家赔偿决定书，江西省高级人民法院决定对其作出国家赔偿决定，支付李锦莲侵犯人身自由赔偿金2035036.78元，另支付精神损害抚慰赔偿金900000元，合计2935036.78元。[①]

二、案例评析

裁判实务展示，对于可赔偿精神损害的情形，各国和地区界定的范围有所不同，对于精神损害的赔偿标准，各国的衡量方式也有不同。另外，在许多国家和

---

① "被关7147天李锦莲获293万国家赔偿"，http：//www.sohu.com/a/254716554_100144890，访问日期：2018年11月28日。

地区，由于刑事赔偿单独立法，故其中的精神损害抚慰金计算亦有独特之处。

（一）关于可赔偿的精神损害范围

从司法案例来看，对于精神损害的赔偿，各国的认定不同，导致赔偿范围不同。通过泰姆诉新南威尔士案，澳大利亚高等法院对于可赔偿的精神损害，以精神损害是否可被政府官员合理预见为判断责任的一项重要因素，即受害人所提出的精神损害赔偿请求，应当以"该精神损害能否被合理预见"为判定被告对受害人是否负有避免其遭受精神损害之注意义务的基本要件。同时，在澳大利亚，精神损害的存在需以医学判断为客观标准，情绪上的困扰本身不是精神损害的客观判断标准。另外，英国法对精神损害赔偿所作的限制因素，例如，受害人是否直接感受事故、是否由突发性和意外性震惊所引发、原告是否具有正常的情绪和心理承受能力，在澳大利亚，仅是判断精神损害赔偿责任的相关因素，但不是行政侵权责任成立的独立要件。

除了判断精神损害赔偿责任的相关因素不同，有时，案情类似的索赔案件，由于赔偿范围的不同，判断结果大相径庭。如在同样的限制出境案中，我国台湾地区法院认可原告丁某被限制出境后存在损失包括精神损害，故对其主张被告赔偿100万元予以支持。而在我国大陆地区，法院对于限制出境引发的损害，仅承认财产上损失可予赔偿，不承认精神损失的赔偿。

（二）关于精神损害的赔偿方式

在我国台湾地区，法官可以通过举重以明轻等法理，在具体案件中采用合适的赔偿方式，而不是拘泥于法律明文规定的赔偿方式，从而促进了损害与赔偿的对应关系。在前述教官受辱而由法院判决道歉案件中，虽然我国台湾地区所谓"民法"第195条规定了非财产上损害赔偿的方式仅为金钱赔偿一种，但法院仍然根据具体受害情节，创设了道歉的赔偿方式，而没有拘泥于法条的规定，判决金钱赔偿。

在我国大陆地区，在《国家赔偿法》没有设置精神损害抚慰金之前，即使某些领域精神损害的存在获得社会普遍认可，司法机关仍然拘泥于法律的空白，不敢对该精神损害抚慰金作出判决。但是，在某些情况下，又会因新闻舆论导向的绑架，作出超越法律规定的赔偿。例如，在陕西"麻旦旦"案件中，原告要求被告泾阳县公安局和咸阳市公安局共同赔偿精神损失费500

万元。但一审法院鉴于当时的《国家赔偿法》没有规定支付精神损害抚慰金的赔偿方式，故仅判决被告赔偿原告限制人身自由赔偿金 74.66 元。此案判决之后，引发舆论哗然。原告提出上诉后，咸阳市中级人民法院在一审判决的基础上，增判 180 天的误工费等费用共计 9135 元，但仍然没有作出精神损害抚慰金的赔偿。① 在此案中，一方面，由于法官没有"造法权"，故在法律没有明文规定的情形下，没能作出赔偿精神损害抚慰金的判决；另一方面，法院又支持了原告 180 天的误工费损失，在限制人身自由仅一天的情形下，如何做出误工 180 天的认定，二审法院并没有给出合理的解释。在"卢兴林诉福州市劳动教养委员会请求行政赔偿案"中，法院驳回了原告关于其在劳教期间工资及奖金损失 13600 元的赔偿请求。理由是法律对此情形，没有规定误工费的赔偿。但在麻旦旦案件中，二审法院对其作出了 6719.40 元的误工费赔偿。② 可见，在行政赔偿方式的取舍方面，法院基于法律的规定，并未拥有合理的裁量空间。但是，在没有法律规定的情况下，有时，由于舆论的裹挟，司法机关可能又会突破法律之规定，增加其他类型的赔偿方式。但在个案中突破立法规定，试图对特定个体实现公正，却可能对社会整体造成不公。

（三）关于精神损害赔偿金的衡量因素

裁判实务展示，赔偿精神损害抚慰金需要衡量多重因素，既包括受害人本人的收入及财产状况，也包括受害人的社会地位和名望；既包括不同继承人与受害人之间的亲疏关系，也包括精神痛苦之具体情形。具体而言，需要衡量的因素包括：（1）被侵犯人身权益的时间。如在前述丁某被限制出境案例中，被告 2008 年 5 月 2 日收到裁定后应立即函请移民署解除限制出境处分，但实际迟至 2008 年 8 月 14 日，才通知移民署解除原告之出境限制，前后期间长达 3 个月有余。这一期限不仅被法院认定为超过合理期限构成怠于执行职务行为，而且也成了衡量原告丁某所遭受精神痛苦的期限，成了判决时衡量精神损害抚慰金额是否合适的重要因素。（2）原告精神痛苦的具体情

---

① "陕西离奇处女嫖娼案二审判决麻旦旦不满"，http://www.people.com.cn/GB/shehui/20011211/624687.html，访问日期：2018 年 1 月 6 日。

② 廖特力、丁宝华："国家赔偿标准问题探讨——从麻旦旦一案谈起"，载《社会科学》2002年第 5 期。

形。如在前述 SARS 案引发的行政赔偿案件中，法院认可原告辛某等人遭受的精神痛苦包括，受害人发病并遭隔离期间，原告不能探望的痛苦，之后又草草火葬，不得最后相见的悲痛；因受害人感染传染病，原告等人遭受社会大众及邻居歧视，心灵承受的痛苦。在丁某被限制出境案中，法院也认为，被告在知悉限制出境行政处分系违法后，仍怠于将这一违法状态解除，致原告心情备受煎熬。（3）不同原告与受害人之间的亲疏关系。在侵犯生命权引发的精神损害赔偿案件中，赔偿请求人为同一顺序的继承人。法院在衡量精神损害抚慰金时，也会关注不同原告与受害人之间的不同亲疏关系。如在 SARS 案中，法院将配偶辛某的精神损害抚慰金定为最高、未成年子女其次、成年子女最末，显然符合社会之一般情理。（4）受害人的收入及财产状况。在丁某被限制出境案件中，原告丁某的收入状况被纳入考虑因素，法院在 2008 年作出判决时，审酌了原告 2006 年及 2007 年的收入及投资情况。在前述赵某侑案件中，法院也衡量了其职业情况、财产情况及收入情况。（5）受害人的社会地位。对于享有较高社会地位的人士而言，遭受公权力机关对人身权益的侵犯，可能会造成名誉的较大损失，因而精神痛苦相对较为严重。在丁某被限制出境案中，法院也考虑到原告丁某的社会地位以及因法院选任而担任公司临时管理人，但即遭被告限制出境等情形。（6）被告系公权力机关。公权力机关对人身权的侵犯，相比私权利主体，后果更为严重。同样是侵犯名誉权，来自政府的诋毁和来自私人的诋毁，显然后果是不相同的。

在李锦莲"毒奶糖杀人案"中，法院考虑了李锦莲被关押的时间等各种因素，决定赔偿精神损害抚慰金 90 万元。在赵作海被错误羁押案中，基于当时的《国家赔偿法》尚未规定精神损害抚慰金，法院也酌情给予生活困难补助费 15 万元，这其实也是部分考虑了其精神损害。

第四节　精神损害行政赔偿标准之完善

我国 2010 年修订的《国家赔偿法》增设了精神损害抚慰金的规定，使得行政侵权领域的精神损害赔偿制度更为完善，受害人的精神损害与物质损害一样，可以获得金钱赔偿，有利于全面保护受害人的合法权益。但不可否认的是，行政侵权领域的精神损害赔偿标准与民事侵权领域相比，范围过窄，[①] 同时，司法实务对精神损害的认定，缺乏确定性、合理性与公开性。其中，最容易引发争议的就是精神损害抚慰金如何确定标准的问题。

可以说，在精神损害行政赔偿方面，我国当前面临的最大难点，不是如何合理选用消除影响、恢复名誉、赔礼道歉等赔偿方式，而是如何客观公正合理地确定精神损害抚慰金的具体金额问题。结合民事侵权领域的赔偿标准以及我国大陆地区具体国情，我国大陆地区完善精神损害的行政赔偿，主要应从如何与民事侵权赔偿标准趋同及合理确定精神损害抚慰金的评定规则入手。

一、设定不低于民事侵权赔偿之标准

对于如何规范及完善精神损害的行政赔偿，理论界和实务界所形成的共识是，精神损害抚慰金最初出现于民事侵权领域，因而有必要借鉴民事侵权责任司法实践中的成功经验。例如，2010 年 9 月 18 日公安部《关于贯彻执行国家赔偿法有关问题的通知》（公通字〔2010〕47 号）第 2 条明文规定，"精神损害抚慰金可参照最高人民法院《关于确定民事侵权精神损害行政赔偿责任若干问题的解释》的相关规定，综合考虑赔偿义务机关违法程度、侵害情节和后果等因素确定"。

为何行政赔偿领域的精神损害赔偿标准不能低于民事赔偿领域？主要理由在于，与私人侵权行为相比，行政机关侵权行为在相同情形下，造成的精神损害后果显然更加严重。譬如，个人对个人的诽谤，会造成精神损害，而行政机关对个人的诽谤，则会造成更大的损害后果，因为人们总是倾向于相信公权力机关行为的公信力，所以公权力机关即使实施了与私人一样的行为，其造成的损害后果往往是难以弥补的。因此，完善精神损害赔偿标准，首先要设定不低于民事侵权领域的精神损害赔偿标准。

在精神损害的行政赔偿领域，如何实现不低于民事领域的赔偿标准，具体可以从如下方面进行努力。

---

① 覃怡："略论国家赔偿制度中的精神损害赔偿"，载《法学评论》2000 年第 6 期。

（一）确保赔偿范围的趋同

造成精神损害的行为，在现实生活中并不限于《国家赔偿法》第 3 条和第 17 条的范围。因而，不应当对公务员造成精神损害的行为范围作出限定。对所有侵害人身权益的行为，都可以考虑精神损害是否存在。另外，根据最高人民法院《关于确定民事侵权精神损害赔偿责任若干问题的解释》，除了公民的人格权利等人身权益遭受侵害，受害人可以主张精神损害赔偿以外，具有人格象征意义的特定纪念物品，因侵权行为而永久性灭失或者毁损，物品所有人以侵权为由，向人民法院起诉请求赔偿精神损害的，人民法院应当依法予以受理。因此，对于公务员行为造成的特定财物损失，如受害人确实存在精神损失的，行政机关也可以作出精神损害赔偿。[①]

（二）考虑公权力行为造成精神损害的特殊性

多数国家和地区考虑到刑事领域受害人遭受的特别牺牲，对刑事领域的受害人，在同等情形下，设置比民事侵权领域更高的精神损害赔偿标准。同样的，在行政赔偿领域，如果行政机关的同一行为在相同情形下可能比私人行为造成更严重精神损害后果的，此时，精神损害的抚慰金也应当比民事领域略高一些，这可以通过在同等金额上加成的方式实现，也可以通过直接设定相同情形下抚慰金的不同计算标准加以实现。

二、确定精神损害抚慰金的量化规则

根据《国家赔偿法》第 35 条的规定，精神损害的赔偿方式有两种：一是精神损害在可以恢复的范围内，要求侵权人恢复名誉并且赔礼道歉；二是精神损害造成了严重后果，此时需要支付精神损害抚慰金。只有在产生"严重后果"的情况下，才需要承担金钱赔偿。这个看似明确的界限在实践操作中却十分困难。对此，可借鉴民事侵权领域中对"严重后果"的标准界定，当出现了以下情况中的任何一种，即可以认定为该侵权行为造成了严重后果：（1）被侵权人因为行政机关的某种侵权行为受到重伤或者死亡；（2）侵权行

---

① 杨锡武、龚拥军："论国家精神损害赔偿量化标准之构建"，载《南昌大学学报（人文社会科学版）》2012 年第 1 期。

为对他人的人格造成严重影响，已经影响到受害人的正常生活，如无法正常升学、就业或者造成家庭破裂；（3）受害人可以提供医学证据证明其生理上、精神上受到的损伤；（4）受害人的人身自由受到了限制，并且该非法限制时间已经超过 24 小时。

在明确何谓"严重后果"后，还应当对精神损害抚慰金的支付确定较为明确的量化规则。2010 年修订后的《国家赔偿法》只是确立了行政侵权精神损害抚慰金的支付条件，金额的量化规则暂时还是空白，容易造成各地司法机关的裁判结果相差较大，而且也容易导致受害人对精神损害抚慰金心理期待过高。虽然确定精神损害抚慰金的量化规则具有难度，因为精神损害本身具有抽象性和无形性的特点，而且具有强烈的个体差异，但也并非没有可行性。有学者建议，由最高人民法院作出指导性的司法解释，或者建立案例指导制度对精神损害的赔偿标准进行规范，并且综合运用社会调查统计法等方式来确定。[①] 这些方法都具有积极意义。量化规则的建立，无论采用哪种方式，最根本的是，确保精神损害抚慰金的评定走向客观和理性，相同受害情形可以获得基本相同的金钱赔偿，同时，又设置一定的金额弹性幅度，允许赔偿义务机关或司法机关考虑个体的差异进行金额浮动。

例如，在我国台湾地区，值得借鉴的是，对于刑事补偿，规定了较为明确的计算方式。在错误执行死刑的情形下，一方面，要求按照受刑人执行死刑当年度民众平均余命计算受刑人余命，以一日新台币 5000 元的标准，支付抚慰金；另一方面，为维护人权，规定支付总额不得低于新台币 1000 万元。在错误羁押领域，司法机关在确定每日补偿金标准时，也要考虑受害个体的精神损失。可以说，虽然精神损害具有无形性、主观性等特点，但我国台湾地区的司法实务已体现了客观的量化规则，并且这一量化规则主要由司法机关主导。在我国广东省，为了统一国家赔偿领域精神损害抚慰金的赔付，广东省高级人民法院、广东省人民检察院、广东省公安厅联合颁布粤高法〔2011〕382 号《关于在国家赔偿工作中适用精神损害抚慰金若干问题的座谈会纪要》，该纪要不仅对"后果严重""后果特别严重"的情形进行了列举，

---

① 王喜珍："国家侵权精神损害抚慰金评定规则之探讨"，载《郑州大学学报（哲学社会科学版）》2013 年第 3 期。

而且以丧失人身自由的时间长短为主要依据，规定了相应的精神损害抚慰金裁量幅度，如"二十日以下的，一千元以下；精神损害后果特别严重的，二千元以下……十年以上的，二十万元以下；精神损害后果特别严重的，三十万元以下……"[1] 这些，都是对精神损害抚慰金量化规则的大胆尝试。

为了推动精神损害抚慰金量化规则的建立，首先，在行政侵权行为造成侵犯生命权的情形下，可以借鉴我国台湾地区的计算方式，即根据居民平均寿命计算受害人的余命，以每日抚慰金的方式，计算总的精神损害抚慰金，同时，设置侵害生命权情形下的最低精神损害抚慰金。此标准的明确，便于赔偿义务机关尽快计算并赔付，及时尽量地弥补受害人家属所遭遇的精神怨愤和心情煎熬。其次，在限制或剥夺人身自由的情形之下，可以设置每日抚慰金的方式，每日的标准应具有一定的幅度，供赔偿义务机关在个案中根据具体情形确定。再次，对于侵害身体健康的，可以参照民事侵权领域根据伤残程度按比例确定精神损害抚慰金的做法。例如，一级伤残精神损害抚慰金为 100 万元的，则二级伤残为 90 万元，直至十级伤残为 10 万元。当然，在此基础上，还要考虑具体受害人的身份、地位、财产收入等各种影响精神损害的具体因素。最后，对于不侵害人身自由、生命健康，但侵犯人格权等其他人身权益，或者侵犯特定财产等造成精神损害的，如符合"严重后果"的标准，也应设置相应的量化规则，确定相应的精神损害抚慰金。

另外，我国大陆地区的国家赔偿，不区分刑事赔偿与行政赔偿，虽然法律体系较为统一，但没有按照不同行为情形及危害后果之轻重制定不同标准，不同后果相同对待，显然不符合举重以明轻之法理。基于刑事领域受害人遭遇的特别牺牲，在相同情形之下，刑事赔偿中的精神损害抚慰金金额应当高于行政赔偿领域。

三、明确精神损害抚慰金的衡量因素

我国大陆地区对于精神损害的行政赔偿应当如何衡量，未曾在立法中作出关于衡量标准的内容规定。从司法裁判来看，对于精神损害的赔偿，个案

---

[1]　向晨、林俊杰、韦磊："广东试行精神损害赔偿地方标准，国家赔偿打醒'精神'"，http://www.infzm.com/content/68269，访问日期：2015 年 12 月 13 日。

之间相差甚远。在全国较有影响力的浙江张氏叔侄案件中，张辉、张高平分别提出了赔偿精神损害抚慰金 120 万元的请求，浙江省高级人民法院进行审查后，根据《国家赔偿法》第 35 条的规定，决定分别支付精神损害抚慰金 45 万元。① 在李锦莲案中，李锦莲在狱中服刑 18 年 11 个月，从江西省高级人民法院获赔 90 万元的精神损害抚慰金。在被错误执行死刑的呼格吉勒图案中，其父母获得 100 万元精神损害抚慰金。在聂树斌被错误执行案中，聂树斌的父母获得了 130 万元的精神损害抚慰金。

为了统一精神损害赔偿的衡量因素，2014 年 7 月 29 日最高人民法院发布法发〔2014〕14 号《关于人民法院赔偿委员会审理国家赔偿案件适用精神损害赔偿若干问题的意见》，该意见指出，在确定精神损害抚慰金的具体数额时，要综合考虑：精神损害事实和严重后果的具体情况；侵权机关及其工作人员的违法、过错程度；侵权的手段、方式等具体情节；赔偿请求人住所地或者经常居住地平均生活水平；赔偿义务机关所在地平均生活水平等因素。该意见适用于刑事赔偿、司法赔偿，行政赔偿也可以参考适用。我国台湾地区对于精神损害的衡量因素，通过判例的方式加以推广和确定；另外，所谓"刑事补偿法"规定的每日补偿金的法定衡量因素，也可以作为衡量精神损失的参考。

借鉴我国台湾地区的立法和司法实务，综合最高人民法院已有的上述司法解释，我国大陆地区对精神损害的衡量因素，可以包括但不限于：（1）行政行为的违法或不当情节；（2）受害人的年龄、性别以及生活状况；（3）赔偿请求人住所地或者经常居住地平均生活水平；（4）医学上判断受害人因为行政侵权行为遭受的精神损伤及其损伤程度；（5）在侵害受害人权利之后，行政机关是否作出了弥补行为，是否有努力减轻受害人在精神上遭受的苦痛；（6）公务人员是否存在故意或过失；（7）受害人遭受行政侵权行为侵害，是否有可归责自身的因素等。在综合考虑以上几要素之后作出赔偿决定，可以促进精神损害抚慰金的公平合理性。

对于公认的衡量因素，可以由立法或司法解释予以吸纳，以推动精神损

---

① "浙江高院赔偿张氏叔侄各 110 万"，http：//news. sina. com. cn/o/2013 - 05 - 21/091927182381. shtml，访问日期：2014 年 2 月 8 日。

害衡量因素的客观化进程。不过，衡量因素的充分完整性，也会随着社会生活的变化而变化，推广衡量因素充分的指导性案例，对于统一精神损害的赔偿标准也有积极意义。另外，支付赔偿金的前提条件是存在精神损害的"严重后果"，但何谓"严重后果"，也需要衡量多种因素。如果具有典型的案例，充分展示了合理的衡量标准，也可以加以推广并统一实务的做法，最终促进立法的完善。

四、促进裁量标准之公开

要改善精神损害的赔偿标准，除了立法改善，也要赋予司法机关一定的裁量空间，裁量空间既不能大而无当，也不能过于狭窄。当前，由于法律对精神损害抚慰金仅规定"相应的金额"，赔偿义务机关和司法机关拥有较大的裁量空间。但社会大众对于有权机关具体如何衡量精神因素，却往往不得而知。我国大陆地区多起案例表明，有权机关的裁量存在一些不客观不合理的现象，有时对于应当赔偿精神损害抚慰金的情形，以不存在精神损害或精神损害不严重为由，拒绝受害人关于赔付精神损害抚慰金的请求；有时判决了高额的精神损害抚慰金，但是却不公开具体的理由。

如浙江叔侄案高额的精神损害抚慰金，一度开启了刑事赔偿领域精神损害赔偿标准的新标杆。一部分人认为，该案精神损害抚慰金是历史新高，体现了对受害人权益的保护；也有一部分人认为，45 万元仍然过低，不足以弥补近十年的冤狱。但本案精神损害赔偿的最大疑问是，45 万元是如何计算或估算出来，法院是如何裁量的？事实上，无论这一精神损害抚慰金具体如何衡量，其中有一点不合理现象是明显的，即两受害人年龄不同，何以可以赔偿相同金额的精神损害抚慰金？在前述李锦莲案件中，李锦莲向江西省高级人民法院提出共计 41402694.6 元的国家赔偿，其中包括赔偿侵犯人身自由赔偿金 10902694.6 元、侵害生命健康权的赔偿金 1000 万元、精神损害抚慰金 2000 万元以及申诉支出 50 万元，并要求法院赔礼道歉。之后，江西省高级人民法院作出〔2018〕赣法赔 1 号国家赔偿决定书，决定支付其侵犯人身自由赔偿金 2035036.78 元，精神损害抚慰赔偿金 900000 元，合计 2935036.78元。江西省高级人民法院在国家赔偿决定中提出，李锦莲提出的侵犯人身自由赔偿金 10902694.6 元不符合法律规定，提出的精神损害抚慰金 2000 万元没有法律依据，均不予支持。对于李锦莲提出的损害健康权赔偿金的请求，因不属于再审改判无罪的赔偿范围，依法予以驳回；对于李锦莲提出的赔偿申诉支出费用的请求，于法无据不予支持。此外，对于李锦莲提出江西省高级人民法院在新闻媒体上对其进行赔礼道歉、恢复名誉的请求，江西省高级人民法院称，"在李锦莲再审改判无罪的当天，本院已向李锦莲赔礼道歉，并在李锦莲所在村委会张贴公告，公告了再审判决的判决结果及理由等有关内容，同时本院还发布了李锦莲再审改判无罪的新闻稿。已经履行了在侵权行为影响范围内对李锦莲消除影响、恢复名誉、赔礼道歉的义务"。在这份国家赔偿决定书中，江西省高级人民法院针对李锦莲的赔偿请求，已经逐一阐述了理由，展示了法院裁量的过程，但说理尚不够具体充分。

在我国台湾地区，对于精神损害抚慰金的赔偿，虽然使用了"相当金额"的立法措辞，与大陆地区"相应金额"并无二致。但在司法实务中，裁判机关对精神损害的衡量因素较为充分，而且在裁判文书中全面公开。我国台湾地区"最高法院"的判例，构成了对精神损害如何认定"相当金额"的普遍原则。

当前，我国大陆地区的衡量因素，也契合了个案的具体情形，但具体包括哪些因素，部分案件由于裁判文书不公开，社会公众既无从探寻通常之考虑因素，也无从探寻个案之特殊考量因素。虽然有些裁判文书也逐渐纳入公开轨道，但文书说理不充分，难以让受众揣度裁量的具体标准。因此，合理约束赔偿义务机关或司法机关对精神损害赔偿标准的裁量空间，一方面要求赔偿义务机关或司法机关遵循立法规定，客观合理地评定精神损害是否存在以及其严重程度，另一方面要求赔偿义务机关或司法机关公开裁量过程，包括确定具体金额时考虑的各种因素，以公开促进精神损害赔偿金给付的公正性。

综上，行政侵权领域造成的精神损害，不限于《国家赔偿法》规定的几类情形。我国大陆地区可以借鉴民事侵权领域的赔偿范围和判断标准，拓宽精神损害的赔偿范围，提高精神损害的赔偿标准。为了促进精神损害赔偿的统一性与公平性，还要确定客观的衡量因素，通过裁量标准的客观性、合理性、公开性，结合立法之改善，提升和完善我国精神损害的赔偿标准，推动全部赔偿原则的实现。

第六章
财产损害的行政赔偿

财产权益与人身权益相对而言，是民事主体依法享有的财产权及与财产权相关的利益，表现为一定的物质内容或直接体现为经济利益，可以转让或继承。① 对于侵犯财产权益的情形，多数国家和地区作出了详细的赔偿规定，在行政赔偿方式、赔偿范围、理论学说和司法实务等方面存在诸多不同。

第一节　侵犯财产权益的赔偿方式

行政赔偿方式，是指发生行政侵权行为时，行政机关对造成的损害承担赔偿责任的各种方法或形式的总称。② 侵犯财产权益的行政赔偿方式，一般包括金钱赔偿、返还财产及恢复原状三类。由于行政侵权行为造成的损害，在性质、程度、情节上不可能整齐划一，彼此间的差异难以避免，因而制度设计必须考虑赔偿方式的多元化，既考虑对受害人权益进行救济的及时性，也要关注对行政机关正常履行职责的影响。鉴于行政赔偿方式的采用是否恰当，与受害人权益的保护程度也密切相关，故本章对侵犯财产权益的行政赔偿的研究，首先从赔偿方式展开。

多数国家和地区采用了以金钱赔偿为主、恢复原状为辅的行政赔偿方式。遇有行政赔偿的情形时，一般由行政机关给予金钱赔偿，只有在以其他方式

---

①　陈兴丽："论我国未成年子女财产权益的保护"，载《齐鲁学刊》2008年第4期。
②　马怀德主编：《完善国家赔偿立法基本问题研究》，北京大学出版社2008年版，第308页。

进行赔偿更有利于受害者时，或者由于损害性质只能以某种特定方式赔偿时，才采用特定的赔偿方式。① 在德国，公权力主体对受害人因侵权行为而遭受的损害，应当给予金钱赔偿，如果公权力主体对受害人造成不利状态的，应予恢复原状。但也有些国家，仅采用金钱赔偿方式。例如，奥地利《国家赔偿法》第 1 条即明确，损害赔偿仅以金钱的方法进行。② 在法国，行政法院不能命令行政机关为一定行为或不为一定行为，只能判决行政机关进行金钱赔偿。当然，行政法院可以在判决行政机关赔偿时，指出行政机关自愿恢复原状的，可以不用支付赔偿金。行政法院也可以判决行政机关在损害继续存在期间，每天赔偿一定数额的金钱，从而达到恢复原状的目的。③ 我国台湾地区行政赔偿的具体标准虽然援用所谓"民法"之规定，但在赔偿方式上却与所谓"民法"不同。所谓"国家赔偿法"第 7 条规定，国家负损害赔偿责任的，金钱赔偿为主要方式。但恢复原状适当的，可以按照受害人的请求，恢复损害发生前原状。可见行政赔偿以金钱赔偿为原则。这一点，与民事侵权赔偿恰好相反。我国台湾地区所谓"民法"第 213 条第 1 项规定，在民事领域承担赔偿责任的，以恢复原状为优先，除非法律另有规定或当事人之间的契约另有约定。④ 我国大陆地区对侵犯财产权益规定的行政赔偿方式也与民事侵权领域不同，行政赔偿主要包括金钱赔偿、返还财产和恢复原状三种方式，并且以支付赔偿金为主。但在民事侵权领域，赔偿的方式包括停止侵害、排除妨碍、消除影响、赔偿损失等多种形式。

一、金钱赔偿

金钱赔偿，是指行政机关在计算或估算受害人损害程度后，以支付相当额度的货币向受害人履行赔偿义务。金钱赔偿作为被采用最广的赔偿方式，其优点是显而易见的：（1）便捷性。行政赔偿在于保障合法权益受到行政机关侵害的公民、法人和其他组织能够及时获得救济，但同时，现代社会中行

---

① 皮纯协、何寿生编著：《比较国家赔偿法》，中国法制出版社 1998 年版，第 130－131 页。
② 袁登明：《发达国家赔偿制度》，时事出版社 2001 年版，第 82 页。
③ 王名扬：《法国行政法》，北京大学出版社 2007 年版，第 579－580 页。
④ 林锡尧："'国家赔偿法'之分析与检讨（下）"，载《台湾地区本土法学杂志》2005 年第 12 期。

政机关承担着大量的服务与管理职能。如果行政公务不能保持一种正常和高效的运作状态，公共秩序和公共利益也会受到破坏。因而行政赔偿的方式必须简便易行，避免行政机关陷入烦琐的个案纠缠。[①] 金钱赔偿一般都有相对固定的衡量标准，计算方便、支付快捷，既可以使受害人的赔偿请求得到迅速满足，避免双方因标准不一无法达成共识而难以实施，也便于行政机关正常开展工作，保障公务的连续性和效率性。（2）广泛性。金钱赔偿适应性强、适用范围广，无论是人身权益领域的损害还是财产权益领域的损害，几乎都可以用金钱加以计算或估价后进行赔偿，而且容易为受害人所接受。尤其是对于身体健康受到侵害、丧失劳动能力甚至遭受死亡的公民，国家对受害人或其亲属，无法通过停止侵害、排除妨碍、恢复原状等方式来承担赔偿责任。而采取金钱赔偿的方式，则可以尽力弥补受害人或其家属的物质损害，虽然对于其中的精神损失，很难用金钱加以衡量，但在其他赔偿方式也难以有效发挥作用的情况下，采用金钱赔偿的方式，至少可以用一种物质或生活的便利舒适来缓解当事人的苦痛。在财产权益受侵犯领域，当返还财产或恢复原状不可行的情形下，金钱赔偿也可以充分弥补受害人的各项损害。并且金钱赔偿还可以与其他赔偿方式相配合，如在发生财产损坏的情形下，可以通过返还财产与赔偿修复费用结合的方式，全面弥补受害人的损失。

在多数国家和地区，适用金钱赔偿的一般情形是，恢复原状事实上已不可能、不合法或不可期待。德国《国家赔偿法》规定，如果受害人选择金钱赔偿，或公权力机关未选择恢复原状，或恢复原状也不能弥补该损害时，则应以金钱赔偿。当然，当受害人对损害的发生也负有责任时，对金钱赔偿的义务、所需给付赔偿的范围等，应视受害人和公权力机关的责任程度而定。在德国，金钱赔偿的范围，包括所受到的损害、所失去的利益（消极损害）和非财产损害。

对于金钱赔偿方式在财产损害赔偿领域的运用，我国《国家赔偿法》作出了具体而详细的规定。概括而言，对侵犯财产权益的行政赔偿，《国家赔偿法》规定了多处可以适用金钱赔偿的情形：（1）查封、扣押、冻结财产，

---

① 金俊银："国家赔偿的方式、标准及效力"，载《人民司法》1994 年第 12 期。

造成财产损坏或灭失的；（2）应当返还的财产不能恢复原状或灭失的；（3）财产已经被变卖但变卖的价值明显低于财产价值的；（4）吊销许可证和执照、责令停产停业的；（5）涉及货币类处罚、追缴或没收的。此外，《国家赔偿法》还用兜底条款表明，造成财产权其他损害的，赔偿直接损失。这里的赔偿，也主要是指金钱赔偿方式。根据巴西《民法典》第952条的规定，侵占或挪用他人之物的，除了应当归还，还应当赔偿其减损的价值以及应得未得的利益。如物件灭失的，应归还根据其通常价值和其情感价值作出的估价，但情感价值不得超过通常价值。[①] 可见，在财产损害赔偿领域，金钱赔偿方式还可以对因财产灭失而遭受的精神痛苦加以弥补。

当然，金钱赔偿也存在一定的不足。首先，金钱赔偿的弥补功能有时也是有限的。譬如，被违法拆除的房子，即使按照市场价予以赔偿，对于受害人而言，房子所承载的美好回忆、精神寄托等非物质因素是金钱所不能抚慰的。其次，金钱赔偿有时会贬损正义的形象。尤其在刑事赔偿案件中，通过金钱弥补国家侵权行为造成的损害，以金钱解决是非曲直问题，会让人产生正义可以被金钱收买的感受。[②]

二、返还财产

返还财产，是指行政机关及其工作人员占有他人财产造成对他人财产权益的不法侵害时，将该项财产返还给所有者的一种保护措施。[③] 返还财产是在财物仍然存在且价值没有贬损的情况下，通过赔偿义务机关将财物交还给受害人的方式，来弥补受害人的损失。因而，返还财产实质上是恢复原状的一种方式。但返还财产时，可能存在财产贬损的情形，此时，应当在返还的同时，支付相应的修复费用或赔偿金。当然，财产存在贬损的，受害人也有权拒绝返还财产的方式而要求金钱赔偿，或者在接受返还的基础上，要求赔偿义务机关赔偿贬值损失或修复费用。从这点上来说，返还财产又与恢复原状有所不同。由于返还财产是恢复受害人合法占有财产的状态，与金钱赔偿

---

① 齐云译、徐国栋审校：《巴西新民法典》，中国法制出版社2009年版，第132页。

② 曾世雄：《损害赔偿法原理》，中国政法大学出版社2001年版，第151页。

③ 马怀德主编：《中华人民共和国国家赔偿法释义》，中国法制出版社2010年版，第194页。

相比，返还财产只能适用于物质损害。例如，某国家机关被认定为非法没收财产，该机关就应该以返还财产的方式对受害人进行赔偿，而且一般应当是原物返还，但货币等种类物除外。

返还财产的优点在于：（1）快速简便。返还财产是一种较为便捷的赔偿方式，在侵犯财产权的行为被确认违法后，赔偿义务机关及时返还原物，简单易行，不必衡量或评估损失，避免耗时耗力。（2）充分填补损害。返还财产等于是将损害消灭到最低限度，它不仅能使物质损害直接得到弥补，而且可以避免或减少可能发生的精神损害。例如，有些被国家机关非法没收的物品可能经济价值并不高，但却对物品所有人具有特殊的纪念意义，此时，返还没收的原物显然要比金钱赔偿更有效。

当然，返还财产需要前提条件：（1）财产没有灭失。只有财产存在，才有适用返还财产方式的可能性。例如，被违法扣押的财产是特定物，已经灭失时，国家只能采取支付赔偿金等方式进行赔偿。（2）财产损坏的，返还财产需考虑受害人的意见。原物在发生损坏的情形下，如当事人愿意接受返还的，可以返还财产，但是，国家应当对修复的费用或者财产贬值的损失作出赔偿。（3）返还财产须具有成本上的便利性。返还财产只有比金钱赔偿更为便捷，或者对公民、法人和其他组织的权益保障更为充分时，才能作为赔偿方式加以适用。如果财产已经处于异地，虽未损坏，但运输成本超过财产本身价值的，显然金钱赔偿更为合适，除非该财产是特定物，对所有人具有特殊的纪念意义。

《国家赔偿法》规定，返还财产主要适用于被非法没收、违法征收或征用的财产，另外还包括罚款、罚金等。当侵犯财产的行为没有法律依据时，国家机关应当返还财产。例如，人民法院对被告人处以罚金、没收财产等刑事制裁措施，当上级人民法院依照审判监督程序再审改判无罪的，原判的罚金、没收的财产应当返还。又如，行政机关违法作出征收、征用财产的行为，当法院判决确认此类行为无效时，行政机关也负有返还财产的义务。

三、恢复原状

恢复原状，也被称为回复原状，是指赔偿义务机关采取一定的方式使得被损害的物品或关系恢复到损害未发生时的状态。大陆法系国家中最先确立恢复原状制度的是德国。在德国，公法上的恢复原状是指，经行政法院判决予以撤销的、已执行的违法行政处分，行政处分相对人有权请求消除该行政处分执行后的结果，以恢复未执行该行政处分前的状态。例如，德国《行政法院法》第 113 条第 1 款第 2 项规定，"在撤销行政处分的判决中，行政处分已经执行的，法院则应依申请宣告恢复原状，并且同时宣告行政官署应运用何种方式使该执行恢复原状"。关于民法上的恢复原状，德国《民法典》认为，恢复原状应当专注于被害人完整利益的保护，加害人应当恢复到没有损害事件时应存在的状态。德国《国家赔偿法》吸纳了公法意义和私法意义上恢复原状的含义，于第 3 条规定："损害如果是属于某一事实状态发生不利于受害人的变更时，公权力机关应当恢复其原状。如果恢复原状不符合目的要求，则应恢复与其同等价值的状态，以消除其损害结果。如果恢复原状不可能，或不允许，或不合理时，则可免除之。"[1] 恢复原状要求国家机关必须以尽可能地恢复到原有水平的方式加以救济，从而对受害人给予尽可能公正和充分的救济。因此，恢复原状是体现国家充分履行赔偿义务的一种方式。按照恢复原状的方式来赔偿受害人的损害，可以较为公平合理地使得受害人的损害得到弥补。例如，某人被违法判处有期徒刑五年，之后法院再审改判其无罪，但原判徒刑已执行三年，其城市户口已被注销，且已被开除公职。在这种情况下，如果只采用金钱赔偿的方式赔偿受害人的损失，显然不能充分弥补其全部损害。但如果采用恢复原状的赔偿方式，恢复其城市户口，恢复其公职，在此基础上再给予金钱赔偿，则受害人的损失可以得到较为充分的弥补。[2]

　　在具体实践中，恢复原状操作起来较为复杂并且需具备一定条件：（1）恢复原状具有可能性。即受到侵害的财产能够恢复原状，如果某些损害后果确实无法或很难恢复到原来的状态，譬如已经导致物的功能降低甚至丧失，则不能适用恢复原状。（2）恢复原状具有必要性。被损坏的财产有无修复必要，修复费用是否超过重购费用等，要结合其社会效益、经济效益等多

---

① 刘兆兴："德国国家赔偿法研究"，载《外国法译评》1996 年第 3 期。
② 应松年：《国家赔偿法研究》，法律出版社 1995 年版，第 228 页。

种因素综合考虑。恢复原状并非在任何情况下都能达到比较理想的效果，只有在比金钱赔偿更便捷的情况下才采用。（3）恢复原状不会造成违法后果。如果被没收的财产已经通过拍卖等方式转移所有权的，强制恢复原状只会造成新的违法行为，此时就不可能适用恢复原状的赔偿方式。（4）恢复原状不会影响正常公务。譬如房屋被公务行为损坏的，通过国家机关修复房屋可能会影响正常公务的开展，此时根据实际损害评估所需的费用，采用赔偿修复费用的方式，可能比国家机关直接恢复房屋原状的方式更为便捷，也更容易为受害人所接受。可见，恢复原状虽然从理论上看是一种较为充分的赔偿方式，体现为根本性救济，但从实践上看，由于种种客观原因的限制与条件的制约，其适用的范围是比较小的。[1] 对人身权的损害，很难用恢复原状的方法；对财产权的损害，也要具备多重条件。

在我国台湾地区，通说认为，所谓"国家赔偿法"所指的恢复原状，系指私法上的恢复原状，例如，恢复名誉、替补同种类、品质及数量的受损代替物等；公法上的恢复原状，是指撤销行政处分，或作成、不作成行政处分或其他行使公权力的职务行为等。但也有学者认为，行政赔偿本质上为公法上损害赔偿责任，因而所谓恢复原状，不应限于私法上的恢复原状，而应依具体情形，进行公法上恢复原状为适当时，也应包括公法上的恢复原状，以解决实际问题的需要，符合公平合理原则及提高行政效能。[2]

在我国大陆地区，恢复原状主要适用于查封、扣押、冻结财产的情形，如发现行为非法的，应解除对财产的查封、扣押、冻结，从而恢复行为发生前的状态。其中，恢复原状涉及金钱的，也应支付利息，如解除冻结的存款或者汇款等。

第二节　侵犯财产权益的赔偿范围

在财产损害的行政赔偿制度中，虽然大陆法系国家和地区存在私法与公

---

[1]　刘嗣元、石佑启编著：《国家赔偿法要论》，北京大学出版社 2005 年版，第 90 页。
[2]　陈清秀："国家赔偿实务之研讨（上）"，载《月旦法学杂志》2007 年第 2 期。

法对同一概念的不同认识，英美法系国家不区分行政赔偿与民事赔偿，但对公权力机关侵犯财产权益引发的损害，基本都奉行全部赔偿原则。在直接运用行政赔偿立法予以赔偿，或援引民法予以赔偿时，均充分考虑受害人的实际损失，为了公平起见，还要关注受害人的过失或第三人对损害发生所起的作用，扣除或减免行政机关相应的赔偿额，确保行政赔偿的范围既可以弥补受害人的损害，又不失客观与公正。

一、所受损害与所失利益

将所受损害与所失利益全部纳入赔偿范围，可以使财产损害领域的行政赔偿体现全部赔偿原则。所受损害，是指物因毁损所减少的价额，在可以修复的情形下，以必要及合理的修复费用为估定的标准。如修理材料以新品换旧品，应予折旧。如受损的机动车已经使用相当年限，则修复赔偿费用，应计算其折旧率以估定因毁损所减少的实际价额。所失利益，是指依照通常情形或依照已经确定的计划、设备或其他特别情况，可以预期得到的利益。如一台已经签订租赁合同的大型设备，在出租之前因公权力不法行使行为而遭受毁损，此时对于设备所有权人而言，遭受的财产损失不仅是设备本身的贬损，而且预期可得的租金也丧失了。对此，只有将这部分明确可得的利益也纳入赔偿的范围，方能体现全部赔偿原则。

在德国，行政赔偿的范围，既包括当事人所受到的财产损害，也包括可预期获得的利益，还包括《国家赔偿法》第 7 条规定的非财产损害。根据法国判例，如果该财产损害是已经发生、确实存在的，就能得到赔偿。将来的损害如其发生为不可避免的，也视为已经发生的现实损害；将来可能发生的不确定的损害，不引起赔偿责任。除非受害人能证明，利益的获得已经确定，或者有充分的理由令人信服可以得到某种利益，这种损害才能成为确定的损害。行政主体的赔偿金额是实际发生的全部损失，在法院判决后，如由于当初的原因，损害继续加重的，受害人可以请求行政法院重新确定金额。[①] 日本《国家赔偿法》第 4 条规定，国家赔偿的损害范围依民法的规定来确定。日本《民法》规定，侵权赔偿的损害范围是指与加害行为之间有相当因果关

---

① 杨江涛："对国家赔偿法中直接损失的理解"，载《人民司法（应用）》2015 年第 21 期。

系的损害，包括积极损害和消极损害。韩国对财产损害的赔偿范围较宽，其《国家赔偿法》第 3 条规定："因物品之灭失、毁损、产生直接损失以外的其他损失的，如不法行为与该损害有因果关系，国家也应赔偿。"

美国在行政侵权赔偿范围上要比法国等大陆法系国家窄得多，但对于受害人侵权损害的赔偿，政府不仅赔偿受害人的直接损失，对可得利益的损失也予以赔偿。[①] 我国台湾地区在所谓"民法"第 216 条规定，法定损害赔偿范围包括当事人所受损害及所失利益。但在我国大陆地区，行政赔偿并未将所受损害和所失利益全部包括在赔偿范围之内。以《国家赔偿法》列举的吊销许可证和执照、责令停产停业情形为例，立法明确仅赔偿停产停业期间必要的经常性费用开支，至于受害人在停产、停业期间所遭受的可得利益的损失，则不予赔偿。譬如一条正在运作的生产线停工的，停产停业期间仍然要发生水电、劳动力等必要开支，同时，如合同已约定一定数量的产品需在规定时间交付买方，但由于停工而无法交付买方的，此时依据合同可以计算出的利益，应当属于"所失利益"，但这部分内容，并不在我国大陆地区行政赔偿范围之内。

我国大陆地区行政赔偿领域对可得利益不赔的规定，不仅与其他国家与地区不同，而且也与大陆地区民事法律法规的标准相脱节。《合同法》第 113 条规定，当事人一方不履行合同义务或者履行合同义务不符合约定，不仅要赔偿因违约给对方造成的损失，还要赔偿合同履行后对方可以获得的利益。[②]《侵权责任法》第 20 条规定，侵害他人人身权益造成财产损失的，如损失难以确定，按照侵权人因此获得的利益赔偿；利益难以确定且当事人就赔偿数额无法协商一致的，可以由人民法院根据实际情况确定赔偿数额。[③] 对于侵害他人财产的，财产损失按照损失发生时的市场价格或者其他方式计算。可见我国合同领域所规定的损害赔偿的范围，包括了可得利益或预期利益；我国在侵权责任领域，虽然不提赔偿利益的概念，但按照利益衡量损失的数额，实质是承认对损害的全面衡量原则，而对财产损失按照市场价格衡量的原则，

[①] 丁邦开、钱芳："将间接损失纳入《国家赔偿法》的立法探讨"，载《上海财经大学学报》2004 年第 1 期。

[②] 江平主编：《中华人民共和国合同法精解》，中国政法大学出版社 1999 年版，第 93 页。

[③] 奚晓明主编：《〈中华人民共和国侵权责任法〉条文理解与适用》，人民法院出版社 2010 年版，第 152－155 页。

更是体现了赔偿全部损失的原则。另外，值得注意的是，在刑事赔偿领域，最高人民法院、最高人民检察院《关于办理刑事赔偿案件适用法律若干问题的解释》第 19 条规定，侵犯公民、法人和其他组织的财产权造成损害的，应当依照《国家赔偿法》第 36 条的规定承担赔偿责任。财产不能恢复原状或者灭失的，财产损失按照损失发生时的市场价格或者其他合理方式计算。这表明我国大陆地区的刑事赔偿标准出现了向民事赔偿标准靠近的趋向。

二、直接损失与间接损失

我国《国家赔偿法》第 36 条规定了对财产损害的行政赔偿标准，该条第 1—7 项列举了具体标准。概括而言，财产损害行政赔偿的基本原则是：财产可以返还的，予以返还；不能返还的，尽量恢复原状；不能恢复原状的，再采用金钱赔偿方式。在多数情形下，金钱赔偿可以与返还财产或恢复原状方式并用。不过，从列举的情形来看，赔偿的范围其实较为有限，如财产被拍卖、变卖的，仅给付拍卖、变卖所得的价款。除了以列举式规定财产赔偿的具体标准外，第 36 条第 8 项还进行了兜底性的规定，"对财产权造成其他损害的，按照直接损失给予赔偿"。

对于何谓直接损失，何谓间接损失，《国家赔偿法》本身并没有给出具体的答案。按照最高人民法院《关于民事、行政诉讼中司法赔偿若干问题的解释》，直接损失包括：（1）财物灭失、损坏、毁损、霉变、腐烂等损坏情形的；（2）停产停业期间的工资、税金、水电费等必要的经常性费用；（3）保全的财产系国家批准的金融机构贷款的；（4）法律规定的其他直接损失。该解释虽然列举了直接损失的情形，但仍然没有说明直接和间接损失的区别。对此，有学者认为，间接损失是指可得利益的损失，可得利益是指还没有实现但可期望获得的利益。利益上的损失是否属于直接，要看财产损失结果与违法行为之间是否存在直接因果关系，只有违法行为直接导致的损失才是直接损失。[①] 通常而言，损失事实的发生是由行政侵权行为直接引发的为直接损

---

① 马怀德主编：《〈中华人民共和国国家赔偿法〉释义》，中国法制出版社 2010 年版，第 222 - 223 页。

失，非直接引发而系由其他媒介因素介入而引发的损失为间接损失，[1] 简而言之，间接损失是指间接造成的损害。如机器损失系由停电直接引发，为直接损失；停工损失系由机器损失引发，为间接损失。但按此定论，《国家赔偿法》36 条又存在自相矛盾之处，一方面，通过第 8 项兜底条款表明，行政赔偿局限于侵犯财产权行为发生时直接造成的损失；另一方面，第 1—7 项中，有些赔偿内容如必要的经常性费用开支、利息损失等，应当属于间接损失，这实际上又表明了对间接损失进行赔偿的认可。由于"直接损失"概念仅《国家赔偿法》一部法律采用，更无其他立法参考予以明确其内涵外延，以致学界和司法实践对其概念的界定莫衷一是。[2]

我国《国家赔偿法》并没有规定直接损失与间接损失的区分标准，在司法实践中，各地司法机关实际上存在限制直接损失和扩张间接损失的倾向，使得行政赔偿的标准更为下降，许多损失被赔偿义务机关或司法机关认定为不属于直接损失而被排除在行政赔偿之外，造成受害人可得到的赔偿金额远远少于所遭受的实际损害，这不利于行政赔偿目的和功能的实现。[3] 但是，也有一些法院，在司法实践中，对直接损失的概念进行了详细解读，将当事人必然发生的可得利益损失，也纳入了直接损失的范围，促进行政赔偿额与实际损害接近一致，较好地维护了财产权受侵犯的当事人的合法利益。[4]

需要注意的是，我国行政赔偿领域关于直接损失与间接损失的概念，与民事领域存在不同。在《合同法》领域，采纳的是损害、损失与利益的概念，不区分直接损失与间接损失。在《侵权责任法》领域，同样也没有规定直接损失。在很多具体情形下，当事人可得利益的实现，是必然的。如果把可得利益列为间接损失，进而对间接损失一律不予赔偿，显然是不合理的。赔偿合理的间接损失，是应当且可行的。[5]

---

[1] 曾世雄：《损害赔偿法原理》，中国政法大学出版社 2001 年版，第 137 页。

[2] 杨江涛："对国家赔偿法中直接损失的理解"，载《人民司法（应用）》2015 年第 21 期。

[3] 王华伟："国家赔偿财产损害直接与间接损失辨别及完善"，载《山东行政学院学报》2012 年第 5 期。

[4] 如最高人民法院在〔2018〕最高法行再 163 号行政赔偿案件中，认为直接损失的范围，除包括被拆建筑物重置成本损失外，还应当包括赔偿申请人应享有的农房拆迁安置补偿权益以及对动产造成的直接损失等。

[5] 应松年、杨小君："国家赔偿若干理论与实践问题"，载《中国法学》2005 年第 1 期。

三、赔偿金额的扣除或减免

多数国家和地区对财产损害的行政赔偿，基本与民事赔偿原理相同，因而民事法律中一系列影响赔偿额计算的赔偿原理与学说，均可以适用于行政赔偿领域，包括损益相抵原则、与有过失原则和请求权竞合的处理等。这些赔偿原则和原理，等于是进一步对行政赔偿的范围作出了精细的框定。

（一）损益相抵原则

损益相抵原则意味着，受害人如果根据受损害的同一原因受有利益时，公权力机关在支付赔偿金时应从损害额中扣除受害人所得的利益。损益相抵的适用范围限于利益与损害发生的原因或侵权行为之间，以相当因果关系为要件，即损害与利益应基于同一原因而发生，才可以损益相抵。

我国台湾地区"板桥地方法院"2008年7月17日作出的2007年度重字第4号民事判决，展示了民法上损益相抵原则在行政赔偿案件中的运用。在该案中，原告正瑜企业有限公司在台北县三峡镇十三添小段223—2地号土地上兴建钢骨结构的建筑物，作为栽种水耕蔬菜的温室，尚未完工之际，于2007年3月20日下午遭被告台北县政府工务局违章建筑拆除队违法误拆。原告向被告提出行政赔偿请求，被告拒绝。于是原告向法院提起诉讼，要求被告进行行政赔偿。法院认定，原告可以请求赔偿的费用，包括原告主体结构工程费用4041920元、水电及消防工程费用525000元，共为4566920元。同时"法院"认为，根据所谓"民法"第216条规定，损害赔偿，除法律另有规定或契约另有订定外，应以填补债权人所受损害及所失利益为限。故同一事实，既使债权人受有损害，又使债权人受有利益的，应于所受的损害内，扣抵所受的利益，损益相抵后尚有损害，才应由债务人负赔偿责任。本案原告将拆除后的废铁秤出售给诉外人戊某得款55万元，此系原告所得的利益，应从损害额中扣除，经扣除，原告可以向被告请求赔偿4016920元（4566920－550000＝4016920）。故法院根据损益相抵原则，最终判决被告台北县政府给付原告正瑜企业有限公司新台币4016920元，及自2007年3月23日起至清偿日止按年息5%计算的利息。①

（二）与有过失原则

与有过失原则是指，如果存在受害人过失的，可以根据受害人过失对损害的影响，相应地减轻或免除行政赔偿金额。一般而言，受害人过失发生在过失对损害有直接影响的领域。

在公有公共设施瑕疵责任纠纷案件中，受害人在遭受人身伤害时，往往也遭受了财产损失，在此类案件中，与有过失原则往往统一适用于人身损害与财产损害的衡量中。台湾地区"新竹地方法院"2013年9月28日作出的2012年度第1号民事判决即是典型的一例。在该案中，原告于2011年3月1日晚上11时8分许，骑车号为709—JGE的机车，行经新竹市某路段及忠孝路口，因摔倒造成头部外伤及机车损害，原告当时车速为70—80千米/时。原告认为，其因路面严重凹陷而打滑摔倒，致右侧股骨严重骨折及机车损坏，被告新竹市政府未尽维护道路平整的职责，对于公有公共设施的管理存在欠缺，导致原告身体、财产遭受损害，故请求被告新竹市政府作出行政赔偿，但被告拒绝。原告遂起诉至新竹地方法院，要求被告赔偿修车费用新台币31050元、医疗费用新台币3641元、工作损失新台币160000元以及精神慰抚金新台币500000元，合计新台币654691元。法院认为，所谓"民法"第217条规定，损害的发生或扩大，被害人与有过失的，法院可以减轻赔偿金额或免除赔偿金额。该项规定的目的，在于谋求加害人与被害人间的公平。如果受害人对事故的发生亦存在过失的，由加害人承担全部赔偿责任，未免过于苛刻，所以赋予法院可以减轻或免除被告赔偿金额的职权。参照"最高法院"2008年度台上字第89号判决意旨，所谓被害人与有过失，只需其行为系损害的共同原因且该过失行为有助于损害的发生或扩大即可。本案中原告驾驶机车行经十字路口，本应减速慢行，但原告不仅没有依照规定减速，反而违规超速（介于70—80千米/时），企图通过前开路口。原告对于本案所涉损害的发生应当负主要的肇事责任，被告可以请求免除或减轻赔偿金额。

---

① 台湾地区"'板桥地方法院'2007年度重字第4号民事判决"，http://www.rootlaw.com.tw/BookSearch.aspx，访问日期：2018年3月9日。

同时，法院认定，原告因本次事故遭受的损失为医疗费 3241 元、工作损失 120000 元、修车费用 23624 元、精神损害抚慰金 60000 元，合计新台币 206865 元。最终，法院根据过失相抵原则，认定被告应负的责任比例为 10%，故其应当赔偿的金额为 20687 元（206865 × 10% = 20687 元），故判决被告应给付原告新台币 20687 元，及自 2011 年 9 月 21 日起至清偿日止，按年息 5% 计算的利息。①

我国《侵权责任法》第 26 条也规定了与有过失原则，被侵权人对损害的发生也有过错的，可以减轻侵权人的责任。

（三）请求权竞合

受害人就行政赔偿事件，依法享有数个损害赔偿或给付请求权的情形下，如果已经根据其他法规的规定，获得赔偿或者给付已经填补损害的情形下，自然不可以再请求行政赔偿。但是，如果对于第三人主张的侵权赔偿责任已经获得胜诉判决，却因执行困难还未获得赔偿的，在多数国家和地区，受害人则仍然可以请求行政赔偿。

在"台北地方法院"2010 年度重字第 29 号民事案件中，法院认为，即使债权人已向一方债务人提出并获得胜诉判决，只要没有通过执行获得实际清偿，仍然可以向另一方债务人提起诉讼。在该案中，原告因信赖土地登记而向案外人购买土地并支付土地价金 1800 万元，但该土地其实在几年前已经被征收，只是登记部门即被告台北市大安地政事务所遗漏办理所有权转移登记。原告为此向案外人提起民事诉讼并获得胜诉判决，但在执行过程中未能获得债权清偿，仅获得法院颁发的债权凭证。为此，原告又提起行政赔偿诉讼，法院认为所谓"土地法"第 68 条关于土地登记错误遗漏或虚伪的损害赔偿责任是所谓"国家赔偿法"的特别规定，应当优先于所谓"国家赔偿法"及所谓"民法"之规定适用。本案中，被告台北市大安地政事务所对于实际已被征收的土地遗漏办理相关登记，原告信赖该登记而与案外人签订买卖协议，原告不存在任何可归责自身的事由，故法院判决被告台北市大安地

---

① 台湾地区"'新竹地方法院'2012 年度第 1 号民事判决"，http://www.rootlaw.com.tw/BookSearch.aspx，访问日期：2013 年 11 月 23 日。

政事务所赔偿原告损害新台币 1800 万元并支付相应利息。① 法院并没有以原告已获得民事胜诉判决为由免除被告的行政赔偿责任。

我国大陆地区对于请求权竞合的情形，一般倾向于认为受害人应当通过民事诉讼解决。如果当事人已经通过民事诉讼获得胜诉判决，但尚未得到实际执行，行政机关仍然不负赔偿责任。如在上海某区法院审理的庞某诉市房地产登记处要求确认出具房地产抵押状况信息行为违法及行政赔偿一案中，法院认为，本案中，市房地产登记处 2011 年 11 月 5 日披露的涉案房屋房地产抵押状况信息确实遗漏了两项抵押登记的记载，没有尽到自己法定的披露义务，行为不具有合法性。但是，从房屋买卖的过程分析，市登记处的行政行为并不是不可避免地产生庞某的损害结果，只是与涉案房屋卖方没有履行自己的义务互相结合，才产生庞某的损害结果，其中每一个行为都不可能单独产生该种结果。再者，在房屋交易中，房屋购买人从事交易时，所购房屋的房地产权利状况是其决定是否购买房屋的因素之一，但非唯一因素，房屋购买人还会考虑房屋的其他情况和交易方的诚信程度，以决定是否最终从事交易。本案中庞某损失的根本原因系房屋出卖方张某违约所致，损害结果是在多因一果的情况下造成。且本案中庞某的实际损失是在相关民事案件中因有关债权没有得以实现而产生，现庞某的债权还存在实现的可能性，执行程序还可以恢复。故某区法院判决确认市登记处于 2011 年 11 月 5 日所作的涉案房屋房地产抵押状况信息的行政行为违法，但判决驳回了庞某的行政赔偿请求。在本案中，法院既认定行政行为的违法性，又认定财产损害系多因一果情况下产生，但最终认定实际损失是债权未获实现而导致，判决驳回了行政赔偿请求。

四、财产损害的计算、评估与商定

《侵权责任法》规定，侵害他人财产的，财产损失按照损失发生时的市场价格或者其他方式计算。最高人民法院、最高人民检察院《关于办理刑事赔偿案件适用法律若干问题的解释》也规定，财产不能恢复原状或者灭失

---

① 台湾地区"'台北地方法院' 2010 年度重字第 29 号民事判决"，http：//www. rootlaw. com. tw/BookSearch. aspx，访问日期：2013 年 11 月 23 日。

的，财产损失按照损失发生时的市场价格或者其他合理方式计算。但在行政赔偿领域，对于没有列举的情形，以支付"相应的赔偿金"为限。至于"相应的赔偿金"如何衡量，需要司法实务的判断。在司法实务中，对于如何计算侵犯财产权益造成的损失，各国或地区司法机关存在不同的做法，而这些不同的做法也影响到了对受害人权益的保护程度。

从司法实务操作来看，在以市价为基础的财产损失衡量方式中，通行的做法存在如下几种。

（一）差额计算法

我国台湾地区所谓"土地法"第 68 条的规定，土地登记的损害赔偿，以请求时的市价为准。鉴于该条构成了行政赔偿的特别法，因而在适用上优先于所谓"国家赔偿法"和所谓"民法"的规定。[①] 对于请求时的市价如何判断，最常用的是差额计算法。该法用于金额较为清楚的领域。

例如，在"台北地方法院"2006 年度第 22 号民事案件中，原告台湾新光商业银行股份有限公司，信赖被告登记的建筑物用途为"集合住宅"，接受了案外人用该建筑物抵押的借款申请，之后又在实现抵押权过程中以新台币 447 万元的价格承受了该建筑物的所有权，并办理所有权移转登记。之后，正当原告与他人签订完买卖契约以新台币 588 万元出售该建筑物，但尚未办理过户登记时，被告通知原告上述建筑物用途为"防空避难室"，称之前误登记为"集合住宅"。由于房屋用途被更正登记，该建筑物价值严重贬落，出售困难，最终仅以新台币 380 万元出售。故原告要求作出错误登记的被告赔偿原告实际损失新台币 208 万元（588 万元 – 380 万元 = 208 万元）。法院认定，被告存在登记错误，而原告因信赖被告的登记行为遭受财产损害新台币 67 万元（447 万元 – 380 万元 = 67 万元），故判决被告承担行政赔偿责任，赔偿原告 67 万元及相应的利息。[②] 本案中，447 万元的价格是受害人承受本

---

① 尤重道："土地登记损害赔偿与国家赔偿责任相关问题之探讨（二）"，载《现代地政》2005 年 7 月。

② 台湾地区"'台北地方法院'2006 年第 22 号民事判决"，http：//www.rootlaw.com.tw/BookSearch.aspx，访问日期：2018 年 10 月 21 日。

案建筑物所有权的成本，380万元是建筑物价值严重贬落后的出售价。法院认为，两者的差额可以反映原告所受的损害，故据此作出赔偿上述差额的判决。

本案差额计算法的法律依据不仅根据了所谓"民法"第216条关于法定损害赔偿范围应填补所受损害与所失利益的规定，而且依据了所谓"土地法"第68条关于登记违法的损害赔偿不得超过受损害时价值的规定。

我国大陆地区对于侵害他人财产的，在民事领域，财产损失按照损失发生时的市场价格或者其他方式计算。差额计算法反映了当事人在市价下的实际损失，在民事领域也获得认可。但在行政赔偿领域，由于我国大陆地区不动产的价值巨大，通常，赔偿义务机关或司法机关会从不成立因果关系或不属于直接损失等角度出发，否认登记机构的行政赔偿责任。前述庞某案即是从因果关系的角度，否认了损害属于行政赔偿的范围。

（二）折旧计算法

在财产损害的认定过程中，如果涉及财产修复而财产本身已经经过一定的使用年限的，鉴于修复时，系以新品更换旧品，因此，应当根据财产的使用折旧情况，对修复费用按照折旧法进行计算，方能符合损害的客观状态。

在本章前述台湾地区"新竹地方法院"2013年9月28日作出的2012年度第1号民事判决中，原告于2011年3月1日晚，骑机车行经新竹市某路段及忠孝路口时，因路面不平摔倒造成头部外伤及机车损害，原告主张的损失包括机车修车费用31050元。对该笔财产损失的认定，法院采用了折旧法。法院认为，根据所谓"民法"第196条请求赔偿物被毁损所减少的价额，可以以修复费用为估定的标准，但以必要为限。如修理材料以新品换旧品，应予折旧。本案中，原告主张其机车修理费用共新台币31050元（含工资7300元、材料23750元）。法院认为，本案系争车辆系2010年8月出厂，发照日期为2010年8月6日，故至本案发生事故的2011年3月1日，已使用6个月又24日。以新品换旧品而更换的零件，应当予以折旧。而依《营利事业所得税结算申报查核准则》第95条第8项规定，"依固定资产提列折旧采用定率递减法的，以一年为计算单位，其使用期间未满一年的，按实际使用的月数相当于全年的比例计算，不满一月的，以月计"，该院依照行政主管部门台〔86〕财字第 52053 号公布的固定资产耐用年数表及固定资产折旧率表，采定率递减法计算本案机车的折旧费，即机器脚踏车耐用年数为 3 年，每年折旧率为千分之 536。系争车辆所费的修理材料为新台币 23750 元，扣除折旧金额后，被告所应赔偿的零件部分修理费用为新台币 16324 元。关于工资 7300 元，因无折旧的问题，且是修复系争车辆所必要的费用，故应全额赔偿。因此，法院通过折旧法，最终认定本案中原告主张的修车费用应实际核定新台币 23624 元（16324 元 + 7300 元 = 23624 元）。

（三）审计、鉴定或评估

多数国家和地区对于财产损害的赔偿，采用市价赔偿法。市场价格的得出，有时可以根据实际交易进行判断，有时可以根据双方当事人的一致认可予以认定。在市场价格无法进行判断或当事人无法达成一致意见时，需要借助专业机构进行审计、评估和鉴定。我国《国家赔偿法》在财产权益领域没有规定固定的计算公式，赔偿义务机关或司法机关对于损害的认定，如无法确定金额的，通常也要通过审计、鉴定或评估的方法加以解决。

（四）当事人商定

吉林省高级人民法院赔偿委员会〔2006〕吉高法委赔字第 1 号国家赔偿案件，是一起当事人因公安部门刑事违法扣押而申请国家赔偿案件。该案针对的是刑事违法行为侵犯公民财产权的情形，于 2012 年被最高人民法院评为国家赔偿典型案例之一。① 在该案中，长春市公安局于 2003 年 6 月 26 日，对长春市工商局移送的许某琴等人违法经营案件予以立案，并于同年 7 月 4 日、21 日先后将许某琴投资经营的铁艺制品厂设备、产品、圆钢、方钢等予以扣押，但相关文书对于被扣押财产情况记载不明。2003 年 8 月 17 日，长春市公安局向许某琴返还钢材 61.7 吨。2005 年 2 月 4 日，长春市公安局决定撤销该违法经营刑事案件。许某琴随即提出国家赔偿申请。2005 年 8 月 19 日，

---

① 最高人民法院办公厅《关于印发国家赔偿典型案例的通知（附国家赔偿典型案例）（公办〔2012〕481 号）》，http://www.court.gov.cn/spyw/xzspgjpc/201311/t20131129_189904.htm，访问日期：2014 年 3 月 26 日。

长春市公安局作出刑事赔偿决定书，决定赔偿许某琴因扣押丢失的 90.6 吨钢材 25.821 万元，设备损失 50 万元，劳务费损失按 3 个月计算赔偿 6 万元，合计 81.821 万元。许某琴不服，提起复议，吉林省公安厅复议维持该赔偿决定。许某琴仍然不服，向吉林省高级人民法院赔偿委员会申请国家赔偿决定。在审理过程中，吉林省高级人民法院赔偿委员组织双方质证，并参考吉林省价格认证中心出具的鉴定结论等相关证据，认定长春市公安局的违法扣押行为导致铁艺制品厂支付了劳务费 26 万元，相关设备损失 127.265 万元，并造成角钢和其他钢材灭失。由于缺少角钢和其他钢材数量、质量和价格的原始证据，损害事实无法认定。在吉林省高级人民法院赔偿委员会主持下，长春市公安局与许某琴经协商达成了角钢损失 126 万元、其他钢材损失 25.821 万元的协议。吉林省高级人民法院赔偿委员会据此作出决定，由长春市公安局赔偿许某琴前述各项损失共计 305.086 万元。

本案的典型意义在于，在部分事实难以确认的情形下，通过当事人之间的协商，部分赔偿数额获得了协商解决。虽然本案是刑事赔偿案件，但是鉴于我国刑事赔偿和行政赔偿均适用《国家赔偿法》规定的标准，此案的处理也是行政赔偿领域通行的做法。

各国和各地区确定财产损害具体金额的方法还有很多，无法一一列举，不过，无论确定财产价值的方法如何不同，最终的赔偿额均倾向于无限接近客观的损害事实。

第三节　侵犯财产权益的司法实务

行政赔偿立法对于侵犯财产权益的赔偿方式、赔偿范围、赔偿项目和计算方式的规定，可以决定行政赔偿标准的高低。但不可否认的是，裁判实务中对损害认定的宽严、对赔偿金裁量权的宽窄，也会对受害人权益保护程度产生重要影响。行政行为侵犯财产权益的情形，在不动产登记领域具有典型意义，因此，本节的司法实务主要围绕不动产登记行为违法而引发的行政赔偿问题展开。

一、典型案例

（一）双方过错情形下的请求权竞合

在通常情形下，不动产登记违法的发生，一是因登记机构工作人员疏忽或过失导致未尽审查义务，二是因存在申请人伪造文书、隐瞒事实等不法行为。这可以称之为请求权或原因力的竞合。如果登记机构承办人员应注意且能注意善尽职守，但其实际并未注意的，显然构成违反注意义务，可认定其因过失不法侵害受害人对不动产的权利。但如果案外人没有隐瞒事实或伪造文书等不法行为，即使登记人员疏于注意，也不会发生侵害后果。可以说，是请求权或原因力竞合的关系，导致了损害的发生。

1."不真正连带债务说"确定的全部赔偿

对于公务员执行职务存在疏忽过失并与案外人侵权行为相结合而产生的不动产违法登记案件，我国台湾地区在司法实务中发展出了"不真正连带债务关系"的概念。所谓"不真正连带债务关系"，是指当公权力机关与第三人因相关法律关系之偶然竞合，对于被害人负有同一目的给付（赔偿）之债务时，仅属不真正连带债务关系；故不真正连带债务人中一人所为的清偿，如已满足债权的全部或部分，就应发生绝对清偿效力，债权人就已受偿部分，自然不得再向包括公权力机关在内的其他债务人请求清偿。但是，如果债务人并未获得真正清偿的，受害人作为债权人可以对任一侵权人即债务人请求赔偿。不真正连带债务关系的依据在于，公务员在执行职务行使公权力时不法侵害人民权利的，被害人可以依所谓"国家赔偿法"第2条第2项的规定，请求公权力机关损害赔偿，是基于所谓"国家赔偿法"的特别规定，不发生该公权力机关应依所谓"民法"第185条规定，与其所属公务员负连带损害赔偿责任的问题。因此，即使公权力机关与第三人因相关法律关系之偶然竞合，对于被害人负有同一目的的给付或赔偿债务，仍然仅属于不真正的连带债务关系。

根据不真正连带债务关系说，在发生原因力竞合的不动产登记行为违法时，受害人既可以向施行伪造文书等不法行为的案外人请求民事赔偿，也可以向登记机构请求全额行政赔偿。"台北高等行政法院"2008年7月17日作出的 2005 年度诉更一字第 104 号判决即是典型的一例（以下简称刘某宏案）。① 在该案中，被继承人刘某业、刘某书为案件系争土地共有人之一，原告基于继承关系及协议分割的结果，享有上述该被继承人权利的 1/2。但是系争土地的另一共有人刘某宏于 1997 年 11 月虚伪陈述事实，将系争土地所有权移转登记给壬某。原告认为，被告桃园县中坜地政事务所疏于据实审查系争土地的实际共有人人数，存在过失行为，损害了原告对系争土地所享有的所有权。故要求被告承担行政赔偿责任。法院认为，被告对共有土地进行所有权移转登记时，应当按照所谓"土地法"第 34 条之一的规定，审查是否符合共有人人数及应有部分比例。本案中，被继承人刘某业、刘某书住址分别记载为"中坜埔顶 7×4 号""中坜埔顶 7×6 号"，该地址虽然与土地登记簿所载情形相符，但在 1997 年被告受理登记时，早已不存在。被告承办人专职办理土地登记业务，对于土地登记的各种异常状况较一般人有更多的认识与经验。被告工作人员出庭作证时，坦承知晓上述住址在移转登记时已不存在，但认为即使知悉没有上述地址也没有加以审核的义务。足见被告工作人员已经明知土地登记簿记载情形与事实未尽相符，只是被告自认为没有进一步查证的义务。由于被告违反应当的注意义务，过失情节十分明显，应当按照所谓"国家赔偿法"第 2 条第 2 项后段规定承担行政赔偿责任。虽然原告的损害为诉外人刘某宏的伪造文书侵权行为及被告承办人的过失行为所致，被告与刘某宏均对原告负有赔偿义务，但两者系基于不同的原因及法律规定，此为实务所承认的"不真正连带债务"，债权人可以对任一债务人请求赔偿。现原告的债权尚未获得实现，原告可以向被告请求赔偿。

不真正连带债务关系之理论不仅在"行政法院"适用，而且在"地方法院"也得到了有效运用。本章前述"台北地方法院"2010 年度重字第 29 号民事案件中，法院也是运用了不真正连带债务关系的原理，允许受害人在获得民事胜诉判决但未获执行的情况下，仍可以提出 1800 万元的行政赔偿请求。

---

① 台湾地区"'台北高等行政法院'2005 年度诉更一字第 104 号判决"，http：//www. rootlaw. com. tw/BookSearch. aspx，访问日期：2013 年 11 月 23 日。

2. 按作用力大小确定的比例赔偿

在大陆地区的司法实务中，一旦法院查实发现房地产登记行为中存在申请人或案外人的违法因素的，一般倾向于引导受害人向申请登记人或案外人提起民事侵权诉讼进行索赔，不再继续查证是否存在登记机构工作人员的疏忽过失行为。以《上海市房地产登记条例》为例，该条例首先在第 70 条明确，如果是因申请人提交错误或虚假材料，或者第三人唆使他人冒名顶替申请登记，造成损害的，侵权人应当承担赔偿责任。之后又在第 72 条明确，因登记错误造成的损害，由登记机构赔偿。登记机构赔偿后，如存在造成登记错误的责任人，可以行使追偿权。从形式上看，似乎只要是登记错误，房地产登记机构可以先行赔偿再追偿。但事实上，在实际案件的处理中，由于第 70 条排列在前，第 72 条的行政赔偿并未充分启动。通常而言，如果发现存在第 70 条情形的，法院通常不会继续查证登记机构是否存在过失，而是引导当事人提起民事侵权之诉。可以说，对于原因力竞合的不动产违法登记行为，我国大陆地区长期以来倾向于引导受害人通过民事诉讼解决损害赔偿争议。

但是，如果在不动产违法登记行为发生的过程中，民事侵权人的违法行为或者登记机构工作人员的疏忽过失行为被认定为构成犯罪的，在这一铁证面前，法院则通常会按照原因力比例判决赔偿。1995 年 4 月 26 日，江西省南昌市某公司以假房产证作抵押，通过信托公司骗取了银行贷款 700 万元。经查，南昌市房交所在未认真审查房屋产权证及相关档案的情况下，办理抵押登记，造成某信托公司的贷款损失。为此，该信托公司向江西省高级人民法院提起诉讼，要求被告南昌市房交所赔偿损失。法院认为，原告在贷前审查中存在过失，自身也有责任，故判决被告按照 60% 的比例承担赔偿责任。① 在上海崇明县法院审理的一起行政赔偿案件中，被告登记人员在登记过程中滥用职权构成犯罪被判刑，因而原告损失了 15 万元购房款。法院认为，原告的损失有多重原因造成，既有房地产登记机构工作人员的犯罪行为，也有案外人的骗贷行为，还有原告自身的疏忽，故在多因一果的刑事责任、行政责任与民事责任并存的情况下，造成了原告的损害。法院根据违法的行政行为

---

① 梁蕾："不动产登记中的损害赔偿责任研究"，载《行政法学研究》2008 年第 3 期。

在损害结果中的原因力比例，判决登记机构赔偿原告 5 万元。[①] 可见，按比例赔偿是我国大陆地区司法实践中已经采用的做法，但一般的适用条件是，登记机构工作人员的故意或者过失行为已经严重到构成犯罪，或者登记申请人的违法行为造成严重后果已经构成犯罪，在此情况下，法院会判决登记机构与案外人按比例承担赔偿责任。

从法律规定来看，2008 年《物权法》已经明确了不动产登记违法行为的行政赔偿责任。该法第 21 条第 2 款明确，因登记错误，给他人造成损害的，登记机构应当承担赔偿责任。同时也明确登记机构有权向造成登记错误的人行使追偿权。[②] 但是，《物权法》并没有回答，对于登记机构疏忽行为与申请人不法行为竞合导致的登记错误，应当如何处理登记机构的赔偿责任。针对司法实务中普遍出现的原因力结合现象，最高人民法院于 2010 年颁布《关于审理房屋登记案件若干问题的规定》（法释〔2010〕15 号）中，首次对原因力竞合行为引发的行政赔偿问题作出规定。其中第 12 条明确，申请人提供虚假材料办理房屋登记，给原告造成损害，房屋登记机构未尽合理审慎职责的，应当根据其过错程度及其在损害发生中所起作用承担相应的赔偿责任。该司法解释第 13 条规定，房屋登记机构工作人员与第三人恶意串通违法登记，侵犯原告合法权益的，房屋登记机构与第三人承担连带赔偿责任。在这份最高人民法院的司法解释中，首次针对原因力竞合行为分别规定了国家机关和第三人的比例赔偿和连带赔偿原则。但是，在司法实务中，如何认定"房屋登记机构未尽合理审慎职责"，相对较为困难，判断其过错程度在损害发生中所起的作用从而确定相应的赔偿责任，更为困难。因此，司法实务中，通常是登记机构工作人员的行为构成犯罪的，法院才会认定房屋登记机构"未尽合理审慎职责"。

按作用力大小确定的比例赔偿，在《2018 年行诉解释》第 97 条和第 98 条中也得到了体现。根据《2018 年行诉解释》第 97 条的规定，我国大陆地区法院确定行政赔偿额时，也需考虑受害人自身的过错因素，并根据受害人

[①] 吴行："房地产错误登记案件中的行政赔偿责任"，载《人民司法·案例》2009 年第 24 期。

[②] 吴春岐："不动产登记机关赔偿责任性质的解释论研究"，载《烟台大学学报（哲学社会科学版）》2012 年第 1 期。

过错对损害的作用力大小，在赔偿额中予以相应的扣除。根据《2018 年行诉解释》第 98 条规定，因行政机关不履行、拖延履行法定职责，致使公民、法人或者其他组织的合法权益遭受损害的，法院在确定赔偿数额时，也应当考虑该不履行、拖延履行法定职责的行为在损害发生过程和结果中所起的作用等因素。

（二）单方过错

1. 登记机构全额赔偿

在一些不动产违法登记案件中，有时仅存在登记机构的单方过错，损害系全部由登记机构的过失行为所造成。在这种情况下，不同国家和地区的司法实务存在较大差别。

在"台北地方法院"2011 年 1 月 11 日判决的第 60 号民事案件中，法院认定，因被告土地面积登记错误，导致原告购买土地面积发生短少，故应当承担赔偿责任。对于损害额，法院认定，按购买时的公告土地现值加四成计算较接近一般正常交易价格。鉴于系争土地于 1997 年的公告现值为每平方米1500 元，故加成后认定以每平方米 2100 元计算原告所受损失，较符公平原则。最终法院判决被告按每平方米 2100 元全额赔偿原告土地面积短少的损失。[①]

2. 登记机构不予赔偿

对于登记错误因行政机关单方引起的情形，大陆地区法院有时判决不赔，不赔的理由可能是超过起诉期限，也可能是缺乏直接因果关系。

在上海某区法院审理的一起行政赔偿案件中，被告某住房保障和房屋管理局错误地将某小区业主共有的物业管理用房登记为店铺。随后该小区的房地产开发商即原告将该套房屋出售给案外人，后被小区业主发现，业委会起诉要求被告撤销核发给案外人的房地产权证，被告于是将该房屋产权恢复登记至原告名下。原告认为，由于被告的错误登记行为，其不仅归还了案外人购房款，而且还赔偿了案外人损失 110 万元，并承担了诉讼费及评估费。而

---

① 台湾地区"'台北地方法院'2010 年度第 60 号民事判决"，http：//www. rootlaw. com. tw/
BookSearch. aspx，访问日期：2013 年 10 月 25 日。

这一损失均是由于被告将房屋用途登记错误引起，故要求被告予以全额行政赔偿。法院认为，在业委会要求被告撤销颁发给案外人的房地产权证案件中，原告系作为第三人参加，并于 2007 年 10 月得知被告变更行政登记行为，但于 2011 年才提起行政诉讼，已经超过起诉期限，故裁定驳回了原告的起诉。① 在该案中，如果原告没有超过起诉期限，其诉请的损害，应当属于被告错误登记行为引发的损害，应当获得行政赔偿。因为如果被告没有登记错误，原告对于法律明文规定不可出售的物业管理用房，不可能出售给案外人，但原告与案外人均信赖被告的将该房登记为"店铺"的行为，所以进行买卖行为，而该买卖行为终因错误的登记行为被更正而无法进行，引发出售人即原告对外承担违约责任。作为原告而言，并无可归责自身的任何事由，本案的损害均由被告引发。

3. 拆房机关全面赔偿

在最高人民法院审理的〔2018〕最高法行再 163 号行政赔偿案件（以下简称周某平案）中，周某平在浙江省湖州市吴兴区凤凰街道章家湾村拥有房屋两处（建筑面积分别为 262.44 平方米、238.88 平方米），分别系其叔父周某才、其父周某连于 1984 年建造，1992 年经协商周某平购得该两处涉案建筑。章家湾村于 2010 年起开始实施农房拆迁改造，因未能与周某平达成安置补偿协议，湖州经开区管委会之内设机构拆迁办公室（以下简称经开区拆迁办）组织人员将涉案建筑强制拆除。周某平不服诉至一审法院，请求判令湖州经开区管委会按国有土地上房屋征收标准对其安置赔偿人民币 8271780 元。一审法院认为，湖州经开区管委会内设机构强制拆除周某平涉案建筑行政行为违法，应当承担赔偿责任。鉴于涉案建筑已被拆除且无法评估，一审法院参照湖建发〔2013〕184 号《湖州市住房和城乡建设局关于印发湖州市市区国有土地上房屋征收评估有关标准的通知》，确定两建筑的重置价分别为 257847.3 元和 234699.6 元，又根据两份《湖州房地产评估单》，确定涉案建筑的附属物价值为 4253 元和 2818 元。据此，一审法院判决湖州经开区管委

---

① 《〔2011〕浦行赔初字第 5 号行政裁定书》，http：//www.hshfy.sh.cn：8081/flws/index.jsp，访问日期：2014 年 1 月 8 日。

会赔偿周某平赔偿金 499617.9 元。周某平不服，提起上诉，浙江省高级人民法院判决驳回上诉，维持原判。之后，周某平向最高人民法院申请再审。最高人民法院认为，本案中，《国家赔偿法》规定的"直接损失"的范围，除包括被拆建筑物重置成本损失外，还应当包括再审申请人应享有的农房拆迁安置补偿权益以及对动产造成的直接损失等。一审法院仅判决被申请人赔偿再审申请人涉案房屋被强制拆除后的建筑物重置价值和附属物价值，将再审申请人应当享有的农房拆迁改造安置补偿权利排除于《国家赔偿法》第36条第8项规定的"直接损失"之外，存在确定行政赔偿范围的重大缺漏。故最高人民法院于 2018 年 11 月 8 日判决撤销本案一审和二审判决，并责令浙江省湖州经济技术开发区管理委员会在判决生效之日起 90 日内对周某平依法予以全面赔偿。

（三）刑事加倍赔偿

在刑事赔偿领域涉及财产赔偿的案件主要是构成犯罪科以罚金，之后因判决无罪，受害人要求加倍返还罚金并支付利息的案件。例如，2006 年 5 月 30 日，我国台湾地区司法主管部门冤狱赔偿复议委员会作出 2006 年度台覆字第 100 号复议委员会决定书，决定撤销"台湾地区高雄地方法院""检察署" 2005 年 8 月 19 日作出的冤狱赔偿决定，对于请求人戴某福于不起诉处分确定前，受罚金新台币 165600 元的执行，准予赔偿新台币 331200 元及自 2003 年 8 月 25 日起至给付时，按年息 5% 计算的利息。

在该案中，赔偿申请人戴某福因违反所谓"烟酒管理法"案件，曾被"台湾地区高雄地方法院"以 2003 年度简字第 1938 号刑事判决判处有期徒刑 6 个月，并被罚金新台币 165600 元。由于"最高法院""检察署""检察总长"对上述判决提起非常上诉，"最高法院"撤销原确定判决并发回"高雄地方法院"重新审理。之后，"高雄地方检察署""检察官"以其犯罪嫌疑不足为由撤回起诉。戴某福于是依照所谓"冤狱赔偿法"第 1 条第 1 项第 2 款、第 3 条第 2 项规定请求赔偿新台币 331200 元并加付法定迟延利息。"高雄地方法院""检察署"认为，本案系因"高雄地方法院""检察署"检察官撤回起诉，并非存在法院的无罪判决，故戴某福的申请与所谓"冤狱赔偿法"

第 1 条第 1 项规定的可以申请冤狱赔偿的要件不合，故驳回其申请。戴某福不服，认为申请人既未犯罪，则所受罚金的执行属于财产权遭受公务员不法侵害，符合所谓"国家赔偿法"第 2 条第 2 项的规定，故向司法主管部门冤狱赔偿复议委员会申请复议。司法主管部门冤狱赔偿复议委员会认为，所谓"冤狱赔偿法"第 3 条第 2 项规定，罚金执行的赔偿应依已缴罚金加倍附加利息返还。申请人所涉的刑事案件，在重审程序中，原提起公诉的"高雄地检署""检察官"以申请人犯罪嫌疑不足为由撤回起诉确定，而撤回起诉与不起诉处分具有同等效力，故申请人可以请求"国家赔偿"。最终，司法主管部门冤狱赔偿复议委员作出加倍赔偿的决定。①

所谓"刑事补偿法"代替所谓"冤狱赔偿法"后，对刑事领域侵犯财产权益的情形也设置了双倍赔偿的规定。所谓"刑事补偿法"第 6 条规定，对于罚金及易科罚金之补偿，依已缴纳罚金附加依法定利率计算的利息返还；对于没收、追征、追缴或抵偿执行的补偿，已经拍卖的，按照卖得价金附加依法定利率计算的利息支付。不过，根据该法第 7 条规定，如果刑事补偿请求的受害人具有可归责事由，就其个案情节，依社会一般通念，认为依加倍标准支付补偿金显然过高时，则仍然采取单倍赔偿原则。当然，所谓受害人可归责的事由，应当由证据加以证明。

二、案例评析

财产损害领域的行政赔偿实务展示，即使法律对侵犯财产权益的情形规定得较为详细，权益保护较为周到，各国和各地区的立法并无本质差别，但在赔偿实务中，基于对损害范围的认定不同、对因果关系的认定不同、对各类影响因素所占比例和作用的认定不同等各种情形，事实上，各国和各地区对财产损害的行政赔偿相差较大，造成受害人权益保护程度相差甚远。

（一）不真正连带债务说的应用价值

"不真正连带债务关系说"的价值取向在于实现对公权力行为受害人的

---

① 台湾地区"'司法院'冤狱赔偿复议委员会 2006 年度台覆字第 100 号复议委员会决定书"，http://www.rootlaw.com.tw/BookResult.aspx，访问日期：2014 年 2 月 26 日。

倾斜式保护，认为面对强大的公权力机关，作为弱势的受害人需要特别的保护，因而对于原因力结合的行为，在受害人无法从另一方获得全额赔偿时，要求公权力机关作为不真正连带债务人，弥补受害人的全部损失。虽然"不真正连带债务关系说"并非法律制度，而是裁判实务中发展出来的学说，但由于其呼应了不动产登记违法行为中普遍存在的原因力结合现象，并提出了合理的司法解决方案，该学说无论在台湾地区"高等行政法院"还是在"地方法院"，都获得了有效推广。

在我国大陆地区，长期以来，对于国家机关以外的第三人共同参与造成损害的情形，倾向于将行政赔偿案件推诿至民事侵权诉讼处理。在最高人民法院颁布《关于审理房屋登记案件若干问题的规定》后，虽然部分案件已经根据原因力的结合判决行政机关按比例承担赔偿责任，但在实务中，赔偿义务机关和司法机关更多倾向于引导当事人通过民事诉讼解决赔偿问题。只有在登记机构过失行为构成犯罪或有其他确凿证据证实的情形下，才会判决登记机构与第三方按照比例承担赔偿责任。

不真正连带债务说为何在我国大陆地区无法推行，最重要的事实原因在于我国不动产价值巨大而国家财力有限的客观现实，而在法律上的主要原因在于获利与损害之间的对应关系。在此类案件中，与受害人所遭受的财产损失相对应，是登记机构以外的第三人获得了利益。如在前述庞某案中，登记机构的抵押信息披露客观上不完整，庞某信赖该不完整的抵押状况信息签署了房地产买卖合同，事后遭受了购房款的损失，但与其购房款损失相对应的，是卖方张某获得的购房款利益。在国家财力有限的情形下，要求登记机构赔偿庞某购房款损失，等于是以国库力量为原告庞某的买房风险买单。因此，不真正连带债务说，固然可以保护受害人的合法权益，但未能在登记机构、侵权人和受害人之间达成获利与损害的有效平衡，难以在我国大陆地区予以应用。

（二）民事赔偿原理的运用

在多数国家和地区，行政赔偿不仅依赖民事侵权领域的相关规定，而且在赔偿实务中又吸纳了民事领域的相关学说、原理与制度，如损益相抵、与有过失。在行政赔偿中，法院如认为，损害的发生或扩大，被害人存在与有过失的，法院可以减轻或免除被告的赔偿金额。此项基于过失相抵的责任减轻或免除，不能仅被视为抗辩的一种，也可以使请求权全部或部分消灭，法院对于赔偿金额减至何种程度，或者完全免除，享有裁量的自由，但该裁量应斟酌双方原因力的强弱与过失的轻重来加以决定。[①] 通过法院的自由裁量，民法上的过失相抵原则在公有公共设施瑕疵责任案件中得到了充分运用。此外，损益相抵原则、不真正连带债务关系说等学说与理论，不论在行政法院还是普通法院，都得到了认可。

我国大陆地区《国家赔偿法》对侵犯财产权益的损害赔偿标准作出了详尽的规定，但是拘泥于直接损失，没有吸纳民事领域赔偿可得利益的做法，也没有对受害人本身的过失对损害的原因力强弱展开分析。事实上，在发现受害人本身存在过失或存在第三人因素造成损害的情形下，基于国家财力的有限性，倾向于将行政赔偿争议推诿至民事诉讼中去，除非行政机关工作人员的故意或过失行为已经被定罪。从最高人民法院、最高人民检察院《关于办理刑事赔偿案件适用法律若干问题的解释》来看，我国在刑事赔偿领域，已经倾向于向民事赔偿标准靠拢，而行政赔偿对民事赔偿原理的排斥，造成行政赔偿与民事赔偿在侵犯财产权益领域依然各行其是，这显然不利于对受害人合法权益的保护。

（三）刑事赔偿中的特殊对待

刑事领域侵犯财产权益的情形，主要是科处罚金、没收财产等。在多数国家和地区，刑事补偿不仅单独立法，而且对于刑事领域侵害财产权益的情形，设置了加倍补偿的规定，只有在受害人存在可归责自身事由的情形下，才适用单倍赔偿。如罚金 1000 元的，不仅要归还 2000 元，而且还要按 2000元支付法定利息；如没收的财产被拍卖的，不仅要按拍得金额的双倍返还，还要按双倍金额支付法定利息。在刑事赔偿领域作出加倍补偿的规定，主要

---

① 台湾地区"最高法院"1985 年度台上字第 1170 号判例、1984 年度台上字第 2201 号判例及 2007 年度台上字第 2902 号判决要旨，http：//www. rootlaw. com. tw/BookResult. aspx，访问日期：2014 年 4 月 26 日。

是预防刑事领域国家侵权行为的发生，督促公务人员谨慎行使职权，同时也是基于特别牺牲说，认为刑事领域公权力行为受害人为社会公益与公共秩序，遭受了特别侵害，故而，应当对此类受害人单独作出特别补偿，以展示对受害人更周全的权益保护，实现社会公平。因此，刑事赔偿责任的构成采用无过失主义，受害人无须证实公务人员的故意或过失状态，也无须证实公务人员的违法或不当行为，仅根据判决无罪的结果寻求行政赔偿。相应地，在赔偿标准问题上，也采用相对客观明确的赔偿标准，以促进受害人或其亲属所受伤害尽快得到弥补，在财产权益领域，甚至采用加倍赔偿原则，以凸显对刑事领域受害人特殊牺牲的考量。

我国大陆地区《国家赔偿法》未对刑事赔偿作出特殊考量，行政赔偿标准与刑事赔偿标准统一由该法加以规制。不过，值得欣慰的是，2016 年 1 月 1 日起施行的最高人民法院、最高人民检察院《关于办理刑事赔偿案件适用法律若干问题的解释》，细化了刑事赔偿领域的赔偿标准，增加了明确性和可操作性，可以推动刑事赔偿案件快速办理。在财产损失赔偿领域，还首次确定了按照损失发生时的市场价格或者其他合理方式计算的标准，展示了向民事赔偿靠拢的趋向。

（四）司法裁量的空间

多数国家和地区对于侵犯财产权的行政赔偿，享有较大的裁量空间。在赔偿项目方面，根据赔偿所受损害与所失利益的要求，全面衡量受害人因行政公权力行为所遭受的损害，并对必然产生的可得利益也进行赔偿。在对损害的计算和评估中，司法机关也拥有广泛的自由裁量空间，差额计算法、参考土地现值公告法、土地原值加成法、折旧法等都是裁判实务中，司法机关根据个案情形采取的合理裁量方法。司法裁量的具体方式，既弥补了立法的抽象与空白，又契合了个案中损害的具体情形，推动了赔偿额与实际损害的契合。在我国大陆地区，侵犯财产权益的行政赔偿由《国家赔偿法》作出具体规定，司法机关可以对损害进行评估，对赔偿金拥有一定的裁量权，但相比其他国家和地区，我国大陆地区司法机关对财产损害的裁量空间仍然极为有限。不过，前述周某平案显示，针对《国家赔偿法》只对直接损失进行的规定，最高人民法院通过扩大解释直接损失内涵的方式，努力维护受害人的合法财产权益。最高人民法院认为，《国家赔偿法》第 36 条中关于赔偿损失范围之"直接损失"的理解，不仅包括既得财产利益的损失，还应当包括虽非既得但又必然可得的财产利益损失，才符合该法的立法精神。因此，本案中，周某平应得的拆迁安置补偿权益也应归入赔偿范围。

第四节　财产损害行政赔偿标准之完善

我国大陆地区的行政赔偿立法展示，财产权益领域的行政赔偿标准立足于当事人的实际损失，不仅考虑到财产的实际价值，而且规定了支付银行利息的要求。相比侵犯人身权益采用的全国平均标准，在赔偿实际损害方面已经有了很大的拓展。但是，《国家赔偿法》对于财产权益的赔偿标准，设置了较为具体详细的规定，通过列举式明确可以进行行政赔偿的内容，又以兜底条款将赔偿限于直接损失。注重赔偿直接损失，排斥对间接损失的赔偿，限缩了行政赔偿的范围。而且从赔偿实务来看，在侵犯财产权益的领域，赔偿义务机关或司法机关的认定过于严苛，一方面表现在，对直接损失进行限制解释和对间接损失进行扩大解释，进一步降低了行政赔偿的范围；另一方面表现在，否定损害存在或否定损害与行政机关违法行为之间的直接因果关系。由于赔偿实务对于财产损害赔偿标准的认定过于严苛，许多应当获得赔偿的损害没有得到行政机关的支持。虽然刑事赔偿领域出现了靠近民事赔偿标准的趋势，但行政赔偿出于诸多因素的限制，尚未能体现损害与赔偿的充分对应关系，距离全部赔偿原则尚有较大的差距。

参考多数国家和地区的立法和赔偿实务，结合我国民事领域的财产损害赔偿制度，完善我国财产损害的行政赔偿标准，实现全部赔偿的原则，可以从如下方面进行努力。

一、准确界定赔偿范围

在财产赔偿的范围问题上，直接损失和间接损失的概念，不仅在理论上难以区分，在实务中也导致了赔偿标准的不统一。为此，有学者提出，应当采取"正常情况下必然损失"标准来合理辨别直接损失和间接损失。① 也有学者提出，在司法实践中，应当将《国家赔偿法》第 36 条第 8 项规定的"直接损失"进行扩张解释为结果经济损失，其赔偿范围包括过去理论通说中的直接损失和间接损失，使公民合法财产权得到充分保护，从而彰显法律及司法之公平正义。② 但事实上，"直接损失"和"间接损失"容易造成概念的模糊和界定的困难，是被我国大陆地区民事侵权法律所摈弃的术语。当前，《侵权责任法》对财产损失的赔偿，仅规定按照市场价格计算，并不采用直接损失和间接损失的名称。最高人民法院、最高人民检察院《关于办理刑事赔偿案件适用法律若干问题的解释》也提出了市价赔偿法。为了提高行政赔偿的标准，确保赔偿与损害客观相符，宜参考德国和我国台湾地区赔偿"所受损害与所失利益"的做法，推动全部赔偿原则的实现。

采纳"所受损害与所失利益"作为赔偿范围首先意味着，行政赔偿包括了因行政侵权行为引发的损害与利益损失。所谓利益损失，是可得预期利益的损失，是指根据通常情形或者已经预定的计划、设备或其他特别情形，可以预期得到的利益。以正在生产线上使用的机器为例，如果被没收后又被拍卖的，受害人重新购置机器再上生产线，这期间必然产生可得利益的损失，而且这一损失是必然且实际发生的，故而也应予以赔偿。同时，机器被没收后拍卖，机器本身的财产价值又是实际损害。因此，按照填补"所受损害和所失利益"的原则，受害人可以获得赔偿的，既包括机器的市场价格，又包括机器被没收后生产线上一定期间内的利润损失。只有这样的赔偿，方能实现损害与赔偿的对应关系，凸显行政赔偿的全部赔偿原则。其次，采纳这一原则也意味着，无须再以列举式的方式详细规定财产权益的赔偿标准，可以将裁量空间留给司法机关。侵害财产权益的方式多种多样，以列举式的方式规定对应的各类赔偿标准，既辛苦又不能涵盖所有的实际损害，容易挂一漏万，又容易限制可赔偿的损害范围，不利于受害人权益的维护。如被没收货

---

① 王华伟："国家赔偿财产损害直接与间接损失辨别及完善"，载《山东行政学院学报》2012 年第 5 期。

② 杨江涛："对国家赔偿法中直接损失的理解"，载《人民司法（应用）》2015 年第 21 期。

币，那么货币被没收期间的利息，就是所失利益；或者房屋被查封，但房屋已经签订租赁合同的，那么预期可得而未得的租金也是利益损失。对具体情形的判断，均可以留给司法机关根据实际情况加以判断。

除了将赔偿范围界定为"所受损害与所失利益"，财产权益的赔偿标准还应采用损益相抵原则。采用该原则意味着，由于同一原因造成损害和利益的，受害人请求的赔偿金额，应当扣除其所受的利益。譬如，没收正在生产流水线上的机器，造成生产线停产的，在赔偿该生产线的预期收入损失时，还应扣除生产线未运作而减少的成本和费用。

此外，过失相抵的原则也可以在侵犯财产权益领域适用。在我国台湾地区，公有公共设施设置或管理欠缺引发的行政赔偿责任案件中，多处可以看到过失相抵原则的适用。如当事人发生交通事故遭受人身损害与车辆损毁的，司法机关在判断赔偿额包括车辆损害时，也会考虑受害人超速行驶等行为对造成损害的影响力大小，按比例予以扣除。过失相抵原则的适用，可以督促受害人避免损害的扩大，同时也有助于公平地区分赔偿义务机关与受害人之间的责任比例。

二、合理选用赔偿方式

对于财产权益受损的情形，如果及时采取合理的赔偿方式，也可以充分弥补损害，实现全部赔偿原则。具体而言，可以从如下方面进行。

（一）返还财产

返还财产分为两种，货币或非货币财产。首先，对于返还货币，不仅应当返还本金，也包括利息，因为利息损失是必然发生的损失。当前，我国大陆地区《国家赔偿法》规定的返还货币情形包括返还执行的罚款或者罚金、追缴或者没收的金钱等，并且也规定了支付银行存款利息的要求。鉴于民事侵权领域参照银行同期贷款利率确定，行政赔偿也宜参照同期贷款利率赔偿利息。其次，对于非货币性财产的返还，在返还的时候，还要注意财产是否存在损毁状况，如果当事人要求返还而客观上又存在毁损的，在返还财产的同时还应赔偿相应的贬值部分。如没收汽车的，返还汽车时应当计算被实际没收期间的贬值损失。

（二）恢复原状

在财产可以恢复原状的情况下，采用恢复原状的方式可以迅速弥补受害人的损失。譬如，对于前述没收的汽车，在没收过程中发生损坏的，赔偿义务机关应当首先采用维修的方式以恢复原状。无法维修的但当事人要求返还的，可以在返还的基础上进行相应的赔偿；无法维修且当事人不要求返还的，则应当根据被没收汽车的市场现值进行赔偿。解除对财产的查封、扣押、冻结，也是恢复原状的重要方式，但如发现在查封、扣押或冻结的过程中，存在财产损坏或灭失的，赔偿义务机关也应当辅之以金钱赔偿方式。

（三）支付赔偿金

侵犯财产权益的第三种赔偿方式是支付赔偿金。赔偿金既可以适用于人身权益受侵犯领域，也适用于财产权益受损领域。如果说，人身权益领域，金钱赔偿是主要的方式。在财产权益领域，金钱赔偿只适宜作最后的选择。因为在财产可以返还或恢复原状的情形下，显然，金钱赔偿并不是最合适的方式。在财产权益受损领域，金钱赔偿有时作为附加的方式，如财产受损的，在返还财产的同时赔偿修复费用，但有时，则作为主要的方式，如财产灭失的，显然只能选用金钱赔偿的方式。

（四）刑事领域加倍返还

我国台湾地区基于刑事领域受害人的特别牺牲，所谓"刑事补偿法"对于侵犯财产权益的情形作出了加倍赔偿的特殊规定，以此区别于所谓"民法"的赔偿标准，展示了立法对不同性质的损害的分类认定和考量。当然，基于双倍赔偿的惩罚性，所谓"刑事补偿法"也规定了适用单倍赔偿的情形，对于受害人具有可归责自身的事由的，如加倍赔偿经司法机关根据社会一般通念认为显得过高的，可以仍然按单倍标准进行赔偿。鉴于刑事领域的公权力行为，对受害人造成的损害后果具有特殊性，大陆地区也可以参照台湾地区的规定，设定双倍返还罚金和返还拍卖价款的赔偿方式，从而督促刑事补偿义务机关谨慎勤勉地履行职责，预防刑事领域公权力违法行为的发生。当然，如果受害人具有可归责自身的理由，如其行为足以让相关的侦查机关等认为其有犯罪嫌疑而有必要判处有罪并执行罚金或没收财产的，则可以仍然施行单倍赔偿。

综上，在侵犯财产权益的赔偿领域，多数国家和地区适用填补所受损害与所失利益的原理，凸显了财产赔偿领域的全部赔偿原则，而我国大陆地区只赔直接损失不赔间接损失的理念，限缩了赔偿的范围和降低了赔偿的标准。虽然对于原因力竞合案件，逐步从不予赔偿过渡到按比例赔偿，但在存在国家机关单方过错的情形下，有时仍然存在判决不予赔偿的不合理做法。我国大陆地区对刑事领域公权力行为受害人的保护也尚未予以充分和周全的特殊考虑。财产损害与赔偿额的关系，有时呈递减状态，不利于充分保护受害人的利益。为了完善对财产损害的行政赔偿，我国大陆地区宜摒弃直接损失与间接损失的提法，参照德国和我国台湾地区规定，对侵犯财产权益的行政赔偿标准，可以设置如下法条："违法毁损他人财物的，被害人可以请求赔偿其物因毁损所减少的市场价额。对财产权益造成侵害的，按照所受损害和所得利益兼顾的方式进行赔偿。根据已经确定的计划、合同等通常情形按常理可以预期得到的利益，即为可以赔偿的利益。由于同一原因事实造成损害但受害人又获得利益的，受害人可以请求的赔偿金应当扣除其所获得的利益。受害人的过失造成损害发生或扩大的，赔偿义务机关有权请求免除或减少赔偿金额。"同时仍然强调，行政赔偿可以返还财产或恢复原状的，优先选择返还财产或恢复原状。在司法实践中，参照民事侵权领域的赔偿标准，对财产损失的计算，既可以采用市场价格差额法，也可以按照修理费用估量，还可以通过审计、评估、鉴定、协商等方式确定损失。

第七章
强制拆违中的行政赔偿

为了规范房屋建设和土地的规划和利用，惩治违反城乡规划和土地管理的建设行为，我国多数省市在近几年加速对违法建筑开展了强制拆除活动，遏制了违法建设现象的蔓延，促进了城乡建设和市容市貌的改善。但在追求行政效率的过程中，部分行政机关的强制拆违活动存在事实认定不充分、执法程序欠规范等问题，不仅损害了法治政府的形象，也造成了相对人或相关人的财产损失。对此，财产受害人诉诸法院要求确认强制拆违行为违法并要求行政赔偿的案例并不少见。强制拆违构成违法的，行政赔偿的范围和标准当如何界定，对此，实务界尚未达成有效共识。可以说，因强制拆违行为违法而引发的行政赔偿问题，已经构成了我国当前行政赔偿领域中的热点与难点问题，值得开展分析和研究。

第一节　强制拆违案件中行政赔偿责任的构成

1985 年，浙江省苍南县农民包某在河滩上抛石填河造房，县政府认为该房屋对抗洪防汛造成干扰，在多次劝说、下达强制拆除决定无果后，于 1987 年 7 月 4 日，将包家已竣工的楼房炸去一部分。被强拆房屋的包某一纸诉状将县政府告到了法院。因为其重要意义，该案被称为"中国行政诉讼第一案"。[①] 时至今日，因强制拆除违法建筑而引发的行政争议，仍然是行政诉讼

---

① 孟焕良："中国行政诉讼第一案始末"，载《人民法院报》2018 年 10 月 29 日，第 5 版。

中的常见案件。当事人在要求确认强制拆违行为违法的同时，往往会提起行政赔偿诉求。强制拆违中行政赔偿责任的成立，需以强制拆违行为构成违法为前提。在确定赔偿额时，要分析非法强制拆违行为与损害之间的因果关系，还需界定可纳入行政赔偿范围的损害。

一、赔偿义务机关的确定

在强制拆违案件中，赔偿义务机关是指实施非法强制拆违行为并造成损害故应当承担行政赔偿责任的行政主体。由于拆除违法建筑往往目标多、任务重，具有法定实施强制拆违职权的主体，时常委托或发包拆违任务给其他行政主体甚至民事主体进行。在发生强制拆违行为违法导致损害发生时，行政机关有时并不愿意承认自己为强制拆违的实施主体，反而是房屋征收实施单位、拆房公司、村民委员会等主动出面承揽责任，并希望通过民事侵权诉讼来解决赔偿争议。因此，在强制拆违行政赔偿案件中，碰到的首要难点是，寻找强制拆违行为的实施主体，进而确定相应的赔偿义务机关，而要确定强制拆违的实施主体，首先要了解法定的可以实施强制拆违行为的行政主体。

（一）法定的赔偿义务机关

行政机关及其工作人员行使行政职权侵犯公民、法人和其他组织的合法权益造成损害的，该行政机关为赔偿义务机关。根据我国现有的法律法规，法定的能够行使强制拆违权并进而能成为赔偿义务机关的行政主体，包括如下种类。

1. 乡、镇人民政府

《城乡规划法》第 65 条规定，在乡、村庄规划区内未依法取得乡村建设规划许可证或者未按照乡村建设规划许可证的规定进行建设的，由乡、镇人民政府责令停止建设、限期改正；逾期不改正的，可以拆除。《上海市拆除违法建筑若干规定》第 24 条也规定，乡、村庄规划区的违法建筑拆除，由乡、镇人民政府参照本规定执行。因此，乡、镇人民政府是法定的可以实施强制拆除违法建筑的行政主体。当然，乡、镇人民政府只对其所辖乡、村庄规划区内的违法建筑具有实施强制拆除的法定职权。

2. 政府职能部门

《城乡规划法》第68条规定，城乡规划主管部门作出责令停止建设或者限期拆除的决定后，当事人不停止建设或者逾期不拆除的，建设工程所在地县级以上地方人民政府可以责成有关部门采取查封施工现场、强制拆除等措施。因此，法定的实施强制拆违主体还包括被责成的政府相关职能部门。

另外，在我国多个省市，违法建筑领域的行政处罚权经地方性法规的授权，交由市或区县城管部门集中行使。例如，在上海市，根据《上海市城市管理相对集中行政处罚权暂行办法》第17条之规定，当事人逾期拒不履行拆除违法建筑的决定的，市和区县城管执法部门可以向市和区县人民政府申请组织强制拆除。针对擅自搭建建筑物、构筑物且正在施工的，如当事人拒不停止施工或者在限期内拒不拆除的，市和区县城管执法部门还可以代为拆除或者立即强制拆除。

上述经政府责成的有关部门或经法律法规授权的政府部门，如强制拆违行为违法且造成损害的，也应作为赔偿义务机关承担行政赔偿责任。

3. 县级以上地方人民政府

根据《城乡规划法》第68条的规定，县级以上人民政府既然有权责成有关部门强制拆除违法建筑，当然也可以亲自实施强制拆违行为。因此，法定的可以实施强制拆违的行政主体还包括县级以上地方人民政府，当政府强制拆违行为违法并造成损害时，政府即成了赔偿义务机关。

例如，在上海某区法院审理的要求确认区政府强制拆违行为违法并要求行政赔偿的案件中，该区城管局经调查认定涉案建筑系违法搭建的事实后对原告作出限期拆除决定，原告未自行拆除。被告某区政府遂根据《行政强制法》第35条、第36条、第37条之规定，在作出被诉强制拆除行为前，向原告作出事先催告，催告其在规定期限内履行自行拆除违法建筑的义务并告知其享有陈述申辩的权利；在原告逾期不履行行政决定且无正当理由的情形下作出强制拆除决定，之后又实施了被诉强制拆除行为。在该案中，被告区政府作为实施强制拆违行为的主体，成了行政赔偿案件中的被告。

（二）关于赔偿义务机关的争议

如前所述，根据《城乡规划法》第 68 条规定，县级以上地方人民政府可以责成有关部门采取查封施工现场、强制拆除等措施，也可以亲自实施强制拆违行为。在政府亲自实施强制拆违的情况下，赔偿义务机关的确定并不存在争议。但是，当强制拆违行为可以分为政府的责成强拆行为和被责成部门实际实施的强制拆违行为时，究竟谁是赔偿义务机关，在实务中产生了争议。

有些法院认为，责成行为是进行强制拆违的行政命令，是拆违实施部门实施强拆行为的根据，因此责成行为是可诉的行政行为，作出责成行为的政府是赔偿义务机关；也有法院认为，责成行为是政府对拆违实施部门发布的内部命令，是内部行政行为，不属于行政诉讼的受案范围。对于后一种观点，福建省高级人民法院在〔2017〕闽行终 460 号王某诉福清市人民政府行政强制纠纷案中，进行了充分的阐述。该院认为，政府作出的责成行政强制拆除决定书系政府针对城乡规划局就强制拆除违法建设的请示报告而作出，未向行政相对人送达，属于上下级行政机关之间的内部行为，是行政机关实施行政强制过程中的一个环节，未对相对人的合法权益产生实际影响，故不可诉。

由于责成行为系政府针对下属部门作出，且该行为呈现内部性和中间性的特点，关于责成行为不可诉的观点占了上风。对此，最高人民法院在〔2017〕最高法行申 109 号行政裁定书中也认为，鱼峰区政府依鱼峰区执法局的请示作出的 20 号批复，属于本级人民政府对其职能部门实施的内部监督管理行为，并未对陈某等五人的涉案房屋作出新的处理决定，亦未设定新的权利和义务，属于不可诉的行政行为。

但是，在根据政府责成拆除决定实施强制拆除行为后，如当事人对强制拆违行为不服，要求确认强制拆违行为违法并主张行政赔偿的，究竟应当以谁为赔偿义务机关？对此，福建省高级人民法院认为，因责成拆除决定与实施强制拆除是一个整体行为，作出责成决定的政府与被责成的部门应当共同承担行政强制拆除的法律后果，造成损害的，应当成为共同赔偿义务机关。而江门市中级人民法院在〔2009〕江中法立行终字第 4 号李某诉台山市规划局行政强制案中则认为，政府责成规划局实施强制拆除，此属内部行政行为，并不对外产生法律效力，其作用对象不是行政相对人，而是下级行政机关或行政机关的职能部门，因此，行政相对人可以以实际实施拆除行政行为的职能部门为赔偿义务机关提起行政诉讼。

从各地法院的不同观点和做法来看，对于依据《城乡规划法》第 68 条由区县政府责成有关部门实施强制拆违而引发的行政赔偿争议，赔偿义务机关既可能是县级以上地方人民政府，也可能是政府的职能部门，还可能是县级以上地方人民政府与其职能部门成为共同赔偿义务机关。

鉴于拆违领域的行政强制执行存在《城乡规划法》第 68 条规定的政府责成等程序以及《行政强制法》规定的催告、作出强制执行决定等程序，相关的配套性规定目前尚不健全，最高人民法院认为，司法实践中应注意把握的标准是，如果县级以上人民政府以自己名义作出的责成行为直接产生外化效果，如作出责成决定书、强制执行决定书等直接通知当事人，当事人可以以该政府为被告提起行政赔偿诉讼；如果强制执行决定书是由被责成的部门作出的，则当事人可以该部门以及作出责成行为的县级以上政府为共同被告。① 此外，最高人民法院在〔2017〕最高法行申 6673 号胡某等诉五家渠市政府行政强制并行政赔偿案件中也明确，在强制拆违案件中，政府职能部门根据《城乡规划法》第 68 条规定，可以成为共同赔偿义务机关，但不能成为单独的赔偿义务机关。

综上，在强制拆违领域，即使非法强制拆违行为对外均是以被责成部门的名义作出，作出责成行为的县级以上地方人民政府仍然应当是此类案件的共同赔偿义务机关。不过，从司法实务来看，被责成部门被当作赔偿义务机关成为单独被告的现象并不少见。

（三）需要排除的赔偿义务主体

如上所述，根据法律法规，享有强制拆除违法建筑权力的行政主体，仅包括乡、镇人民政府、县级以上地方人民政府，以及经政府责成的部门和经

---

① "厘清权属界限规范拆违行为——最高人民法院行政审判庭负责人答记者问"，载《人民法院报》2013 年 4 月 2 日，第 3 版。

法律法规授权集中行使行政处罚权的政府部门。但在赔偿实务中，有时享有强制拆违职权的行政主体不愿意承认实施了强拆行为，而村民委员会、拆房公司等不具有实施强拆行政职权的主体，反而会主动承认并愿意承担民事赔偿责任。因此，确定赔偿义务机关，还需要排除一些没有独立行政能力的主体。

1. 受委托或经授意的主体

在强制拆违活动中，有时法定的行政主体会将实施强制拆违的任务委托或授意给其他行政主体甚至民事主体进行，此时，受委托或经授意的组织或个人应当以委托机关或授意机关的名义实施强制拆违行为，即使其以自己的名义作出实施拆违行为的，仍然应当由委托机关或授意机关承担相应的法律后果。《国家赔偿法》第7条第4款明确规定，受行政机关委托的组织或者个人在行使受委托的行政权力时侵犯公民、法人和其他组织的合法权益造成损害的，委托的行政机关为赔偿义务机关。

2. 没有独立行政能力的机构

《2018年行诉解释》第20条和第21条对行政机关组建的机构、内设机构、派出机构以及各类开发区管理机构的地位进行了明确。不具有独立行政能力的机构包括以下几类：（1）行政机关组建并赋予行政管理职能但不具有独立承担法律责任能力的机构；（2）缺乏法律、法规或者规章授权的内设机构、派出机构或其他组织；（3）没有行政主体资格的开发区管理机构。因此，没有独立行政能力的机构以自己的名义作出强制拆违行为，当事人不服提起赔偿诉讼的，应当以组建该机构的行政机关或授权其行使行政权的行政机关为赔偿义务机关。

例如，在山东省谷某某一案中，莱芜经济开发区迎审指挥部组织城管、张家洼街道办等单位对原告谷某某的房屋实施了强制拆除行为，强拆实施主体确定为莱芜经济开发区管委会。法院认为，莱芜经济开发区管委会在法定期间并未提供有效证据证实原告房屋系违法建筑，莱芜经济开发区管委会擅自组织有关部门对原告房屋实施强拆，没有任何依据，应当确认违法。鉴于莱芜经济开发区管委会是莱芜市政府设立的正处级事业单位，隶属市政府直接管理，享受市级经济管理权限，该权限来源于莱芜市政府的委托；且莱芜经济开发区不是省级政府批准设立的经济开发区，莱芜开发区管委会的行政管理职权不是来自法律、法规、规章的明确授权，故莱芜开发区管委会对外不能以自己的名义行使法定行政管理职权，亦不能独立承担法律责任，不具有行政主体资格，其职权后果依法应当由设立该机构的莱芜市政府承担。因此，法院认定莱芜市政府为本案适格被告，莱芜开发区管委会拆除原告房屋所造成的损害后果，应当由莱芜市政府作为赔偿义务机关承担。

3. 村民委员会

为了推进和落实强制拆违任务，乡、镇人民政府往往会将强制拆违任务层层发包至各村民委员会，有时有书面委托文件，有时仅是口头授意。在缺乏书面文件的情况下，乡、镇人民政府有时会否认强拆了村民的房屋，而村民委员会却主动承认拆除了村民的房屋。在当事人提起行政复议，要求确认镇政府强拆行为违法的过程中，有时复议机关会要求当事人将村委会列为行政复议被申请人。

根据《2018 年行诉解释》第 24 条第 1 款和第 2 款的规定，当事人对村民委员会依据法律、法规、规章的授权履行行政管理职责的行为不服提起诉讼的，以村民委员会为被告。因此，村民委员会在履行法律、法规或者规章授权的行政管理职责时，可以成为行政诉讼的被告。如果在履行上述职责过程中违法损害他人权益的，还应当承担行政赔偿责任。不过，从强制拆违的行政职责来看，根据现有的法律、法规和规章，村民委员会对违法建筑并无法定的可以实施强制拆除的职权。因此，即使村民委员会根据乡、镇人民政府的委托、授意或任务摊派，实际实施了强制拆违活动，构成违法并造成损害的，承担行政赔偿责任的仍然应当是乡、镇人民政府等行政主体。村民委员会在强制拆违领域尚无资格成为赔偿义务机关。

4. 民事主体

除了村民委员会外，有时房屋征收实施单位委托的拆房公司，甚至物业公司等民事主体也会主动承认自己实施了强制拆违行为，但显然，法律法规从未赋予任何民事主体以强制拆违的行政权力。

最高人民法院在〔2017〕最高法行再第 102 号案件中指出，现行《土地管理法》和《国有土地上房屋征收与补偿条例》仅规定政府及其职能部门具有征收房屋、收回国有土地使用权及强制拆除建筑的职权，民事主体或基层群众自治组织并无实施强制拆除的权力，再审被申请人闵行区政府如不能举证证明确系其他主体违法实施强制拆除，将可能被推定为实施强制拆除的主体，并承担相应的行政赔偿责任。同时，最高人民法院指出，我国法律并不认可私力救济，民事主体或自治组织负责人违法强制拆除他人合法房屋，涉嫌构成故意毁坏财物罪的，法院应当依据《2014 年行政诉讼法》第 66 条第 1 款规定，将有关材料移送公安、检察机关。

同理，即使相关房屋构成违法建筑，对违法建筑的强制拆除职权，也仅有部分行政主体享有，当民事主体或基层群众自治组织并无实施强制拆除违法建筑的权力但根据有权行政机关的意志实施了强制拆除行为时，法院应当查明并确认相关的行政主体。山东省临沂市中级人民法院在审理崔某诉费县人民政府行政复议决定一案中指出，当拆违机关不明确时，一般推定发布征收决定，或者实施征收行为，或者作出违法建筑确认的行政机关等为适格被告。在〔2017〕浙 02 行终 530 号裘某诉浙江省奉化市人民政府房屋征收办公室、浙江省奉化市人民政府岳林街道办事处要求确认强制拆除行为违法一案中，法院也认为，政府在拆迁过程中委托拆房公司等以民事行为的方式组织强制拆除，但政府责任并不因此转化为民事责任。对拆迁过程中的误拆情形，相关责任由行政机关承担。① 如果相关民事主体确系在没有行政机关委托或授意的情形下拆除了违法建筑，则可能因涉嫌故意毁坏财物罪被追究刑事责任。如果仅以承担民事侵权责任了结非法强制拆违的后果，将纵容此类违法行为，导致国家所设计和制定的强制拆违程序名存实亡。

二、违法行为的把握

强制拆除违法建筑涉及公权力的行使，实施主体始终应兼顾公共利益与相对人合法权益的维护，不仅应当履行事先告知程序，而且拆除违法建筑应以适当方法进行，执行手段不能超过达成执行目的的必要限度。要判断强制拆违行为是否合法，需从职权、认定事实、适用法律、执法程序等四个方面

---

① 谭星光："房屋被违法拆除，究竟是被谁拆了房屋"，载《人民司法·案例》2018 年第 20 期。

加以审查。从赔偿实务来看，在非法强制拆违行为中，事实认定错误和程序违法较为常见。

从理论与实务分析，强制拆违行为的违法形态包括如下几种。

（一）缺乏职权依据

如前所述，根据法律法规的规定，拥有强制拆除违法建筑行政职权的行政主体，包括乡、镇人民政府，县级以上地方人民政府及其责成的部门，法律法规授权的政府部门等。因此，没有强制拆除违法建筑的行政职权而实施强拆行为的，该行为因缺乏职权依据而构成违法。例如，在山东省高级人民法院审理的王某某诉日照市人民政府、日照市东港区卧龙山街道办事处、日照山海天旅游度假区综合行政执法局行政赔偿案中，法院认为，街道办事处既无作出行政处罚的职权，又没有履行《行政强制法》和《城乡规划法》规定的法定程序，其在没有法律、法规授权的情况下对涉案房屋实施的强制拆除行为违法。

（二）认定事实错误

1. 对违法建筑的认定错误

对违法建筑的认定错误表现在，误将合法建筑定性为违法建筑，或者当合法建筑与违法建筑不可分时，在拆除违法建筑过程中，误拆了合法建筑，或者误将甲的房屋当作乙的违法建筑予以拆除等。

违法建筑的认定，一般由乡、镇人民政府或城乡规划部门作出。但是，我国多数省市将行政处罚权交由城管部门相对集中行使。在集中行使机制下，如果事实认定与法律适用极为明确时，城管执法部门可能会自行作出认定并实施行政处罚。但有时，违法行为的认定较为复杂，故仍由原职能部门保留认定的权力。如在违法建筑的认定方面，大多数仍由规划管理部门保留，规划部门对违法建设所作的认定行为，是城管部门强制拆违的事实根据。如规划部门对违法建筑的认定发生错误的，将导致城管部门的强制拆违行为因事实认定错误而违法。

2. 限期拆违决定的作出错误

强制拆违决定作出的前提是当事人对限期拆违决定不执行，限期拆违决定是否正确，需依不同法律的具体适用范围而定。《土地管理法》与《城乡规划法》都对违法建筑的认定及拆除等作了相应规定。因此，行政机关在作出限期拆违决定时是否准确适用了法律，是否认定事实正确，也决定了后续的强制拆违行为认定事实是否合法。

《土地管理法》对违法建筑应当限期拆除的规定主要在第76条和第77条。第76条针对违反土地利用总体规划擅自将农用地改为建设用地的行为，要求相对人限期拆除在非法占用的土地上新建的建筑物和其他设施，恢复土地原状。第77条针对农村村民未经批准或者采取欺骗手段骗取批准非法占用土地建住宅的行为，责令其退还非法占用的土地、限期拆除在非法占用的土地上新建的房屋。《城乡规划法》对违法建筑应当限期拆除的规定体现在第64条至第66条，适用的违法行为包括：未取得建设工程规划许可证或者未按照建设工程规划许可证的规定进行建设，且无法采取改正措施消除影响的；在乡、村庄规划区内未依法取得乡村建设规划许可证或者未按照乡村建设规划许可证的规定进行建设的；未经批准进行临时建设、未按照批准内容进行临时建设或临时建筑物、构筑物超过批准期限不拆除的。

从适用对象来看，《土地管理法》的施行目的是维护土地利用总体规划、合理利用土地、切实保护耕地、促进社会经济的可持续发展，因此，《土地管理法》的适用范围围绕土地的利用和保护而展开，针对的对象是违反土地利用总体规划的行为，包括将农用地改为建设用地的建设行为、非法占用土地建造住宅的行为。而《城乡规划法》的施行目的是加强城乡规划管理、协调城乡空间布局，因此其适用范围是城乡规划管理，根据该法作出的限期拆违决定针对的是违反建筑规划的违法建造行为。从限期拆违决定的作出主体来看，法定职权机关的不同也决定了作出限期拆违决定的主体各不相同。《土地管理法》赋予土地管理职权的是各级人民政府土地行政主管部门，因此根据该法作出限期拆除违法建筑决定的行政机关是县级以上人民政府土地行政主管部门，而按照《城乡规划法》，拥有城乡规划管理职权的是各级政府城乡规划主管部门，有权作出限期拆除违法建筑决定的行政机关包括县级以上地方人民政府城乡规划主管部门及乡、镇人民政府。其中乡、村庄规划区内未依法取得乡村建设规划许可证或者未按照乡村建设规划许可证的规定进行建设，由乡、镇人民政府作出限期拆除决定，其余区域则由县级以上地方人民政府城乡规划主管部门作出限期拆除决定。

因此，责令限期拆除违法建筑决定的作出，必须根据不同的违法情形由不同的行政机关根据不同的法律作出，如适用法律错误或限期拆违决定作出主体依法没有相应职权的，限期拆违决定将因不符法律规定而无法被强制执行。

另外，如果限期拆违决定的内容不明确，未载明要求限期拆除的建筑物的四至、面积等基本信息，或者超范围要求限期拆除等，该决定也构成事实认定违法而依法应予以撤销。

3. 强制拆违决定的作出错误

在《行政强制法》实施之前，根据《土地管理法》和《城乡规划法》等法律的规定，限期拆违决定作出后，如当事人在限定的期限内拒不自行拆除的，相关行政主体可以依职权实施强制拆违活动。在《行政强制法》实施之后，如要针对违法建筑实施强制拆违的，相关的强制执行主体还应当履行该法规定的强制执行程序，包括公告、作出强制拆除违法建筑决定书等。强制拆违决定书的认定事实、法律适用等如发生错误的，也将导致后续的强制拆违行为因事实认定错误而违法。

（三）程序违法

关于违法建筑的强制拆除，《土地管理法》及《城乡规划法》等法律仅作出了笼统的规定，《行政强制法》实施后，强制拆除违法建筑的法定程序日益明晰。一般而言，行政机关在实施强制拆违行为之前，需履行立案审批、调查询问、事先告知、作出限拆决定、催告、责成强制拆除以及强制执行公告等一系列程序。但是，为了追求行政效率，许多行政机关往往忽略或省略了一些法定程序，导致强制拆违行为因程序违法而被司法机关确认违法并面临行政赔偿的问题。可以说，因程序违法而引发的行政赔偿案件，是强制拆违行政赔偿案件中的最主要形态。

强制拆违活动中的程序违法首先突出表现在行政机关未履行催告义务。《行政强制法》第四章规定，当事人不履行义务的，相关行政机关有权强制执行，但是在作出强制执行决定之前，应当履行催告义务。催告书应当载明履行义务的期限、履行义务的方式、当事人依法享有的陈述权和申辩权。当事人收到催告书后进行陈述和申辩的，行政机关应当进行记录和复核。如果当事人的理由成立的，行政机关应当予以采纳。在赔偿实务中，常见现象是当事人未在限期拆除违法建筑期限内自行拆除，行政机关未经催告即予以强制拆除。

其次，针对违法建筑的强拆问题，《行政强制法》还专门规定了公告程序，要求行政机关在作出强制拆违行为之前，应当就限期拆违决定进行公告，限期当事人自行拆除。当事人在法定期限内不申请行政复议或提起行政诉讼的，才可以依法强制拆除。如果强制拆违机关未履行公告程序的，也构成程序违法。

再次，在强制拆违决定尚未生效即开展强拆活动。山东省淄博市高新法院在淄博某广告传媒公司诉淄博高新技术产业开发区城市管理行政执法局行政确认案中指出，相对人在法定期限内对强制执行决定既不申请行政复议或者提起行政诉讼，又不履行行政决定的情况下，行政机关才能实施强制拆除。反之，强制执行决定尚未发生法律效力即实施拆除行为，则构成程序违法。

最后，如果以政府批复代替强制拆违决定的，也构成程序违法。山东省高级人民法院在王某等十四人诉平阴县人民政府、济南市人民政府行政批复及行政复议案中认为，行政机关在拆违过程中以内部批复代替强制执行决定，忽略了法定拆除程序，程序严重违法，应予撤销。

（四）不符合比例原则

比例原则最早产生于德国法。1953 年联邦德国《行政强制执行法》第 9 条第 2 款规定："强制方法必须与其目的保持适当比例。决定强制方法时，应尽可能考虑使当事人和公众受最少侵害。"① 比例原则要求行政主体实施行政行为时应兼顾行政目标的实现和对相对人权益的保护，有多种同样可达成行政目标的方法可供选择时，行政主体应选择对相对人权益侵害最小的种类，将损害尽可能限制在最小的范围和限度之内。比例原则意味着，行政主体采

————————

① ［德］平特纳：《德国普通行政法》，朱林译，中国政法大学出版社 1999 年版，第 317 页。

取的方法对相对人造成的侵害不得与其意图实现的目的显失均衡，两者之间应保持相对均衡的关系。①

我国《行政强制法》多处体现了比例原则。首先，设置行政诉讼不停止执行原则的例外。行政诉讼不停止执行原则，是行政复议法和行政诉讼法规定的基本原则，也是行政行为效力先定理论在复议、诉讼方面的具体体现。但是《行政强制法》第44条针对强制拆违行为设置了行政诉讼不停止执行原则的例外，规定行政机关可以依法强制拆除违法建筑的前提是，当事人在法定期限内不申请行政复议或者提起行政诉讼。由于复议和诉讼是对行政行为合法性和合理性进行审查的重要方式，通过这样的制度设计，可以发挥行政机关的自我纠错功能，尽量使相对人受最小侵害，符合比例原则的要求。即使相对人不提起复议和诉讼，通过等待法定期限届满，相对人也获得了心理上的缓冲期，有助于其逐步接受行政行为，是行政机关以适当方式实现行政目标的途径之一。其次，规定特殊时段不执行。《行政强制法》第43条第1款规定行政机关在夜间、节假日等特殊时段或日期不得进行行政强制执行。以往在强制拆违过程中，新闻媒体中屡次出现夜间执行、零点行动，以彰显执法人员的执法力度和效果，却忽略不合理的执行手段与执行目标在价值上的严重失衡，特殊时段执行虽然就个案而言可以收到立竿见影的效果，却对周边人群及公众生活产生了较大的负面影响。最后，规定不得以破坏民生方式强制执行。停水、停电、停燃气等方式曾经是执法部门的常用手段，目的是迫使相对人迁出违法建筑，便于拆除行为的顺利进行。这种胁迫方式严重侵害了公民的合法权益，也违背了比例原则和行政正当程序原则。为此《行政强制法》第43条第2款也强调行政机关不得对居民生活采取停止供水、供电、供热、供燃气等方式迫使当事人履行相关行政决定。

在强制拆违活动中适用比例原则，除了要遵循《行政强制法》的上述规定外，还意味着，首先，强制拆违手段应采取对当事人损害最小的方式。在同样能达到目的的情况下有多种拆违方案可选择时，行政机关应选择对相对

---

① 张坤世："比例原则及其在行政诉讼中的适用——由一个具体案例引发的思考"，载《行政法学研究》2002年第2期。

人权益侵害最小的方式。如相对人符合申请建设工程规划许可证的条件，为抢工程进度在已申请尚未获得的情况下先行开工，对此可以采取责令其暂停施工的方式而不是硬性拆除的方式。其次，强制拆违造成的损害应与实现的目的相对均衡。对于相对人实质违反法律法规的禁止性规定，破坏土地利用规划或城市规划后果严重的违法建筑，应当强制拆除。例如，在农村，擅自搭建建筑物将农用地变为建设用地严重破坏耕地的行为，应当受到法律的严惩。再次，强制拆违仍然应当考虑维护民生需要。例如，违法建筑系流浪者赖以居住的栖息地或外来民工搭建的临时窝棚，尽管也属于应予强制拆除的范围，但在拆除的时点上，拆违工作可在协助外来民工或流浪者解决住宿问题或将流浪者送入社会救助机构后进行，不能罔顾他人基本的生存需要而实施强制拆除。最后，在实际拆除时，拆违机关应当做好违法建筑内相关财产、物品的清单制作、搬运交接、保管以及相应的公证，在拆除违法建筑时，尽可能地避免建筑材料及相关物品不合理地受损。

不符合比例原则的强制拆违行为，未必违反法律法规的具体规定，但可能因明显不当被司法机关根据《行政诉讼法》的相关规定判决撤销或确认违法。

（五）滥用职权

行政机关滥用职权是指行政机关在其权限范围内，故意违背法定目的，背离基本法理，不正当地行使行政权力，造成显失公正的后果，故应当予以撤销或确认违法的行政行为。美国行政法把滥用职权限定为滥用自由裁量权，英国行政法将公用权力的不合理使用界定为权力的滥用。在我国台湾地区，行政机关行使裁量权，其结果逾越法定裁量范围的，构成逾越权限；其过程不符合法律授权的目的的，构成滥用权力。行政法院根据所谓"行政程序法"第10条、所谓"行政诉讼法"第4条第2项及第201条等规定，对行政机关依裁量权所作的行政行为或不作为，进行是否逾越权限或滥用权力的司法审查。

在强制拆违领域，我国行政权的单方性和权威性，决定了其存在被滥用的可能，故滥用职权现象不仅发生于滥用自由裁量权领域，也发生于羁束裁量权领域。在客观表征上，滥用职权与违反比例原则相似，但在主观状态上，行政机关滥用职权还存在主观上的恶意，而违反比例原则无主观上的故意或过失。在征地、房屋征收过程中，行政机关为了加快进度，以拆除违法建筑之名行房屋征收之实，可以说是目前较为多见的滥用职权行为。例如，在前述山东省谷某某一案中，莱芜经济开发区管委会在房屋拆迁遇到阻力时，以强制拆除违法建筑为名，拆除了谷某某的房屋，其目的在于推进房屋征收的进度。开发区管委会为推进房屋征收，以强拆违法建设之名，省略房屋和土地征收过程中法定的征收程序，强制拆除原告房屋，构成了滥用职权。

三、损害的存在

行政赔偿责任的建立，需要有侵权主体、违法行为，同时还必须存在损害，如果没有损害，即使存在违法行为，强制拆违实施主体也无须作出行政赔偿。

强制拆违行为造成的物质损害，大致包括如下几类。

（1）建筑物本身。在强制拆违过程中，对被拆除对象发生认识偏差，将合法建筑当作违法建筑予以拆除，或者合法与违法建筑不可分时，误毁了部分合法建筑。被拆除的建筑物本身即构成了违法强拆行为造成的损害。

如果对违法建筑的实体认定没有发生错误，鉴于违法建筑本身是违法实施建设工程的结果，不属于合法财产，不应纳入行政赔偿的范围。

（2）建筑材料。违法建筑本身不属于当事人的合法财产权益，但其本身违法并不意味着建筑材料亦随之变成非法财物。建筑材料应当属于当事人的合法财产。强制拆违机关如果因拆除不当造成建筑材料不合理灭失或损毁的，应当承担相应的赔偿责任。最高人民法院在〔2017〕最高法行申3854号郭某诉朝阳区政府行政复议案中认为，拆除违法建筑不能超出必要限度，行政机关在对违法建设实施强制拆除的过程中，若采取的手段、方式不适合、不正当，导致建筑材料受到明显不合理、过度毁损的，应当根据建筑材料的合理价值、违法强制拆除行为造成的合理损失等因素承担相应的赔偿责任。

（3）房屋装修及其附着物。房屋装修本身也存在较大的经济价值，如天花板吊顶、地砖、地板、水电设施。在强制拆违过程中，这些物品往往随着建筑本身被损毁。如果强制拆违行为对事实认定错误的，房屋装修及其附着物也应当获得赔偿。

（4）建筑物内的可移动物品。在当事人自行拆除违法建筑的状态下，可移动物品会得到较好的清理和搬运，在采取适当方式进行合法强制拆违的情况下，可移动物品也会被清点交接，不易发生丢失或损毁。但在非法强制拆违的情况下，由于程序或方式、方法的不当，可移动物品极易遭受灭失或损毁。

除了上述物质损害，在非法强制拆违过程中，建筑物内的特定纪念品如祖传字画、祖传首饰等灭失或损毁的，可能会对物品所有人造成精神损害。

四、因果关系的成立

行政赔偿责任的成立，还需要损害与非法强制拆违行为之间存在因果关系。如果非法强制拆违行为造成的损害，在合法的强制拆违行为下也必然会发生，那么这些损害与非法强制拆违行为之间虽然存在事实上的因果关系，却并不构成行政赔偿意义上可以认可的法律上的因果关系。

另外，对于损害的发生或扩大，受害人也有过错的，如受害人采取自残、自焚等方式，暴力抗拒执法，导致违法建筑内财物无辜毁损的，对于由受害人的行为引起或扩大的损害，在确定因果关系时应当予以区分，并在确定赔偿额时根据受害人的行为对损害造成的影响作相应的扣除。

第二节　当前强制拆违的行政赔偿实务

我国《行政强制法》《城乡规划法》《土地管理法》《国家赔偿法》等法律法规对强制拆违行为引发的赔偿问题规定得较为笼统而零散。在行政赔偿实务中，各地法院需对强制拆违行为的合法性、可赔偿的损害范围、赔偿方式、赔偿金额、举证责任分配等具体问题作出准确认定。

一、关于强制拆违行为违法的认定

在〔2016〕沪02行赔终1号上诉人赟皓信息科技有限公司（以下简称赟皓公司）、程某诉被上诉人青浦区徐泾镇人民政府（以下简称徐泾镇政府）要求确认强拆行为违法及行政赔偿一案中，徐泾镇政府下属执法人员于2013

年 9 月 27 日在巡查中发现程某在徐泾镇民主村 4 队存在违法搭建，建筑物的建筑面积为 250 平方米。2013 年 10 月 9 日，青浦区规划和土地管理局出具情况说明一份，认定程某在徐泾镇民主村 4 队的搭建未在该局办理过相关手续。徐泾镇政府遂于 2013 年 10 月 24 日向程某作出《限期拆除违法建筑事先告知书》并进行送达，告知程某违法事实、理由、陈述申辩权利等。2013 年 11 月 8 日，徐泾镇政府向程某作出《限期拆除违法建筑决定书》并进行送达，责令程某于 2013 年 11 月 15 日前自行拆除上述违法建筑，因程某到期未自行拆除，徐泾镇政府于 2013 年 11 月 18 日组织人员在帮助程某搬出房屋内物品后强制拆除了上述违法建筑，搬出物品当场交给程某，拆除现场由程某自行清理。赟皓公司、程某认为徐泾镇政府的强拆行为违法，因其违法行为造成的损失理应得到赔偿，遂诉至青浦法院，请求确认徐泾镇政府强行拆除程某厂房的行为违法，并要求徐泾镇政府赔偿程某各种损失及费用共计 1503450 元。这些损失及费用包括厂房、机器设备、电器、家具、原材料损失以及设备搬迁和安装费、停产停业费用等。

一审法院认为，徐泾镇政府在强制拆除前，组织人员搬离了被拆房屋内的所有物品，并将搬出的物品交由程某自行处置，强制拆除后，现场亦由程某自行清理处置，徐泾镇政府的强制拆除行为并无不当。赟皓公司、程某无证据证明因拆除违法建筑而遭受损失，其要求徐泾镇政府进行行政赔偿的诉请无事实和法律依据，审理过程中，徐泾镇政府表示自愿补偿赟皓公司、程某 4 万元，于法无悖，予以准许。遂判决驳回赟皓公司、程某所有诉讼请求，并判决徐泾镇政府应于该判决生效之日起 10 日内支付赟皓公司、程某自愿补偿款人民币 4 万元。二审法院认为，《上海市拆除违法建筑若干规定》（以下简称《拆违规定》）第 11 条第 3 款规定，市或者区、县人民政府责成有关部门强制拆除违法建筑的，应当在强制拆除的 7 日前发布通告；第 24 条规定，乡、村镇规划区的违法建筑拆除，由乡、镇人民政府参照本规定执行。本案中，被上诉人实施的强制拆除违法建筑行为，未在强制拆除 7 日前发布通告，不符合《拆违规定》第 11 条第 3 款之规定。《拆违规定》第 13 条规定，违法建筑强制拆除时，拆违实施部门应当通知当事人取走违法建筑内的财物，当事人未取走的，拆违实施部门应当妥善保管，并通知当事人在限定的期限内领取。本案中，被上诉人在实施强制拆除上诉人违法建筑时，在未通知上诉人取走违法建筑内的财物的情况下，自行组织人员将上诉人的财物搬离，亦与上述规定不符。故被上诉人的强制拆除违法建筑行为不符合法定程序，应当确认违法。关于上诉人提出的赔偿请求，二审法院认为，根据《国家赔偿法》第15条之规定，赔偿请求人对自己提出的主张，应当提供证据。本案中，上诉人提供的其自行制作的赔偿费用清单及开工生产情况、照片、证人证言等材料，不能证明上诉人在违法建筑内的财物以及机器设备因被上诉人实施的强制拆除行为造成了损失；根据被上诉人提供的视频资料，亦证明被上诉人将违法建筑内的物品搬出交上诉人自行处置，未造成上诉人损失。上诉人提出的赔偿请求缺乏事实证据。故二审法院确认徐泾镇政府实施的强拆行为程序违法，支持了徐泾镇政府的自愿补偿部分，对上诉人的赔偿请求仍然不予支持。

点评：本案是一起因强制拆违行为违法而涉及行政赔偿的典型案例，其代表了当前强制拆违行为的主要违法形态即程序违法。而对于程序违法，不同审级的法院呈现宽严不同的审查标准，是常见现象。

（1）关于违法行为的认定。由于地方行政机关普遍面临着完成强制拆除违法建筑的行政任务，为了支持和保障地方行政管理任务的有效完成，通常而言，只要对违法建筑的实体认定没有发生偏差，即使程序违法，地方法院也倾向于判决驳回当事人的诉讼请求，以支持强制拆违任务的顺利完成。而二审法院往往严格从行政行为的法定要件审查出发，对于违反法定程序的行为依然依法确认为违法。本案中，二审法院指出了涉案强制拆违行为存在的两种程序违法现象：一是未在强制拆除七日前发布通告，不符合《拆违规定》第11条第3款之要求；二是没有通知当事人取走违法建筑内的财物，不符合《拆违规定》第13条的规定。对具体行政行为合法性的审查，包括实体审查和程序审查，在程序违法的情形下，具体行政行为因欠缺程序上的合法性要求，应当被依法确认违法。

（2）关于财产损失的认定。本案中，当事人因强拆行为遭受了房屋损失，但是由于其被强制拆除的房屋属于违法建筑，行政机关实体认定正确，因此，可赔偿的财产损害范围，不包括房屋损失，只包括程序违法行为引发的损害。从被上诉人的程序违法行为来看，由于没有在强制拆除七日前发布通告及没有通知当事人自行搬出物品，当事人可能不知晓具体的强制拆除日，没有及时在违法建筑内搬出相关的物品，但被上诉人提供的视频资料可以反映，徐泾镇政府在强制拆除前，组织人员搬离了被拆房屋内的所有物品，并将搬出的物品交由程某自行处置，强制拆除后，现场亦由程某自行清理处置。因此，由于程序违法而引发的财产损失，在本案中并不存在。至于被强制拆除的违法建筑，由于其本身构成不法利益，即使在合法程序的强制拆违之下，也必然面临被拆除的结果，因而不是本案强制拆违行为造成的损害。换言之，在本案中，可赔偿的损害并不存在。

（3）对自愿补偿的认可。鉴于徐泾镇政府自愿补偿四万元，一审法院对自愿补偿款予以支持。二审法院判决确认强拆行为违法但不认为存在损失，同时也支持了徐泾镇政府对上诉人进行自愿补偿。当前，自愿补偿在强制拆违案件中比较常见，这可以适度缓和当事人对强制拆违行为的对立情绪。

二、关于被拆房屋的赔偿

强制拆违行为违法，可能只是程序违法，被拆除的房屋确属违法建筑；强制拆违行为违法，也可能是实体认定错误，误将合法建筑当作违法建筑予以拆除。因此，在赔偿实务中，对被拆除房屋的赔偿，首先应当立足于建筑本身的法律状态，如被拆除的房屋系合法建筑的，应当予以全部赔偿；如系违法建筑的，当事人无权要求行政赔偿。

（一）对合法途径取得的集体土地房屋予以全部赔偿

在农村地区，由于房屋土地的权证管理相对较为落后，存在大量无证房屋。对于无证房屋，是否应当一律认定为违法建筑，山东省高级人民法院在〔2017〕鲁行赔终 17 号李某某诉济南市政府行政赔偿一案中，从房屋来源是否合法的角度，合理认定相应的行政赔偿范围，具有示范意义。

在该案中，山东省高级人民法院认为，《国家赔偿法》第 4 条规定，行政机关及其工作人员在行使行政职权时侵犯受害人财产权的，受害人有取得赔偿的权利。已生效的〔2016〕鲁行终 278 号行政判决已经确认被上诉人济南市政府强制拆除涉案房屋行为违法，该强制拆除行为造成上诉人李某某财产损害的，依法应予赔偿。虽然上诉人李某某未能提供证据证明涉案房屋办理过规划、用地等合法审批手续及房屋权属证书，但涉案房屋系上诉人于1998年通过与该村民委员会签订购房合同取得，该房屋建造于20世纪90年代且一直正常使用至房屋被违法强制拆除时，当时农村行政管理不完善，原审法院判决被上诉人对上诉人合法途径取得的涉案房屋不予赔偿确有不妥。被上诉人在其强制拆除行为被确认违法的情况下应当赔偿上诉人的房屋损失。

关于具体的行政赔偿标准，山东省高级人民法院认为，行政赔偿应以支付赔偿金为主要方式。本案中，上诉人的直接损失应为其就涉案房屋本应获得的征收补偿款。然而，涉案房屋系于2011年被违法强制拆除，集体土地上的地上附着物补偿标准近几年有较大幅度提高，如果按照涉案房屋2011年被违法强制拆除时的补偿标准予以赔偿不足以保护上诉人的合法利益，故决定按照济南市现行集体土地上地上附着物的补偿标准确定赔偿数额。

根据被上诉人盖章的《拆迁补偿协议》，法院确定涉案房屋面积为230.72平方米；关于房屋结构问题，上诉人就房屋结构问题提交初步证据用于证明涉案房屋系钢混结构，对此被上诉人未提交相反证据，且被上诉人在强制拆除时未取证保存，应当承担举证不能的法律后果，故法院对涉案房屋结构系钢混结构予以确认；根据《济南市政府办公厅关于调整征地地上附着物和青苗补偿标准的通知》（济政办发〔2015〕16号）的规定，钢混结构房屋的补偿标准为每平方米1050元到1250元，从保障上诉人合法利益的角度，法院酌定依上述补偿标准的上限即按每平方米1250元予以赔偿，被上诉人应当承担的涉案房屋的赔偿金额为230.72×1250＝288275元。最终，山东省高级人民法院撤销了济南市中级人民法院不予赔偿的判决，判决济南市政府赔偿李某某房屋损失人民币288275元。

点评：本案在强制拆违行政赔偿案件中有着诸多重要的参考价值。

（1）在违法建筑的认定方面。在现实生活中，对违法建筑的认定，通常是以权证为依据，如果涉案房屋没有取得相应的土地使用证、建房许可证或房屋所有权证的，通常会被认定为违法建筑。这种"一刀切"的方式，显然不符合客观实际。在乡村建设中，许多农村房屋长期没有取得相应的权证，尤其是建设用房，许多企业主根据村委会的承诺开始建设，并且解决了农村大量富余劳动力的就业问题，但是在面临征地和房屋征收时，这些房屋往往会首先被当作违法建筑进行强制拆除。本案的重要借鉴意义在于，在行政赔偿的认定方面，没有机械地从有证无证的角度进行判断，而是从涉案房屋系合法取得的角度出发，将涉案房屋认定为应予以行政赔偿的范围。

（2）在损害的认定方面。在房屋已灭失的情形下，对于面积，法院根据被上诉人盖章的《拆迁补偿协议》的记载予以确认；对于房屋结构，法院根据行政机关的主观过失，合理分配举证责任；对于房屋性质，上诉人主张按照国有土地上周边房地产价格予以赔偿，法院认为涉案房屋并非国有土地上的房屋，故根据集体土地上的地上附着物补偿标准确定，符合涉案房屋的客观实际状态。

（3）在赔偿金额的认定方面。法院根据赔偿时的现行标准而不是房屋灭失时的标准计算，更能弥补受害人的实际损害，当赔偿金存在裁量幅度时，法院又根据行政机关的过失和受害人不存在可归责事由的状态，确定按照上限赔偿，符合双方在非法强制拆违行为发生时的不同主观状态。

（二）对未取得建筑规划许可的房屋不予赔偿

在城市地区，对于房屋是否为合法建筑的认定，往往取决于其是否取得建筑规划许可。最高人民法院审理的〔2016〕最高法行申 43 号蒋某诉虞城县人民政府因强制拆除行为要求行政赔偿案件，即是典型的一例。

该案的争议焦点集中在涉案房屋是否属于违法建筑以及因强制拆除行为造成的损失是否得到合理赔偿。最高人民法院认为，首先，涉案房屋位于虞城县城市总体规划区内，未取得建筑规划许可。虽然再审申请人认为涉案房屋未取得建筑规划许可系政府不作为所致，但再审申请人未提供证据证实涉案房屋符合规划条件且其已向有关部门提出申请，故对其该项主张不予支持。虞城县住房和城乡规划建设管理局认定涉案房屋系违法建筑并无不当。其次，关于再审申请人提出的赔偿问题，自虞城县住房和城乡规划建设管理局作出《责令限期拆除违法建筑告知书》至实际拆除涉案房屋长达近两个月的时间，再审申请人单方称将大量现金及贵重物品存放于即将被拆除的房屋之内，缺乏充分的证据佐证。鉴于再审被申请人提供的证据证实在拆除涉案房屋之前已将房屋内存放的物品搬出，且再审申请人亦在拆除现场，二审法院认为虞城县住房和城乡规划建设管理局虽然对物品进行了清点搬运，但未对搬运出去的物品进行妥善交接，造成部分物品损坏丢失的情形客观存在；且再审申请人并未就其单方所列的物品清单向法院提供确切证据证明损失物品的具体内容及价值。同时，考虑到强拆时物品的处理未经公证程序，在各方证据不足、难以再行取证的情形下，二审法院结合本案具体情况，以有关物品交接存有瑕疵为由酌定再审被申请人赔偿再审申请人损失 2 万元，并无不当。故最高人民法院最终驳回了再审申请人蒋某的再审申请。

点评：本案是关于城市规划区内如何认定违法建筑及对违法建筑是否应当赔偿的典型案件。

（1）关于违法建筑的认定。本案中，最高人民法院认定涉案房屋为违法建筑的依据包括三点：一是当事人客观上未取得建筑规划许可；二是当事人未提供证据证实涉案房屋符合规划条件；三是当事人未提供证据证明其已向有关部门提出申请。《城市规划法》第40条规定，在城市规划区内未取得城市规划主管部门核发的建设许可证或者未按照建设工程规划许可证的规定进行建设的建筑物，属于违法建筑物。因此，在本案中，最高人民法院系根据《城市规划法》的规定，以当事人有无取得建筑规划许可为主要的判断标准。那么，对于建筑规划许可实施之前已经建造的房屋应当如何认定其合法性的问题。对此，当前各省市法院的普遍做法是，以1990年4月1日也即《城市规划法》施行之日为分界点。《城市规划法》施行之前建造的房屋，即使没有取得建筑规范许可，也不能被当作违法建筑处理。反之，在该法施行之后，如果客观上未取得建筑规划许可且当事人实际上也未申领过建筑规划许可的房屋，应当被认定为违法建筑。

（2）关于违法建筑的赔偿。对于被认定为违法建筑的房屋，即使强制拆除行为被确认为违法，违法建筑本身也不是可赔偿的损害范围。本案中，被拆除的房屋系违法建筑，故法院没有判决对房屋予以赔偿。

三、关于被拆房屋内物品的赔偿

（一）对物品损失进行酌定赔偿

在前述〔2016〕最高法行申 43 号蒋某诉虞城县人民政府因强制拆除行为要求行政赔偿案件中，最高人民法院认可山东法院对物品损失进行酌定赔偿的做法，驳回了当事人的再审申请。在当前赔偿实务中，酌定赔偿也具有典型意义。

点评：

（1）关于强拆行为与物品损失的因果关系。本案中，关于物品损失，法院考虑了强拆机关的过失与损害之间的因果关系。强拆机关存在的过失表现在对物品进行了清点搬运，但未对搬运出去的物品进行妥善交接，造成部分物品损坏丢失。因此，部分物品损坏丢失的损害与强拆行为之间存在因果关系。

（2）关于受害人的举证责任。在行政赔偿中，受害人有义务对其损害进行举证。本案中，受害人自称将大量现金及贵重物品存放于即将被拆除的房屋之内，但虞城县住房和城乡规划建设管理局作出《责令限期拆除违法建筑告知书》至实际拆除涉案房屋长达近两个月的时间，受害人本人有充足的时间搬运及保管其贵重物品，其单方称现金及贵重物品的遗失显然既无证据证实又欠缺合理性，且受害人未就其单方所列的物品清单向法院提供确切证据证明损失物品的具体内容及价值。另外，从行政机关的举证来看，行政机关在拆除涉案房屋之前已将房屋内存放的物品搬出，拆除当日再审申请人也在拆除现场，其有能力获取在拆除房屋内搬出的物品，或者就物品损失进行固定取证。但在本案中，受害人未完成其举证责任。

（3）关于赔偿金额的酌定。本案中，当事人损害的发生确与行政机关的过失行为存在因果关系，但在举证方面，由于强拆时物品的处理未经公证程序，在各方证据不足、难以再行取证的情形下，二审法院结合本案具体情况，以有关物品交接存有瑕疵为由酌定行政机关赔偿受害人损失 2 万元，并无不当。这也是当前强制拆违行政赔偿案件中对确定赔偿额的主要做法。

（二）对物品损失进行自愿补偿

在前述〔2016〕沪 02 行赔终 1 号上诉人赟皓公司、程某诉被上诉人徐泾镇政府行政赔偿一案中，对于当事人提出的行政赔偿请求，一审法院和二审法院均以不存在损失为由予以驳回，但对行政机关的自愿补偿行为予以认可。

点评：

（1）明确行政赔偿的范围。行政赔偿的范围，应当是违法行为造成的损害。如果违法行为只是构成程序违法，对违法建筑的认定本身并无错误，在强制拆除违法建筑时，无论是程序合法进行还是违法进行，当事人必然要遭受的损害，不属于行政赔偿的范围。尤其是违法建筑，本身是非法利益，对非法利益的损失，显然不能赔偿。对于违法建筑内的设备、物品等，鉴于本案中，被上诉人已经在强制拆除前予以搬出并交由当事人自行处置，因此，对于物品，本案中也不存在损失，无须赔偿。

（2）行政机关自愿补偿的适用。在强制拆违案件中，对于损害金额难以确定或者损失难以证明存在的情形下，如行政机关主动愿意作出补偿，或者在法院的协调下，愿意补偿一定金额的，法院可以通过判决的方式将补偿金额固定下来。这种自愿补偿方式，一方面可以鼓励双方和解，另一方面可以促进社会和谐。

四、对损害的举证责任

在〔2017〕最高法行申 26 号王某诉南京市溧水区政府、溧水区征收办城建行政强制及行政赔偿一案中，最高人民法院分析了原被告举证责任之不同，从合理分配举证责任的角度出发，认可江苏法院参照当事人损失清单酌定赔偿金额的做法。

在该案中，江苏省南京市中级人民法院于 2016 年 3 月 16 日作出〔2015〕宁行初字第 270 号行政判决，确认溧水区政府组织实施搬迁行为违法并赔偿王某 22880 元，驳回王某其他诉讼请求。王某不服提起上诉，江苏省高级人民法院于 2016 年 12 月 16 日作出〔2016〕苏行终 550 号行政判决，驳回上诉，维持一审判决。王某仍不服，向最高人民法院申请再审。最高人民法院认为，在行政赔偿诉讼中，原告应当就行政行为是否造成损失、损失金额多少承担举证责任。虽然《行政诉讼法》第 38 条第 2 款规定："因被告的原因导致原告无法举证的，由被告承担举证责任。"但此条规定的举证责任，与前述原告的举证责任仍有较大区别。行政诉讼中的原告和被告，对是否存在损失以及损失金额问题的举证责任，仍宜根据《行政诉讼法》第 101 条规定，参照最高人民法院《关于适用〈中华人民共和国民事诉讼法〉的解释》第 90 条和第 91 条相关规定，分别承担相应的举证责任和证明责任，并在此基础上科学、合理地确定并分配被告行政机关的举证责任。一审、二审法院结合本案具体案情，以《拆迁损失清单》载明损失数额为基础，判决赔偿王某人民币 22880 元，并驳回王某其他诉讼请求，有事实和法律依据。

点评：

强制拆违行为往往因程序违法而构成违法，由于程序违法造成的损失，又往往是违法建筑内的物品损失。在程序违法的情形下，受害人往往对物品损失难以进行充分有效的举证，而行政机关由于程序的违法，又未能对物品进行合理的搬运、清点、交接和公证，因此，双方均对损害存在举证困难。在此情形下，损害虽然成立，但如何对损害确定合理的赔偿金额，是各省市法院普遍面临的行政赔偿困境。本案中，最高人民法院从各方举证责任的性质不同出发，认为应当合理分配各方当事人的举证责任，具有重要的判例意义。

（1）受害人对损害负法定的举证责任。行政案件中，被告对被诉行政行为的合法性负有举证责任，不提供或无正当理由逾期提供证据的，视为被诉具体行政行为没有相应的证据，被告将因举证不能将承担败诉的风险。但在行政赔偿案件中，法律设置了举证责任倒置制度，即由原告对行政行为造成的损害提供证据。这一点，体现了民事诉讼中"谁主张，谁举证"的原则，因为在行政行为已经被确认违法的前提下，对行政赔偿的确定，需根据原告的赔偿请求而审查，因此，原告对其损害负有举证责任。对此，最高人民法院在本案中强调，原告就损失金额承担的举证责任，是法律预先规定的而非由法官酌定的，是固定不变的而非可转移的，是客观的举证责任而非主观的举证责任，是结果意义的举证责任而非行为意义的举证责任。因此，原告如无法就损害进行充分举证的，将承担举证不能的不利后果。

（2）特殊情形下被告的举证责任。在强制拆违过程中，由于被告的程序违法行为导致物品灭失或损毁的，原告往往无法对损害进行充分的举证。为了平衡各方当事人的举证能力，针对特殊情形下原告的举证困难，《2014 年行政诉讼法》第 38 条第 2 款作出了特殊规定，要求被告在由其原因导致原告无法举证的情形下，承担举证责任。这一点，在实践中容易让人产生困惑，即在被告的原因导致损害难以举证的情形下，如何由被告承担举证责任？被告如果无法就损害进行充分举证的，是否应当承担举证不能的不利后果，如何承担？为了澄清这一问题，在本案中，最高人民法院指出，特殊情形下，被告对损害的举证责任，与原告的举证责任，在证明目的、证明对象（待证事实）、不利后果等方面存在较大区别。被告在《行政诉讼法》第38条第2款项下的举证责任不属于结果意义上的举证责任，否则将违反"否定之人无须举证"这一基本证据法则，也将让主张消极事实的被告，在案件审理中难以履行相应的举证责任。

（3）赔偿金额的酌定。在由于被告原因导致原告无法对损害进行举证的情形下，最高人民法院认为，基于证据的可得性、当事人提供证据的便利性以及对违反法定程序的行政机关的惩戒性，对于因被告违法行政而造成原告举证困难的情形，应当参照最高人民法院《关于适用〈中华人民共和国民事诉讼法〉的解释》第90条和第91条的规定，分别承担相应的举证责任和证明责任。而从民事诉讼的相关规定来看，在此情形下，基本原则仍然是"谁主张谁举证"。主张法律关系存在的当事人，应当对产生该法律关系的基本事实承担举证证明责任；主张法律关系变更、消灭或者权利受到妨害的当事人，应当就该基本事实承担举证证明责任。这一点，与《国家赔偿法》第15条第1款的要求也是吻合的。本案中，原告已经就其损害提供了损失清单，对受到损害的事实尽到了初步的证明责任，而由于被告的过失，导致法院难以对该损害的真实性作出精准的判断，且被告也难以提供证据否定原告主张的损害事实。此时，法院可以在原告已就损失金额提供证据初步证明的基础上，依法酌定赔偿数额。在酌定赔偿数额时，可全面考量各方过错、因果关系、作用力大小等因素，充分发挥协调、调解、和解的作用，促成行政争议的实质化解。本案中，最高人民法院认可了江苏法院根据原告提供的损失清单酌定赔偿金额的做法。

第三节　强制拆违行政赔偿制度之完善

开展强制拆违活动，有助于促进区域环境综合整治，改善市容市貌。但由于整治力度较大，涉诉行政争议也持续增多。在强制拆违行政赔偿案件的处理过程中，各省市的认定标准不一，而且在同一省市内，不同级别的法院也存在不同的观点和做法，导致受害人获得的行政赔偿存在较大差别。为了确保司法审查标准的公正统一，促进当事人的损害得到充分赔付，我国当前强制拆违行政赔偿制度需要进一步完善，既要确定行政赔偿的一般原则，又要在具体认定上设置明确的标准。通过行政赔偿制度的完善，促进强制拆违执法人员进一步增强法治意识，在强制拆违活动中兼顾行政效率与依法行政。

一、明确赔偿原则

按照损害与赔偿额的对应关系进行分类，行政赔偿标准的适用原则可以分为三类，即全部赔偿原则、适当赔偿原则和惩罚性赔偿原则。在强制拆除违法建筑行为构成违法的情形下，对当事人的损害，也要贯彻全部赔偿原则，确保当事人的合法权益受公权力行为侵犯后，可以得到及时充分的弥补。

（一）应当避免的两种倾向

对于强制拆违行为违法引发的行政赔偿问题，实务部门容易产生两种完全不同的倾向：一种观点认为，只要被拆除的是违法建筑，且当事人在限期内拒绝自行拆除，强拆机关的行为即使构成违法，也不应当给予行政赔偿，因为违法建筑本身就是非法利益，强制拆除违法建筑只是剥夺了当事人的非法利益，对非法利益显然不能予以赔偿；另一种观点认为，只要强制拆除违法建筑行为被确认为违法的，即使只是程序违法，被告方也应当赔偿全部损失，包括违法建筑物及违法建筑内的各类设施、物品等。

上述两种观点，忽略了强制拆违行为的各种违法形态，采用"一刀切"的方式处理行政赔偿问题，显然不符合客观实际，难以正确充分地保障当事人的合法权益。

（二）确定差额赔偿原则

如前所述，强制拆违行为存在多种违法形态，如事实认定不充分、程序欠规范等。不同的违法形态，造成的损害后果并不相同。因此，对违法行为与损害后果之间的因果关系应当根据不同的违法形态，进行更具体、更精细的解析，方能对损害作出正确的界定，进而确保赔偿额与损害相符，实现全部赔偿原则。

从当前的强制拆违现状来看，对违法建筑的定性发生偏差的较小，更多的情形是，行政机关为追求效率，在《行政强制法》已经实施的情况下，突破法定程序，强制拆除违法建筑，从而构成程序违法。在此情形下，虽然建筑本身违法，但如果遵守合法程序进行强制拆除，与非法程序相比，对当事人的利益侵害可能存在程度上的差别，而这些差别正是应当予以赔偿的范围。因此，确定差额赔偿原则，宜成为判断此类拆违案件行政赔偿范围的主线。

当然，在事实认定错误的情形下，由于不存在可以合法强制拆除的可能，对当事人的实际损害，应当作出全额赔偿，不应当奉行差额赔偿原则。

（三）确定比例赔偿原则

对于受害人过失造成或扩大的损害，是否应当在赔偿额计算中按比例扣除，《国家赔偿法》并未作出相应的规定。但《2018 年行诉解释》第 97 条确定了比例赔偿原则，该条规定，原告或者第三人的损失系由其自身过错和行政机关的违法行政行为共同造成的，人民法院应当依据各方行为与损害结果之间有无因果关系以及在损害发生和结果中作用力的大小，确定行政机关相应的赔偿责任。该司法解释第 98 条规定因行政机关不履行、拖延履行法定职责致害的，在确定赔偿数额时应当考虑该行为在损失发生过程和结果中所起的作用等因素。因此，比例赔偿原则可以在强制拆违活动中加以运用。从赔偿实务来看，在强制拆违活动中造成的损害，可能完全由拆违主体的违法行为所造成，如未交接违法建筑内的物品导致物品丢失或损毁，如将合法建筑误作为违法建筑拆除造成房屋灭失，但也可能由于受害人或者拆违主体的共同行为造成。如拆违主体将违法建筑内物品搬出，但受害人拒绝接收，导致物品灭失等。在受害人本身也存在过错的情形，需根据受害人的过错在造成损害中的原因力和作用，按比例扣除赔偿义务机关应当赔偿的费用。

二、合理确定赔偿方式

选用合适的赔偿方式，可以最大化地弥补非法强拆行为对当事人造成的损害。

（一）恢复原状

在事实认定错误情形下进行的强制拆除行为，应当以恢复原状为重要的赔偿方式。如集体土地上的无证房屋，被错误认定为违法建筑，但事后证明系以合法途径取得或建造的，此时，行政赔偿方式宜采取恢复原状的方式，恢复原状体现为，为村民重建房屋或修复房屋。

除了房屋以外，如果房屋装修被破坏的，也可以按照原来的标准进行修复或重新装修。

在强制拆违领域采用恢复原状的方式，可以避免各方当事人对赔偿金额产生争议，也可以最大化地弥补损害，使得当事人的财产尽可能恢复到未受公权力行为侵犯时的状态。因此，在恢复原状合适的情形下，宜优先采用恢复原状的赔偿方式。

（二）返还财产

强制拆违行为被确认为违法后，能够返还的财产，应当尽快返还给当事人。强制拆违不仅造成房屋的灭失，也会造成房屋内财产物品的丢失或损毁，如物品被搬走后可以返还的，应当及时返还给受害者。特别是可移动的物品，返还财产意味着财产权恢复至未受侵犯时的状态。当然，如果物品有部分损坏的，当事人也可以不要求返还财产而主张赔偿金，或者主张返还财产，但要求支付修复费用或赔偿贬值损失。

需要注意的是，强制拆违行为即使合法，有时也面临着返还财产的问题。譬如说，房屋作为违法建筑被拆除后，如果建筑材料尚有财产价值的，当事人有权要求返还。如果建筑材料在拆除房屋或搬运过程被不合理损坏的，导致价值贬损的，当事人除了要求返还，还可以要求赔偿不合理贬值部分的损失。

（三）金钱赔偿

在行政赔偿案件中，金钱赔偿是适用最广，但最难以计算和评定的赔偿方式，在强制拆违领域尤其如此。但是，在恢复原状或返还财产不可行的情形下，也唯有金钱赔偿才能弥补损害。金钱赔偿不仅能够弥补物质损害，还能对精神损害起到一定的慰藉作用。

如前述〔2017〕鲁行赔终17号李某诉济南市政府行政赔偿一案中，涉案房屋系于2011年被违法强制拆除，但涉案房屋所在地块已经被列入征地范围，因此恢复原状允许当事人重建房屋已经不可能，只能采用金钱赔偿方式。而按照涉案房屋2011年被违法强制拆除时的房屋征收补偿标准予以赔偿也不足以保护李某的合法利益，法院最终按照济南市现行集体土地上地上附着物的补偿标准的上限确定被拆房屋的赔偿数额。

三、准确计算及评定赔偿金数额

在金钱赔偿的方式下，如何准确评定房屋及物品的赔偿额，须根据案件具体情况采用不同的评定方法，确保赔偿金与当事人的损害基本吻合。

（一）对房屋的评定方法

无证房屋是否等同于违法建筑，不能一概而论。由于历史、风俗习惯、招商引资等原因，农村地区存在大量无证房屋；在城市地区，《城市规划法》施行之前建造的房屋也大量处于无证状态。无证房屋并不必然等同于违法建筑，当无证房屋遭遇强制拆除时，法院应当综合考虑房屋来源、房屋建设的时间、使用情况、居住利益、当时的立法状况等因素确定是否属于违法建筑，如不属于的，则被强制拆除的房屋即因强拆行为事实认定错误而属于可赔偿的范围。从赔偿实务来看，如下几种情形的无证房屋不宜界定为违法建筑。

（1）以合法途径自村委会取得的无证房屋。对于当事人以合法途径取得的房屋，即使无证，也不能一概强拆。对于村委会同意建设并承诺颁证的农村厂房，即使无证，也要看客观上是否符合规划，是否可以补办审批手续，如不能补办确实应当拆除的，也应当协商补偿问题，而不是一律强拆不予补偿。另外，农民新建住宅，一般先报乡、镇人民政府，经过初步审核后，报有关规划部门审批。如果农民申请后，由于乡、镇人民政府不作为，没有呈递至规划部门，或者乡、镇人民政府越权批准建房导致农民产生信赖的，对于此类无证房屋，在补偿时，仍然要视同于合法建筑看待。如上述无证房屋被当作违法建筑强制拆除的，构成事实认定不充分，强拆机关应当对农民作出赔偿或补偿。

（2）在相关法律法规施行以前已经建造完毕的无证房屋。在城市规划区内，主要是指《城市规划法》施行以前建造完毕的房屋，在农村地区，主要是指《村镇建房用地管理条例》和《土地管理法》施行以前建造的农村房屋。对于被划入城市规划区内的农民集体所有土地上的房屋，如果城市规划变更前就已存在，需要根据建筑当时有关土地管理方面的法律规范进行审查。

（3）超过期限后有合理理由存在的临时建筑。如青岛市中级人民法院在青岛市水生生物资源养护和管理中心诉青岛市市南区综合行政执法局、青岛市市南区人民政府行政强制及行政复议案中认为，如为了配合重大项目建设，拆迁补偿协议约定相对人可以临时搭建房屋，行政机关在已经作出相应承诺的情况下，作出的限期拆除决定未考虑违法建设行为的事实、性质、情节、缺乏合理性。因此，临时建筑虽然超过批准期限，但如其存在合理理由的，不宜作为违法建筑处理，此举也是为了避免侵害当事人的信赖利益。

（4）其他存在合理历史成因的无证房屋。如德州市中级人民法院在都某某诉庆云县城市管理行政执法局城市行政管理案中认为，与原告相比，行政机关具有优势证明责任，其仅证明涉案房屋未办理审批手续，未考虑涉案房屋的历史成因、房屋来源等因素，即认定涉案房屋系违法建筑，主要证据不足。如日照市中级人民法院在于某某诉莒县住房和城乡规划建设局城建行政强制案中也认为，在涉案建筑的形成符合特定条件情况下，拆除行为未考虑历史成因、立法状况、房屋来源等因素，侵害信赖利益，拆除机关对此未尽举证责任，作出处罚决定明显不当，应予撤销。淄博高青法院在耿某某诉高青县花沟镇人民政府行政强制案认为，行政机关没有充分证据证明涉案房屋系违法建筑，也未提供证据证明其作出过限期拆除决定，更未提供取得相对人同意拆除的有效证据，在此情形下径行拆除涉案房屋，违反法定程序。

根据上述方法，如认定被拆房屋属于行政赔偿范围的，可以采用房地产评估或鉴定方式，对被强制拆除房屋的市场价格进行评估或鉴定，并按照市场价进行赔偿。在评估或鉴定时，应当注意国有土地上房屋与集体土地上房屋的价格区别。如对于集体土地上的房屋，被强制拆除后，因涉及征收，没有重建的必要的，可以根据征收时对集体土地上房屋的评估标准进行评估或鉴定。如果征收已经结束，可以参照行政赔偿当年类似地块的评估标准确定赔偿额。对国有土地上的房屋，法院也可以参照相应的房屋征收评估标准，核定被拆房屋的市场价。

如在第六章所述周某平案件中，一审法院判决浙江省湖州经济技术开发区管理委员会给予周某平全部赔偿款 499617.9 元之构成，主要包括了涉案房屋被拆除后的重置价加上附属物价值。其中的"重置价"，主要是指重新建造与原有房屋结构、式样、质量、功能基本相同的房屋所需的费用，即被拆房屋重新建设的建筑价值（成本价）。一审法院对这部分成本价的核定方式，获得了最高人民法院的认可。一审法院的核定方式是，鉴于双方对浙江众诚房地产评估事务所就两处房屋分别作出的众诚评估湖〔10〕拆 16－064 号、065 号两份《湖州房地产评估单》中的建筑面积、附属物等没有异议，一审法院从有利于再审申请人周某平的利益出发，参照了湖建发〔2013〕184 号《湖州市住房和城乡建设局关于印发湖州市市区国有土地上房屋征收评估有关标准的通知》进行核定，确定了涉案建筑的材质等级及成新率。以涉案房屋的建筑材质等级为砖混混合一级、成新率为 75% 的标准计算被拆除农房的重置价格。核定两处涉案房屋建筑面积分别为 262.44 平方米和 238.88 平方米，重置价分别为 257847.3 元和 234699.6 元，共计 492546.9 元。最高人民法院认为，单就涉案房屋重置价一项赔偿内容看，上述核定方式体现了以人为本，值得肯定。不过，最高人民法院同时指出，在房屋已经面临拆迁的情形下，一审法院仅判决赔偿周某平房屋重置价，将再审申请人应当享有的农房拆迁改造安置补偿权利排除于《国家赔偿法》第 36 条第 8 项规定的"直接损失"之外，存在确定行政赔偿范围的重大缺漏，依法应予纠正。

当然，如果房屋因非法强制拆违遭遇毁损，但尚可修复时，可以对修复费用进行鉴定。

（二）对物品的评定方法

非法强制拆违中的物品，包括建筑材料、房屋附属设施、可移动物品等。如属于赔偿范围的，在恢复原状或返还财产不可行的情形下，可采用如下方式或途径评定赔偿金。

（1）评估或鉴定。对属于可赔偿范围的物品，如损毁或灭失的，也可以进行相应的评估或鉴定。

（2）自行协商。对难以进行评估或鉴定的物品损失，法院可以组织行政赔偿各方当事人进行调解，协商确定物品损失的赔偿额。

（3）法院酌定。在强制拆违案件中，由于强拆行为造成的物品损失，往往难以由当事人对损害进行举证和鉴定，同时由于各方当事人情绪的对立和立场的冲突，协商一致的方式也难以顺利开展。对此，法院可以在初步查明损失的基础上，采用酌定方式确定赔偿额。我国《2018 年行诉解释》第 47 条第 3 款规定，当事人的损失因客观原因无法鉴定的，人民法院应当结合当事人的主张和在案证据，遵循法官职业道德，运用逻辑推理和生活经验、生活常识等，酌情确定赔偿数额。

（4）鼓励自愿补偿。在强制拆违中，有时原告无法举证损失的存在，而被告出示的相应证据可以证实损失并不存在，在此情形下，如果强制拆违机关主动愿意补偿的，法院可以予以支持和鼓励，以缓和社会矛盾，实质解决行政争议。

（三）赔偿金中应当剔除的部分

需要指出，强制拆违行为违法或不合理，不一定必然造成行政赔偿的后果。因为当事人的财产损失，有些与非法强制拆违行为存在因果关系，有些即使在合法强制拆违情形下也会必然发生。另外，有些损害的发生，存在受害人的过错或受害人与行政机关的共同过错。因此，在确定行政赔偿金时，应当按照比例原则和差额原则进行相应的剔除。

（1）应当按比例扣除的损害。在强制拆违行为违法造成损害的情形下，对损害的赔偿还需审慎判断行为与损害之间的因果关系，合理确定赔偿范围和准确计算赔偿额。如果受害人的损害系由受害人及行政机关的共同过错造成的，法院应当根据各方行为与损害结果之间有无因果关系以及在损失发生和结果中作用力的大小确定相应的赔偿责任。对受害人的过错所构成的损害，应当根据其过错对损害所构成的作用力，按比例扣除赔偿额。

（2）应当按差额原则扣除的损害。强制拆违行为违法引发的行政赔偿，还需贯彻差额赔偿原则。在违法建筑实体认定没有错误的情形下，比较合法强拆和非法强拆下的损害后果，按照损害的差额进行赔偿。如不存在差额，则无须赔偿。在强制拆除违法建筑过程中，有时，无论是合法强制拆违还是非法强制拆违，都会造成一些必然的损害。例如，在对别墅里的违法建筑进行强制拆除时，大型拆除设备的进入必然会对花园的草坪等造成一定的损坏。如果在合法强制拆违情况下，也必然会发生同等损害，那么即使存在非法强制拆违，对于此类损害，也应当在赔偿范围内予以剔除。

山东省高级人民法院在颜某某诉临沂市兰山人民政府、临沂市人民政府行政强制拆除及行政赔偿案中认为，行政机关未履行告知、作出拆除决定等法定程序即实施拆除行为，剥夺了相对人自行救济的权利，拆除过程中方式、手段不适当，未考虑建筑材料的损失，行政机关对扩大的损失应予赔偿。对扩大的损失由行政机关予以赔偿，即是对差额赔偿原则的适用。

此外，在非法强制拆违引发的行政赔偿案件中，较难处理的是建筑材料损失的认定。在赔偿实务中，确实有些建筑材料在房屋拆除后仍有一定的独立经济价值，如价值较大的门窗结构等。如果强制拆违机关对一些明显可以区分处理且仍有一定经济价值的建筑材料，在强拆过程中采用方式、方法不当，未尽合理注意义务，造成不必要的重大损失的，应当就此承担相应的赔偿责任。在确定赔偿额时，也可以贯彻差额原则，即比较拆违机关尽了必要注意义务后发生的合理损失、损耗，比较当事人自行合理拆除违法建筑下产生的合理损耗，与违法拆违情形下造成的损害进行综合比较，按照差额由行政机关承担赔偿责任。

（3）增加的费用应当扣除。需要注意的是，在当事人自行拆除的情形下，有时必然会产生一些费用。例如，当事人自行拆除厂房的，必然会产生拆除厂房时的设备搬迁费等费用。因此，在违法建筑认定无误但因其他情形造成强制拆违行为违法的情形下，对当事人自行拆除必然会增加的费用，也宜在损害赔偿额中予以扣除。

综上，在强制拆违活动中，对事实认定不正确、程序违法、违反比例原则等违法形态引发的行政赔偿案件，需准确界定行为与损害之间的因果关系，合理判断可赔偿的损害范围。法院既要根据各方当事人的过错程度贯彻比例原则，又要根据合法拆违和非法拆违情形下损害发生的不同，按照差额原则确定可赔偿的损害范围。此外，还要根据具体案件下损害状态的不同，选用合适的赔偿方式。在采用赔偿金的情形下，要在赔偿额中剔除按照原因力比例、差额原则等应当由受害人自行承担的损害。

第八章
行政赔偿程序

当事人寻求行政赔偿的方式，可以分为三种不同的阶段和程序：一是直接向赔偿义务机关提出。在这一程序中，如果赔偿请求人与赔偿义务机关能够达成协议，可以省去行政复议与诉讼，既便利了当事人，又可以降低行政机关和司法机关处理行政争议的成本，节约社会资源。二是一并向行政复议机关提出。当事人也可以不经过先向赔偿义务机关提出的程序，直接在行政复议程序中提出，但前提是当事人在行政复议中要求撤销或确认行政行为违法，只有造成损害的行政行为被撤销或被确认违法的，当事人才可能就损害获得行政赔偿。三是在行政诉讼中提出。当事人既可以单独提起行政赔偿诉讼，又可以在提起行政诉讼时一并提起赔偿请求。

第一节　先行处理程序

先行处理程序是指赔偿请求人先向赔偿义务机关提出赔偿请求、协商和决定赔偿内容的程序。先行处理程序可以帮助行政机关及早发现违法或不当行为对赔偿请求权人造成的损害，及时予以纠错，弥补损害。在这一程序中，双方可以自行协商，达成协议，协商不成的，赔偿义务机关作出不予赔偿或赔偿的决定。与复议及诉讼程序相比，先行处理程序简便灵活，可以充分发挥案件过滤效应，减轻行政复议及行政诉讼压力，凸显行政救济功能。

多数国家和地区的法律都规定了行政赔偿领域的先行处理程序，只是名称略有不同。例如，在我国台湾地区，协议程序经常是行政赔偿诉讼的诉前程序。台湾地区所谓"国家赔偿法"第 10 条规定，依"本法"请求损害赔偿时，应先以书面形式向赔偿义务机关提出请求。赔偿义务机关对于该项请求，应当立即与请求权人进行协商。协商达成一致意见时，应当制作协议书，协议书可以被强制执行。第 11 条规定，赔偿义务机关拒绝赔偿，或自当事人提出请求之日起逾期 30 日仍不开始进行协商的，或自开始协商之日起逾期 60 日达不成一致协议的，请求权人可以提起损害赔偿之诉。台湾地区所谓"国家赔偿法施行细则"还专设第三章协议，对代理人、协议进行程序、协议履行日期、期间等事项作出详细规定。在协议程序中，当事人达成一致意见的，应当制作协议书，列明双方身份信息、协议事件的案由及案号、损害赔偿的金额或恢复原状的内容、协议日期等内容。如果协议不成立的，赔偿义务机关应当根据请求权人的申请，制发协议不成立的证明书。在协议程序中，赔偿义务机关在一定限额内可以径行决定赔偿金额。

在我国大陆地区，公民、法人或者其他组织单独就公权力行为造成的损害赔偿问题提出请求的，也应当先由行政机关解决。《国家赔偿法》第 9 条第 2 款规定，赔偿请求人要求赔偿，应当先向赔偿义务机关提出。最高人民法院《关于审理行政赔偿案件若干问题的规定》第 21 条第 5 项规定，赔偿请求人单独提起行政赔偿诉讼，应当符合下列条件：赔偿义务机关已先行处理，或超过法定期限不予处理。据此，单独提起行政赔偿诉讼的，起诉人必须先向赔偿义务机关提出行政赔偿申请，行政机关拒绝赔偿、当事人认为赔偿金额过低或者行政机关逾期不予理睬的，起诉人方可依法向人民法院单独提起行政赔偿诉讼。未经赔偿义务机关先行处理，赔偿请求人直接向人民法院提起行政赔偿诉讼的，起诉不符合法定条件。

在我国大陆地区，先行处理程序具备如下功能：（1）弥补立法的不足。我国行政赔偿的标准由《国家赔偿法》予以规定，但《国家赔偿法》适用的是法定赔偿标准，对多数赔偿项目规定了全国平均主义的计算方式，未充分考虑赔偿请求权人的实际损失。在行政赔偿诉讼中，法院只能根据法定赔偿标准予以判决，金额可能远远低于请求权人的实际损失。因此，许多原告在行政诉讼中并不选择附带提起赔偿诉讼，而是在获得行政诉讼胜诉判决后，另行向行政机关提出赔偿请求，以期通过与行政机关进行协商，获得高于法律标准的赔偿金额。（2）减轻法院信访压力。当法院按照法定标准作出赔偿判决时，赔偿请求权人认为低于实际损失的，很多人会选择缠讼上访的道路。而通过行政机关先行处理，可以大为减轻法院处理信访矛盾的压力。

当事人通过先行处理程序提起行政赔偿请求的，应当提交申请书，申请书应当载明如下事项：（1）受害人为个人的，包括姓名、性别、年龄、工作单位和住所等，受害人为法人或者其他组织的，则包括名称、住所和法定代表人或者主要负责人的姓名、职务等；（2）具体的赔偿请求、事实根据和理由，对于金额，应当说明计算的方式；（3）申请日期。当事人书写行政赔偿申请书存在困难的，可以委托他人代书，也可以口头申请，由赔偿义务机关记入笔录。受害人死亡的，赔偿请求人应当说明与受害人的关系，并提供相应的身份关系证明。赔偿请求人的申请材料不齐全的，赔偿义务机关应当当场或在 5 日内一次性告知赔偿请求人需要补正的全部内容。

收到申请后，赔偿义务机关应当在两个月内作出是否进行行政赔偿的决定。在对行政赔偿请求审查的过程中，赔偿义务机关应当充分听取赔偿请求人的意见，并可以与赔偿请求人就赔偿方式、赔偿项目和赔偿数额等依照规定开展协商。

赔偿义务机关决定赔偿的，应当制作赔偿决定书，并自作出决定之日起 10 日内送达赔偿请求人。赔偿义务机关决定不予赔偿的，应当自作出决定之日起 10 日内书面通知赔偿请求人，并说明不予赔偿的理由。如果赔偿义务机关逾期未作是否赔偿的决定，赔偿请求人可以自期限届满之日起 3 个月内，向人民法院提起诉讼；如果赔偿请求人对赔偿决定的赔偿方式、项目、数额有异议的，或者对不予赔偿决定不服的，赔偿请求人可以自收到决定之日起 3 个月内，向人民法院提起诉讼。

我国大陆地区的先行处理程序和台湾地区的协议程序均能发挥重要的行政救济作用，充分并及时地保障受害人的合法权益，但两者也存在某些差别。

（1）协议书的强制执行力不同。在我国台湾地区，根据所谓"国家赔偿法"第 10 条的规定，赔偿义务机关与请求权人通过协商达成一致意见后，应当制作协议书，如果赔偿义务机关不依照协议书履行行政赔偿义务的，请求权人可以直接根据协议书申请强制执行，无须另行提起行政赔偿诉讼。在我国大陆地区，赔偿义务机关与请求权人如果在先行处理程序中达成协议的，法律并没有规定该协议可以被法院直接强制执行。在先行处理程序中，即使赔偿义务机关作出赔偿决定且得到请求权人认可，但随后赔偿义务机关不履行的，请求权人也不能直接向法院申请执行该决定书的法律规定。可以说，对行政先行处理程序结束后的各类赔偿结果，我国大陆地区尚缺乏配套的法律规定，所幸，在赔偿实务中，极少有行政机关承诺或决定赔偿之后又不履行的情形。

（2）赔偿义务机关的裁量权限不同。在我国台湾地区，为了配合协议程序以及行政赔偿诉讼中和解工作的开展，所谓"国家赔偿法施行细则"第24条规定，赔偿义务机关可以在一定的金额限度内，径行决定赔偿金额……赔偿义务机关对赔偿金额拥有一定的裁量幅度，有助于其与赔偿请求权人通过协商达成一致意见。在我国大陆地区，行政机关对行政赔偿的金额并无法定的裁量幅度。

第二节　行政赔偿复议

行政复议程序也属于行政救济程序，公民、法人或者其他组织认为具体行政行为侵犯其合法权益的，可以向行政机关提出行政复议申请，并附带提出行政赔偿请求。根据《行政复议法》的规定，行政复议施行"上级复议"方法，复议机关包括作出行政行为部门的上一级主管部门、作出行政行为的部门所在的本级人民政府。对地方各级人民政府的具体行政行为不服的，向上一级地方人民政府申请行政复议。对海关、金融、国税、外汇管理等实行垂直领导的行政机关和国家安全机关的具体行政行为不服的，向其上一级主管部门申请行政复议。另外，对法律、法规授权的组织的具体行政行为不服的，分别向直接管理该组织的地方人民政府、地方人民政府工作部门或者国务院部门申请行政复议。但对于国务院部门或者省、自治区、直辖市人民政府的具体行政行为不服的，则施行"本级复议"方法，仍然由作出该行政行为的国务院部门或省级政府作为复议机关。

在行政赔偿领域，行政复议程序并非先行处理程序后的必经程序。对于行政机关在先行处理程序结束后的行政赔偿决定、不予赔偿决定、逾期不作决定等，当事人不服的，可以直接提起行政赔偿诉讼。行政复议程序也并非提起行政赔偿的必经程序，当事人可以在复议过程中附带提起行政赔偿请求，当事人在复议中没有一并提起赔偿请求的，在不服复议决定而提起的行政诉讼中，仍可以附带提起行政赔偿诉讼。值得注意的是，当事人不得就行政赔偿问题单独提出行政复议申请，只能在申请行政复议时附带提出行政赔偿请求，即在对行政行为或事实行为提起撤销或违法等复议请求时，附带提起行政赔偿请求。因此，当事人在行政复议中提出附带行政赔偿请求的，赔偿义务机关即为复议机关。

赔偿请求权人申请行政复议，可以书面申请，也可以口头申请；口头申请的，行政复议机关应当当场记录申请人的基本情况、行政复议请求、申请行政复议的主要事实、理由和时间。当事人在复议程序中一并提起赔偿请求的，还应当在复议申请书中写明具体的赔偿要求、事实根据和理由。参照行政诉讼证据规则，对于复议中一并提起的赔偿请求，适用举证责任倒置原则，当事人应当对被申请复议的行为造成损害的事实提供证据。

对于复议案件，复议机关可以进行书面审理，也可以采取听证的方式审理，此外，还可以组成行政复议委员会进行审理。

复议机关经审理后认为，被复议的具体行政行为合法的，对行政赔偿请求应当予以驳回；复议机关如认为被复议的行为违法且造成损害的，在决定撤销、变更具体行政行为或者确认具体行政行为违法时，可以决定对被申请人给予赔偿。另外，在特定类型的行政复议案件中，即使当事人不主动提出行政赔偿请求，复议机关也应当责令复议被申请人作出赔偿。这主要是在撤销或者变更罚款，撤销违法集资、没收财物、征收财物、摊派费用以及对财产的查封、扣押、冻结等具体行政行为发生违法时，此时，即使申请人在申请行政复议时没有提出行政赔偿请求的，复议机关也应当同时责令被申请人返还财产，解除对财产的查封、扣押、冻结措施，或者赔偿相应的价款。此外，在行政复议程序中，如果申请人和被申请人对赔偿问题自愿达成和解的，可以向行政复议机关提交书面和解协议，和解内容不损害社会公共利益和他人合法权益的，行政复议机关应当予以准许。当事人既可以在和解后撤回复议申请，也可以就赔偿内容由复议机关出具调解书。

在我国台湾地区，当事人向作出行政行为的行政机关的上一级行政机关提出请求，要求撤销原行政行为的程序，称为诉愿程序。诉愿程序与复议程序均为行政救济程序，两者的功能均在于防止或纠正违法或不当的行政行为，两者的审查内容均不局限于合法性审查，还包括合理性审查。当然，在我国台湾地区的诉愿程序中，将行政行为称为行政处分，将合理性审查称为对行政处分的妥当性（合目的性）审查。诉愿和复议程序有助于对行政诉讼案件进行前期把关，减轻法院案件负担。

我国台湾地区的诉愿程序和大陆地区的行政复议程序相比，仍然存在一些重要差别，这主要体现在如下方面。

（1）提起程序。在我国台湾地区，诉愿的提起，由诉愿人出具诉愿书，经由原行政处分机关向诉愿审议委员会提起诉愿。原行政处分机关对诉愿先行重新审查原处分是否合法妥当，认为诉愿有理由的，自行撤销或变更原行政处分，并陈报诉愿审议委员会；如认为诉愿无理由的，则附具答辩书及必要的文件，送于诉愿审议委员会。但在大陆地区，行政复议并不通过原行政行为作出机关提交，而是由当事人直接向复议机关提出。行政复议请求更无须原行政行为作出机关先行重新审查，而是直接由复议机关审理。

（2）审议程序。在我国台湾地区，诉愿的审议采取书面审查决定方式，但必要时可通知诉愿人、参加人或利害关系人到指定处所当面陈述意见，也可依诉愿人、参加人申请或认为必要时，通知诉愿人、参加人或其代表人、诉愿代理人及原行政处分机关派员到达指定处所进行辩论，或实施调查、检验勘验以及委托鉴定。诉愿审议委员会专门设置了诉愿审理庭、单一窗口服务柜台、接见室、阅览室、等候室等方便民众参与审议的公共服务场所；同时，建立诉愿作业管理系统及网站，网上提供诉愿决定书查询、声明诉愿、申请阅卷、申请陈诉意见及言辞辩论、利用网络办理视频陈诉意见程序等服务，通过手机短信通知当事人诉愿办理进度，利用大众传播媒体宣传诉愿业务。[①]在大陆地区，行政复议原则上也采取书面审查的方法，但在申请人提出或复

---

① "台湾地区司法动态（2012 年 7 月）"，最高人民法院网站，www.court.gov.cn，发布时间：2012 - 09 - 28。

议机关觉得有必要的情况下，复议机关也可以向有关组织和人员调查情况，必要时可以由复议委员会进行审理。

（3）决定的作出。在我国台湾地区，诉愿的决定，由诉愿审议委员会采取合议制多数决方式，以委员过半数出席诉愿委员会会议，出席委员过半数同意确定，出席委员同意与不同意人数相等，则取决于会议主席（主任、副主任委员或主任委员指定的委员）。诉愿审议委员会根据不同情形，分别作出"不受理""诉愿驳回""撤销或变更原行政处分"等诉愿决定。诉愿机关的审查范围并不受诉愿理由的约束，而且审查范围也不限于原处分的理由，发现原处分遗漏的新事实，也可以加以审查，并根据新事实理由，判断原处分是否合适。故诉愿机关根据与原处分不同的理由，驳回诉愿，也不算违法。另外，诉愿审查也包括合理性审查，经查明系争行政处分合法时，还要审查其决定是否合乎目的，即是否适当、合理。

在大陆地区，行政复议决定是由复议机关法制工作机构进行审查提出意见，经复议机关负责人同意或者集体讨论通过后作出。

（4）再审程序。在我国台湾地区，诉愿决定所依据的事实、法规、审理程序、证据等出现明显错误，则诉愿人、参加人或利害关系人可以就该诉愿决定向原诉愿审议委员会申请再审。但诉愿人、参加人或利害关系人已通过行政诉讼主张其事由或不为主张的除外。在大陆地区，行政复议决定错误的，复议机关可以自行纠错，或者通过行政诉讼予以撤销，但不存在可以称为再审的程序。

第三节　行政赔偿诉讼

一、管辖法院

在行政诉讼领域，大陆法系国家和地区奉行"二元"诉讼制度，民事诉讼与行政诉讼分别由不同性质的法院审理。除法律另有规定外，一般而言，私法关系所生的争议，由普通法院审判；公法关系所生的争议，则由行政法院审判。但是，对于公法色彩极为浓厚的行政赔偿诉讼，目前却普遍由普通法院审理。只有附带提起的行政赔偿诉讼，才能与争讼的行政行为一起，接受行政法院的审理。

例如，在德国，根据《国家赔偿法》第18—20条的规定，对行政赔偿案件的管辖，分为三种类别：一是由普通法院审理，这主要是指根据该法第2条、第9条以及第14条第3款的规定进行的仅指金钱赔偿争议的案件；二是由行政法院或其他专门法院审理，这是指根据该法第3条的规定进行的恢复原状的案件；三是针对司法赔偿案件，规定由行使该司法权（主要是裁判权）的法院的上级法院或组成该法院的法院审理。在第一种情形下由普通法院受理的行政赔偿金争议案件，无论标的大小，均由州法院为第一审法院，该法院必须是其行为引起金钱赔偿请求的公权力机关所在地的州法院。① 在日本，申请行政赔偿的案件通过普通法院的民事诉讼程序审理，适用三审终审制。被害人认为被告的行为侵权并造成其损害就可以向地方法院提起民事诉讼，但被害人要对其主张承担相应的举证责任。

我国台湾地区在行政赔偿诉讼领域也奉行"双轨制"的管辖模式。个人权利受到公权力行为侵犯而受有损害时，须先诉请"行政法院"就该公权力行为是否合法予以审查，如不合法，则由"行政法院"撤销或确认违法，此为第一次权利保护；不过，仅撤销违法的公权力行为并不足以保护受害人，当发生损害后果时，被害人可依所谓"国家赔偿法"向"普通法院"提起行政赔偿诉讼，此为第二次权利保护。当然，为了避免讼累，我国台湾地区也规定了附带行政赔偿诉讼制度，所谓"行政诉讼法"第7条规定，提起行政诉讼，可于同一程序中，合并请求损害赔偿或其他财产上的给付。在单独提起行政赔偿诉讼时，根据所谓"国家赔偿法施行细则"第37条的规定，赔偿请求权人应当提供赔偿义务机关拒绝赔偿或协议不成立的证明书，如果赔偿义务机关逾期不开始协议或拒不发给前项证明书的，赔偿请求权人起诉时应当提供其已申请协议或已请求颁发证明书的证据材料。

公法色彩浓厚的行政赔偿案件，为何可以由普通法院审理？对此，大陆法系国家和地区至少有如下几种理由：（1）行政赔偿责任的法律性质是国家

---

① 刘兆兴："德国国家赔偿法研究"，载《外国法译评》1996年第3期。

代位责任，对于公务员就其违法行为所应负赔偿责任，由国家代为负责，即国家赔偿责任实为公务员个人责任的替代。既然公务员个人赔偿责任由普通法院审理，替代其赔偿主体地位的国家赔偿责任，也应归普通法院审理。

（2）违法或不当行政行为的纠正及撤销，仅能由行政诉讼程序加以进行，但行政赔偿的施行系以填补事实上已发生的损害为目的，并非在于补正或纠正行政行为的瑕疵，因而由普通法院审理并未取代或侵越行政法院的审判权限。

（3）国家赔偿法属于私法，属于民法的特别法，因而行政赔偿争议属于私法争议，应当由普通法院管辖。但也有反对观点认为，行政赔偿请求权性质上亦为公法上原因发生的给付请求权，因此，由具有行政法规专业知识的行政法院裁判，符合专业性的要求。

我国大陆地区虽然设有军事、海事、知识产权、金融等专门法院，但至今没有行政法院或其他专司解决公权力行为争议的专门法院。行政诉讼与民事、刑事诉讼一样，均由地方各级人民法院审理。最初，行政诉讼由地方法院民事审判庭审理，适用 1986 年《民法通则》及《民事诉讼法（试行）》。《1989 年行政诉讼法》施行后，地方各级人民法院纷纷成立行政审判庭，专门处理各类行政案件。行政赔偿诉讼被认为是行政诉讼的一种，无论单独提起还是附带提起，都由地方各级人民法院行政审判庭审理。

行政案件的审理采用四级二审制，基层人民法院、中级人民法院、高级人民法院和最高人民法院分别按权限受理行政一审案件。当前，中级人民法院管辖的第一审行政案件包括对国务院部门或者县级以上地方人民政府所作的行政行为不服提起诉讼的案件、社会影响重大的共同诉讼案件、涉外或者涉及港澳台的案件、海关处理的案件、本辖区内重大或复杂的案件、其他法律规定由中级人民法院管辖的案件。高级人民法院管辖本辖区内重大、复杂的第一审行政案件，最高人民法院管辖全国范围内重大、复杂的第一审行政案件。其余第一审行政案件由基层人民法院管辖。行政赔偿案件的管辖法院附随于对违法行政行为有权管辖的法院，在单独提起行政赔偿诉讼的情形下，通常根据赔偿义务机关所在地即被告所在地确定管辖法院。需要注意的是，随着司法改革的深入推进，行政审判管辖格局不断调整。如在上海市，为了进一步推进司法公开公平，原由全市基层人民法院管辖的第一审行政案件目前集中于上海铁路运输法院、浦东新区人民法院、闵行区人民法院和静安区人民法院实施集中交叉异地管辖。

二、起诉与受理

在我国，公民、法人或者其他组织的合法权益受到行政机关或者行政机关工作人员作出的具体行政行为侵犯造成损害的，有权请求赔偿。公民、法人或者其他组织单独就损害赔偿提出请求，应当先由行政机关解决，赔偿请求权人对处理决定不服的，才可以向法院提起行政赔偿诉讼；在附带提起行政赔偿诉讼时，就行政诉讼部分，有时还需按照复议前置原则申请行政复议，对复议决定不服的，才可以向法院起诉。

综合《国家赔偿法》《行政诉讼法》《2018 年行诉解释》等法律和司法解释的规定，在我国，单独提起行政赔偿诉讼需符合如下起诉条件。

（1）原告是法律规定的行政赔偿请求权人。根据《国家赔偿法》第 6 条的规定，原告是受违法行政行为侵害的自然人、法人或其他组织。如受害的公民死亡的，其继承人和其他有扶养关系的亲属以及死者生前扶养的无劳动能力的人有权提起。

（2）有明确的被告。行政赔偿诉讼中的被告即赔偿义务机关。根据《国家赔偿法》第 7 条和第 8 条的规定，行政机关及其工作人员行使行政职权侵犯公民、法人和其他组织的合法权益造成损害的，该行政机关为赔偿义务机关。经复议机关复议的，最初造成侵权行为的行政机关为赔偿义务机关，但复议机关的复议决定加重损害的，复议机关对加重的部分履行赔偿义务。没有明确的被告，行政赔偿诉讼程序无以进行。

（3）有具体的赔偿请求和损害事实。如原告要求金钱给付的，在起诉材料中，需说明要求赔偿的具体金额、计算的标准和依据。但如果能够返还财产或恢复原状的，原告也可以请求返还财产或者恢复原状。此外，在行政赔偿诉讼中，原告应当对被诉具体行政行为造成损害的事实提供证据。这一点与一般的行政诉讼不同，在一般的行政诉讼中，被告需对作出的具体行政行为负有举证责任，被告不提供或者无正当理由逾期提供证据的，视为被诉具体行政行为没有相应的证据。虽然原告需对损害的事实提供证据，但在起诉阶段只需说明损害的事实。是否确有损害的证据或证据是否属实，仍然留待审理过程中加以解决。根据《2018 年行诉解释》第 68 条的规定，当事人单独或者一并提起行政赔偿诉讼的，应当有具体的赔偿事项以及数额。

（4）加害行为已经被撤销或确认违法。对加害行为的审查有两种途径，一是被法院撤销或被确认为违法，这是最通常的情形，许多当事人在拿到胜诉的行政判决书后，先请求行政机关处理赔偿事宜，在协商不成的情况下再提起行政赔偿诉讼。二是由行政机关自行确认违法，如因违法而被复议机关撤销，或者由作出行政行为的机关自行撤销。如果行政行为是否违法，未经行政复议或诉讼程序确定，也未经行政程序确认。法院可以行使释明权，引导当事人就有争议的行政行为提起行政复议或行政诉讼。如当事人坚持诉讼的，应当裁定不予立案，在审理阶段发现的，应当裁定驳回起诉。

（5）赔偿义务机关拒绝赔偿、超过法定期限不予处理或赔偿金额过低。只有经过先行处理程序，赔偿义务机关作出相应的决定或逾期不作决定的，当事人才可以向法院提起单独赔偿诉讼。

（6）属于法院行政赔偿诉讼的受案范围和受诉人民法院管辖。原告向法院提起行政赔偿诉讼的，还要符合《国家赔偿法》关于受案范围的规定，同时要向赔偿义务机关所在地的法院提出，属于受诉法院的管辖范围。

（7）符合法律规定的起诉期限。在立案受理阶段，要审查当事人是否超过起诉期限，如已超过将裁定不予立案，即使立案受理后，在审理中发现已经超过起诉期限且无正当理由的，也会裁定驳回起诉。

附带提起的行政赔偿诉讼，是在符合行政诉讼的起诉条件之外，另行添加具体的赔偿请求和事实理由，无须履行先行处理程序。这一点与其他国家和地区是类似的。

行政赔偿诉讼的受理，是指法院对起诉人的赔偿请求进行审查，认为符合法定条件的，予以立案的行为。根据法律规定，法院收到行政赔偿起诉状后，应当进行审查，认为符合起诉条件，在 7 日内立案受理，不符合起诉条件的，裁定不予立案。在司法实践中，对于因材料欠缺而不能受理的情况，法院也会在一定的时限内告知当事人需要补正的材料。根据立案登记制的要求，起诉状内容欠缺或有其他错误的，法院应当给予指导和释明，并一次性告知当事人需要补正的内容。不得未经指导和释明即以起诉不符合条件为由不接受起诉状。

在我国，当事人立案时未一并提起行政赔偿请求的，当事人还可以在提起行政诉讼后至法院一审庭审结束前，提出行政赔偿请求。当事人在第二审期间提出行政赔偿请求的，第二审人民法院可以进行调解，调解不成的，应当告知当事人另行起诉。

三、当事人的确定

当事人适格，是指对于与诉讼标的有关的特定权利或法律关系，可以以自己的名义，作为当事人进行诉讼，并请求法院作出本案裁判的资格。鉴于行政赔偿诉讼中的当事人，主要是作为赔偿请求权人的原告与作为赔偿义务机关的被告，下文仅对原告和被告展开论述。

（一）原告：赔偿请求权人

1. 原告资格

行政赔偿诉讼中的原告，是指因行政侵权行为或行政事实行为遭受损害，故而有权提出行政赔偿的请求权人。赔偿请求人根据受到的不同损害，可以同时提出数项赔偿要求。无论是撤销诉讼、课以义务之诉还是确认诉讼，起诉人提起附带行政赔偿请求，必须表明其权利或法律上的利益受损。

根据《2014 年行政诉讼法》及《2018 年行诉解释》的规定，行政行为的相对人以及其他与行政行为有利害关系的公民、法人或者其他组织，有权提起诉讼。可见，对于原告资格问题，我国采纳的是"利害关系说"标准。行政赔偿诉讼的原告，首先，必须满足与被诉行政行为有利害关系的条件。在起诉阶段，对原告与被诉行政行为是否有利害关系的判断，仅依据其起诉时陈述的事实。以行政行为的撤销诉讼及赔偿诉讼为例，原告仅需主张行政行为违法且其因系争行政行为遭受损害，就具有当事人资格。换言之，当事人适格，是指当事人就特定诉讼标的有实施诉讼的权能而言，只需主张自己为权利人，并且对其主张的义务人提起，即属于当事人适格，也就是说，当事人是否适格，应当按照当事人起诉时主张的事实而定，并非根据审判结果而定。其次，作为提出行政赔偿请求的起诉人，必须说明受损害的事实及公务员违法有责行为与损害之间的因果关系。

为了避免法院在具体审查时限缩原告资格，同时为了减少滥诉行为，最高人民法院2017年8月31日发布的《关于进一步保护和规范当事人依法行使行政诉权的若干意见》提出，要准确把握"利害关系"的法律内涵，依法审查行政机关的行政行为是否确与当事人权利义务的增减得失密切相关，当事人在诉讼中是否确实具有值得保护的实际权益，不得虚化、弱化利害关系的起诉条件。

2. 原告的范围

按照与被诉行政行为关联程度的不同，行政赔偿诉讼中的原告可以分为：

（1）行政行为的相对人。所谓相对人，是行政主体在行政行为中直接处分其权利义务以及形成、改变、消灭其法律地位的公民、法人或其他组织。相对人是指行政行为所指向的人，受行政行为的拘束。

（2）行政行为的相关人。所谓相关人，是指虽然不受行政行为的直接指向但行政行为确对其法律上的权利或利益造成影响的人。

我国大陆地区在建立行政诉讼制度时，曾经只赋予行政行为相对人以原告资格。之后，随着社会经济的发展和行政权的扩张，根据社会现实的需要，《2000年行诉解释》增设了行政行为相关人为原告的规定。当前，我国大陆地区可以提起行政诉讼的相关人包括被诉具体行政行为涉及其相邻权或者公平竞争权的、与被诉行政复议决定有法律上利害关系的、在复议程序中被追加为第三人的、要求主管行政机关依法追究加害人法律责任的、与撤销或者变更具体行政行为有法律上利害关系的人等。

按照主体属性的不同来划分，我国大陆地区的原告范围包括公民、法人或其他组织。对于实践中容易产生混淆的其他组织，最高人民法院司法解释还明确了对原告的具体判断方式。例如，针对合伙问题，规定合伙企业向人民法院提起诉讼的，应当以核准登记的字号为原告，其他合伙组织提起诉讼的，合伙人为共同原告。对于联营企业、中外合资或者合作企业的联营、合资、合作各方，认为联营、合资、合作企业权益或者自己一方合法权益受具体行政行为侵害的，均可以自己的名义提起诉讼。此外，农村土地承包人等土地使用权人对行政机关处分其使用的农村集体所有土地的行为不服，可以自己的名义提起诉讼。非国有企业被行政机关注销、撤销、合并、强令兼并、出售、分立或者改变企业隶属关系的，该企业或者其法定代表人可以提起诉讼。股份企业的股东大会、股东代表大会、董事会等认为行政机关作出的具体行政行为侵犯企业经营自主权的，可以企业名义提起诉讼。

3. 原告资格的转移

行政赔偿请求权人是指因行政机关及其工作人员违法执行职务而遭受损害，有权请求行政机关予以赔偿的人。当发生受害人死亡或法人、其他组织终止的情形，就涉及原告资格的转移问题。在我国大陆地区，受害人死亡的，其父母、配偶和子女包括其生前扶养的人，有权提起行政赔偿请求。在我国台湾地区，除了上述人员，为被害人支付殡葬费用的人，以及被害人对其负有法定扶养义务的人（也即扶养权利人），也有损害赔偿请求权。受害的法人或其他组织终止，承受其权利的法人或其他组织有权要求赔偿。

（二）被告：赔偿义务机关

为方便受害人请求赔偿，各国国家赔偿法都采用国家赔偿机构当被告的原则。但是，现代国家机能扩张，机关林立，一旦发生损害，机关之间极易互相推诿。因此，法律明文规定赔偿义务机关，并以赔偿义务机关作为行政赔偿诉讼的被告，是各国和地区的普遍做法。

1. 被告资格

行政赔偿诉讼中的被告是指赔偿义务机关。根据《国家赔偿法》的规定，赔偿义务机关是指依法履行赔偿义务，接受赔偿请求、支付赔偿费用、参加赔偿诉讼程序的行政机关。由于具体行政行为一般由行政主体的工作人员具体实施，如该行为因违法造成损害的，具体实施该行为的工作人员所在的部门即为赔偿义务机关，而赔偿义务机关即为行政赔偿诉讼中的被告。

2. 被告的范围

《国家赔偿法》第7条和第8条对赔偿义务机关的范围作出了具体的明确：行政机关及其工作人员行使行政职权侵犯公民、法人和其他组织的合法权益造成损害的，该行政机关为赔偿义务机关；两个以上行政机关共同行使行政职权时侵犯公民、法人和其他组织的合法权益造成损害的，共同行使行政职权的行政机关为共同赔偿义务机关；法律、法规授权的组织在行使授予的行政权力时侵犯公民、法人和其他组织的合法权益造成损害的，被授权的组织为赔偿义务机关；受行政机关委托的组织或者个人在行使受委托的行政权力时侵犯公民、法人和其他组织的合法权益造成损害的，委托的行政机关为赔偿义务机关；赔偿义务机关被撤销的，继续行使其职权的行政机关为赔偿义务机关，没有继续行使其职权的行政机关的，撤销该赔偿义务机关的行政机关为赔偿义务机关。

当然，如果被诉行为经复议且复议决定改变原行政行为的，如复议决定违法并造成损害的，复议机关作为赔偿义务机关是行政赔偿诉讼的被告。复议机关维持原具体行政行为的，而原具体行政行为违法的，原具体行政行为作出机关为赔偿义务机关，但复议机关的复议决定加重损害的，复议机关对加重的部分履行赔偿义务。

为了避免司法实践中的争议，对于被告的确定，《2018 年行诉解释》还进一步予以了明确：如当事人不服经上级行政机关批准的具体行政行为，向人民法院提起诉讼的，应当以在对外发生法律效力的文书上署名的机关为被告；行政机关组建并赋予行政管理职能但不具有独立承担法律责任能力的机构，以自己的名义作出具体行政行为，当事人不服提起诉讼的，应当以组建该机构的行政机关为被告；行政机关的内设机构或者派出机构在没有法律、法规或者规章授权的情况下，以自己的名义作出具体行政行为，当事人不服提起诉讼的，应当以该行政机关为被告；法律、法规或者规章授权行使行政职权的行政机关内设机构、派出机构或者其他组织，超出法定授权范围实施行政行为，当事人不服提起诉讼的，应当以实施该行为的机构或者组织为被告；行政机关在没有法律、法规或者规章规定的情况下，授权其内设机构、派出机构或者其他组织行使行政职权的，应当视为委托，当事人不服提起诉讼的，应当以该行政机关为被告。在行政赔偿诉讼中，属于上述情形的被告，如构成行政赔偿责任的，即为赔偿义务机关。

3. 特殊类型的被告

《2018 年行诉解释》还对特殊类型的被告作出了规定，这些被告在构成行政赔偿责任的情形下，也是赔偿诉讼中的被告。这些特殊被告包括村民委员会、居民委员会、高等学校等事业单位，律师协会、注册会计师协会等行业协会。如上述主体依据法律、法规、规章的授权履行行政管理职责的，受害人因其履行行政管理职责的行为而遭受损害的，有权以上述主体为被告，提起行政赔偿诉讼。

在许多国家和地区，除了公务员违法有责行为所生的行政赔偿责任外，还设置了公有公共设施瑕疵责任。因此，学校、医院、图书馆等也可以成为行政赔偿诉讼案件的被告。

当然，学校是否能构成行政赔偿诉讼的被告，还要看学校是否私立或公立。私立学校一般被认为是私法聘雇关系，不成立公法关系，因而将私立学校作为行政赔偿被告的诉讼，法院会以不构成行政赔偿责任的主体要件为由，予以驳回。例如，在"台北地方法院"2007 年度重字第 18 号民事判决中，"台北地方法院"认为，被告胡志明市台湾学校被诉的行为实为其于私法上缔约主体身份所为的不续聘决定，并非公务员执行职务行使公权力不法侵害原告权利的行为，与所谓"国家赔偿法"第 2 条第 2 项所定的行政赔偿责任要件不符，因此，原告请求被告负行政赔偿责任，应予驳回。同理，图书馆是否能成为被告，也与其是否公立或私立有关。在我国台湾地区，只有公办图书馆才能成为行政赔偿诉讼中的被告。在前述陈某方案件中，台北市立图书馆成为被告。在 SARS 案中，公立医院成为行政赔偿诉讼的被告。需要说明的是，学校、医院、图书馆等主体，只有在行使公权力行为发生违法或公有设施瑕疵时，才会产生行政赔偿的责任问题，如果是作为私法主体与其他人等进行民事交易发生损害的，自然不能适用行政赔偿法律法规。事实上，这一点，也适用于行政机关行为的区分。即使是行政机关，如果其行为属于私经济作用行为而造成损害的，只能适用民事侵权法律法规。

4. 被告资格的转移

赔偿义务机关被撤销或职权变更的，继续行使其职权的行政机关为赔偿义务机关，没有继续行使其职权的行政机关的，以其所属的人民政府为赔偿义务机关，实行垂直领导的，以垂直领导的上一级行政机关为赔偿义务机关。

受委托行使公权力的机关、组织或个人，如受托执行职务的行为造成损害的，委托机关为赔偿义务机关。

5. 误列赔偿义务机关的处理

如果出现受害人误列赔偿义务机关的情形，我国大陆地区《2018 年行诉解释》第 26 条明确，原告所起诉的被告不适格，人民法院应当告知原告变更被告；原告不同意变更的，裁定驳回起诉。应当追加被告而原告不同意追加的，人民法院应当通知其以第三人的身份参加诉讼，但行政复议机关作共同被告的除外。可见，在我国大陆地区，法院被赋予了主动审查并准确界定行政赔偿诉讼被告的职权。

但在我国台湾地区，赔偿义务机关即被告的准确性问题在实体审理中才会被审查。在立案受理阶段，对原告所起诉的被告的身份和种类几乎不加任何限制，即使在实体审理中，发现被告身份不适合应予驳回的，"法院"也是围绕行政赔偿要件未构成而展开论述，并不以被告身份问题而裁定驳回。以被告为胡志明市台湾学校的案件为例。在该案中，"法院"认为被告是私立学校，故而原告、被告之间不存在公法上的关系，被告的行为也不是公权力行为，故判决驳回了原告的"国家赔偿"请求。同样的情形，如果发生在我国大陆地区，案件将不进入实体审理，而是直接以被告不适格为由裁定驳回起诉。换言之，对被告资格的审查，大陆地区采用的是程序审，台湾地区采用的是实体审。

四、审理与裁判

（一）审理程序

关于单独提起的行政赔偿诉讼，在我国台湾地区，第一审程序是在地方法院进行，遵循所谓"民事诉讼法"的规定。但是，行政赔偿毕竟是针对公务员的违法有责行为或公有公共设施瑕疵责任提起，因而所谓"行政程序法"的规定，在具体案件中也会予以适用。譬如，关于送达的问题，就会同时适用所谓"民事诉讼法"和所谓"行政程序法"关于送达的规定。

对于按照简易程序审理的行政赔偿案件，当事人还可以向法院提出上诉，由法院组成合议庭审理上诉，并适用第二审程序。对于按照通常诉讼程序审理的行政赔偿案件的，当事人不服的，可以向"高等法院"提出上诉。

对于行政赔偿案件的上诉，法院认为上诉不合法的，应以裁定驳回。如符合上诉条件，案件进入实体审理后，第二审认为上诉无理由的，应当判决驳回；认为上诉有理由的，应废弃或变更第一审判决的相关内容。

原则上，对于"高等法院"判决不服的，还可以上诉至我国台湾地区"最高法院"，进入第三审。不过，由于对第三审程序的启动更严，经第三审审理的行政赔偿案件较少。行政赔偿案件的数量，从"地方法院""高等法院"到"最高法院"，呈现递减状态。数量递减的因素，一方面是诉讼费的影响。根据我国台湾地区所谓"民事诉讼法"的规定，向第二审或第三审法院上诉，依第77条之13及第77条之14规定，加征裁判费的1/2。另一方面是对上诉审的审查。对上诉的审查包括原裁判法院的审查和上诉法院的审查。没有原裁判法院的许可，案件不能进入三审，而且原裁判法院仅对诉讼事件所涉及法律见解具有原则上的重要性的，才会予以许可。另外，行政赔偿案件无论是采用民事诉讼还是行政诉讼，二审或三审必须以违背法令为理由提出，因此，二审及三审主要集中于法律专业问题。

关于附带提起的行政赔偿诉讼，根据台湾地区所谓"行政诉讼法"第7条的规定，当事人向"行政法院"提起行政诉讼，可以于同一程序中，合并请求损害赔偿或其他财产上给付。由于"行政法院"仅审理范围有限的案件。在我国台湾地区，附带行政赔偿请求的行政案件通常第一审由"高等行政法院"审理，第二审由"最高行政法院"审理。对于第一审"行政法院"的裁判，上诉需符合如下条件：（1）上诉须以违背"法令"为条件。根据所谓"行政诉讼法"的规定，上诉或抗告必须以违背"法令"为理由。所谓违背"法令"，是指判决不适用"法规"或适用不当。前者并无歧义，但对于"法规"适用不当，通常认为，应包括以下四类情形：一是解释错误，即误解正确的规范的特征；二是涵摄错误，将正确认定的事实归属于错误的规范之下；三是违背伦理法则或经验法则；四是认定事实与卷内证据资料所导出的事实互相矛盾。[1]（2）上诉人须遭受原裁判的不利益。此项不利益是指法律上不利益，原则上以形式上的不利益为准，例如，对原审中的诉讼请求，判决部分驳回，即属于不利益。（3）二审仅为"法律"审。根据所谓"行政诉讼法"规定，

---

① 陈清秀：《行政诉讼法》，元照出版公司2012年版，第677页。

除非是以违背"法令"为理由，否则不得上诉。第二审程序仅限于"法律"审，是对第一审事实审查结果的尊重，争议焦点仅限于"法律"问题。

在我国大陆地区，单一制的诉讼模式决定了行政赔偿请求，无论是单独还是附带提起均向地方法院提出，且均适用行政案件的审理程序。当然，关于期间、送达、财产保全、开庭审理、调解、中止诉讼、终结诉讼、简易程序、执行等，《2014 年行政诉讼法》没有规定的，则适用《民事诉讼法》的相关规定。另外，行政赔偿诉讼适用二审终审制。对已经生效的行政赔偿裁判不服的，只能通过再审程序解决。

我国大陆地区行政赔偿诉讼第一审程序的特点是：（1）采用普通程序。我国《2014 年行政诉讼法》规定的简易程序适用范围有限，因此，司法实践中，第一审程序也是适用普通程序，由法官组成合议庭审理案件。（2）可以适用调解。调解程序的运用，可以进一步促进行政机关与赔偿请求权人进行协商，尽快弥补损害。

我国大陆地区行政赔偿诉讼第二审程序的特点是：（1）费用低。早在1995 年，最高人民法院在《关于受理行政赔偿案件是否收取诉讼费用的答复》（法函〔1995〕121 号）中就明确，法院受理行政赔偿案件不得向当事人收取费用。对行政赔偿案件免收诉讼费，可以鼓励当事人监督行政机关依法行政，鼓励其对违法行政行为提出索赔主张。这一点，与我国台湾地区对上诉案件加征裁判费不同。（2）形式审查。与我国台湾地区严格的上诉审查制度不同，在大陆地区，对上诉的审查，实行较为宽松的审查条件，当事人提出上诉状的，上诉均会被受理。（3）贯彻全部审理原则。在大陆，第二审审查的范围，不仅仅局限于法律，还包括事实，认为事实认定不清的，二审法院还有权发回重审；而我国台湾地区二审与三审专注于法律审。

（二）裁判方式

行政赔偿诉讼的裁判方式，根据处理事项的不同，可以分为裁定和判决，裁定系对程序性事项作出处理；判决则针对案件实体作出处理；同时，在赔偿诉讼中，法院还可以主持各方当事人对行政赔偿问题进行调解，因而调解也是赔偿诉讼的结案方式之一。

1. 调解

《2014 年行政诉讼法》第 60 条规定，行政赔偿、补偿以及行政机关行使法律、法规规定的自由裁量权的案件可以调解。《2018 年行诉解释》第 95 条规定，法院经审理认为被诉行政行为违法或者无效，可能给原告造成损失的，还应当向原告释明其赔偿请求权，如原告请求一并解决行政赔偿争议的，法院可以就赔偿事项进行调解；调解不成的，应当一并判决。

行政赔偿案件通过调解达成协议的，法院应当制作调解书。调解书应当写明诉讼请求、案件的事实和调解结果，由审判人员、书记员署名，加盖人民法院印章，送达双方当事人。调解书经双方当事人签收后，即具有法律效力，生效日期根据最后收到调解书的当事人签收的日期确定。

对行政赔偿案件进行调解，首先，应当遵循自愿、合法原则，不得损害国家利益、社会公共利益和他人合法权益。当事人一方或者双方不愿调解、调解未达成协议的，人民法院应当及时判决。如发现调解违反自愿原则或者调解书内容违法，认为需要再审的，可以由本院院长提交审判委员会讨论决定。

其次，调解以不公开为原则，以公开为例外。对行政赔偿案件的调解，调解过程不公开，但当事人同意公开的除外。当事人达成的调解协议内容不公开，但为保护国家利益、社会公共利益、他人合法权益，人民法院认为确有必要公开的除外。

最后，全程调解。对行政赔偿案件，不仅一审应当由法院主持调解。在二审过程中，法院仍有义务主持各方当事人进行调解。如果一审法院发现原告可以主张行政赔偿的，应当向原告进行释明；如果二审法院发现原审判决遗漏行政赔偿请求，认为依法应当予以赔偿的，在确认被诉行政行为违法的同时，可以就行政赔偿问题进行调解；调解不成的，应当就行政赔偿部分发回重审。另外，如果当事人在第二审期间才提出行政赔偿请求的，二审法院也可以进行调解；调解不成的，第二审法院应当告知当事人另行起诉。

2. 裁定

在我国大陆地区，根据《2014 年行政诉讼法》及《2018 年行诉解释》的规定，当事人提起的行政赔偿诉讼不符合法定的起诉条件的，法院应当作出不予立案的裁定，立案后发现不符合起诉条件的，法院应当裁定驳回起诉。

单独提起的行政赔偿诉讼被裁定不予立案或驳回起诉，往往是由于被诉行政行为没有被确认为违法或未经先行处理程序。根据最高人民法院《关于审理行政赔偿案件若干问题的规定》，当事人单独提起行政赔偿诉讼的条件包括：加害行为为具体行政行为的，该行为已经被确认为违法；赔偿义务机关已经先行处理或超过法定期限不予处理。在我国台湾地区，行政赔偿请求权人向法院提起诉讼之前，也应当先进行协议程序，这是单独行政赔偿诉讼的前置程序。如原告的起诉欠缺协议程序的处理结果，应当属于起诉程序要件不备，依所谓"民事诉讼法"之规定裁定驳回原告起诉。另外，根据两次权利保护说，单独提起行政赔偿诉讼的，还需以"行政法院"确认行为违法为前提。

附带提起的行政赔偿诉讼，则附随于行政案件的起诉条件。如果对被诉行政行为提起的诉讼不符合法定的起诉条件的，那么附带的行政赔偿诉讼也会随之被裁定不予立案或裁定驳回起诉。我国《2014年行政诉讼法》第49条规定了行政案件的起诉条件，同时《2018年行诉解释》对受案范围进行了明确。根据《2018年行诉解释》的相关规定，不属于行政诉讼受案范围的包括如下情形：公安、国家安全等机关依照刑事诉讼法的明确授权实施的行为；调解行为以及法律规定的仲裁行为；行政指导行为；驳回当事人对行政行为提起申诉的重复处理行为；行政机关作出的不产生外部法律效力的行为；行政机关为作出行政行为而实施的准备、论证、研究、层报、咨询等过程性行为；行政机关根据人民法院的生效裁判、协助执行通知书作出的执行行为，但行政机关扩大执行范围或者采取违法方式实施的除外；上级行政机关基于内部层级监督关系对下级行政机关作出的听取报告、执法检查、督促履责等行为；行政机关针对信访事项作出的登记、受理、交办、转送、复查、复核意见等行为；对公民、法人或者其他组织权利义务不产生实际影响的行为。另外，对于立案后发现存在如下情形的，法院也应当裁定驳回起诉：不符合《行政诉讼法》第49条规定的；超过法定起诉期限且无《行政诉讼法》第48条规定情形的；错列被告且拒绝变更的；未按照法律规定由法定代理人、指定代理人、代表人为诉讼行为的；未按照法律、法规规定先向行政机关申请复议的；重复起诉的；撤回起诉后无正当理由再行起诉的；行政行为对其合法权益明显不产生实际影响的；诉讼标的已为生效裁判或者调解书所羁束的；其他不符合法定起诉条件的情形。

在我国台湾地区，附带行政赔偿诉讼附随于行政诉讼的起诉条件，而行

233

政诉讼中可裁定驳回起诉的情形包括：行政诉讼事件不属行政审判的权限；诉讼事件不属受诉法院管辖的范围；原告为无当事人能力的，原告未由合法的法定代理人、代表人或管理人为诉讼行为；起诉逾越法定期限的；本案经终局判决后撤回其诉，复提起同一之诉的；诉讼标的为确定判决或和解之效力所及的；起诉不合程序或不备其他要件的。

在行政赔偿诉讼中，除了最常见的不予立案和驳回起诉裁定，如果当事人主动撤回起诉或上诉的，法院也应当进行审查后就准许或不准许撤回起（上）诉作出裁定。发现对行政赔偿案件无管辖权的，还可以裁定移送至有管辖权的法院。在对行政赔偿诉讼实施"双轨制"管辖模式的国家和地区，移送裁定包括将案件从普通法院移送至行政法院，或者从行政法院移送至普通法院。例如，在德国，公法上的争议，除法律另有规定外，必须向行政法院提起行政诉讼。行政法院认为其没有受理诉讼权限的，应依职权裁定将诉讼移送至有受理权限的普通法院。许多当事人认为行政赔偿争议属于公法上的争议，故倾向于直接向行政法院起诉，而行政法院通常认定行政法院无受理该诉讼的权限，裁定移送至有管辖权的普通法院。另外，在其他国家和地区，由于上诉审仅限于法律审，裁定还包括驳回上诉。

需要注意的是，在当事人适格方面，我国大陆地区采用程序审的方式，对原告资格的规定，强调的是法律上的利害关系，如与被诉行政行为没有法律上的利害关系，起诉会被裁定驳回。关于被告不适格的问题，大陆地区也纳入起诉条件的审查，在原告错列被告并拒绝变更的情形下，由法院裁定驳回。关于原告资格，我国台湾地区适用的是"诉的利益"说，除"法定"的公益诉讼外，原告需说明其"法律"上的权利或利益受被诉行政行为的影响，否则会因不具备诉的利益而被"法院"判决驳回。被告资格也被纳入实体审理的范围，如经查实行政机关无须作为行政案件被告承担行政赔偿责任的，"法院"采用的是判决驳回的形式，或者直接判决其承担"民法"上的侵权赔偿责任。

3. 判决

行政案件中，针对行政赔偿请求，无论单独提起还是附带提起，判决仅包括两种：驳回行政赔偿请求的判决或赔偿判决。判决赔偿的主要理由是行政赔偿责任成立且原告具有诉讼资格，而判决驳回的理由主要包括被诉行政行为不违法、不存在损害、损害与行为之间不存在因果关系等，即行政赔偿责任的构成要件没有获得满足。当然，判决赔偿时，还可以根据连带责任、比例责任等不同方式确定具体的赔偿金额。

（1）判决驳回诉讼请求。

从我国大陆地区和台湾地区的赔偿实务来看，行政赔偿诉求被判决驳回，通常有如下几类具体情形之一。

一是本诉没有胜诉。在附带行政赔偿诉讼中，行政赔偿请求附随于撤销之诉或确认违法之诉，如原告在本诉中未能取得胜诉的结果，那么附带的行政赔偿诉讼请求也会被判决驳回。

二是违法行为由第三人原因造成。这种情况主要发生在不动产登记案件中。如申请人伪造材料而致登记行为错误，如经审查发现登记机关已尽审慎审查之责的，则对违法登记造成的损害，由申请人负责，登记机构不负行政赔偿责任。

当然，如果损害的发生既有第三人的原因，又有公务员的故意或过失行为，那么登记机构与第三人须承担共同赔偿责任。但如何认定公务员的故意或过失行为，在裁判实务中要综合各类情形而定。在我国大陆地区，如果申请人伪造材料，同时存在不动产登记管理部门工作人员的故意或重大过失违规操作行为，且工作人员就此被刑事处罚的，也出现了判决登记管理部门按照一定比例承担行政赔偿责任的判决。

三是诉称的损害缺乏足够证据。在行政赔偿案件中，需要原告对损害进行举证。针对原告难以举证的情形，《2018 年行诉解释》规定，因被告的原因导致原告无法就损害情况举证的，应当由被告就该损害情况承担举证责任。还规定，当事人的损失因客观原因无法鉴定的，法院应当结合当事人的主张和在案证据，遵循法官职业道德，运用逻辑推理和生活经验、生活常识等，酌情确定赔偿数额。但在赔偿实务中，如果原告难以对损害举证且被告也无法就相应的损害提供证明的，法院无从判断损害的具体金额。

四是因果关系不成立。在行政赔偿责任的构成要件中，因果关系是重要的一环。在我国大陆地区，即使存在损害，如果损害不是直接由违法行为造成的，则赔偿请求仍然会被驳回。在台湾地区，行政赔偿责任的成立，也需行为与损害之间存在相当因果关系。如不存在相当因果关系的，赔偿请求被判决驳回。

五是超过诉讼时效。我国大陆地区行政赔偿诉讼适用的是行政诉讼起诉期限的规定，当事人超过起诉期限的，法院将裁定驳回起诉。台湾地区在附带行政赔偿诉讼中，对起诉逾越法定期限的，也是适用所谓"行政诉讼法"的规定，由"行政法院"予以裁定驳回。但在单独提起的行政赔偿诉讼中，适用民事领域的诉讼时效制度，对超过诉讼时效的，采用判决驳回的方式。

六是被告不适格。在我国大陆地区，原告所起诉的被告不适格，法院应当告知原告变更被告；原告不同意变更的，裁定驳回起诉。在台湾地区"普通法院"审理的行政赔偿案件中，被告不适格也是判决驳回的理由之一，但在具体阐述理由时，以不构成公法上的关系为表述方式。如"台北地方法院"2007 年度重字第 18 号民事判决中，原告甲某以胡志明市台湾学校为被告提起行政赔偿请求。"法院"认为，本案被告系属私立学校，应适用"私立学校法"的相关规定。私立学校与教师间以聘约形式所形成的法律关系，属于私法上契约关系。被告所为私法上缔约主体的不续聘决定，并非公务员执行职务行使公权力不法侵害原告权利的行为，故判决驳回原告的行政赔偿请求。上述案件从形式上看，法院是以赔偿责任的构成要件进行分析，最终认为被告的行为不构成行政赔偿责任。但其中的核心内容在于被告为私立学校，故其行为不属于公权力行使行为，其仅与原告构成私法契约关系。反之，如被告为公立学校，在我国台湾地区裁判实务中，是可以认定其为公权力行使主体的。因此，本案的判决实质是以被告不适格为由而判决驳回。

七是程序判决。根据我国台湾地区所谓"行政诉讼法"规定，原告提起诉讼，依其所述的事实，在法律上显无理由的，"行政法院"可以不经言词辩论，径行判决驳回。此类判决被称为程序判决，是我国台湾地区独有的方式。虽然以判决方式作出，但其实并未进入实体审理，故被称为程序判决。那么何谓"显无理由"，参照我国台湾地区"最高法院"1973 年台上字第 845 号判例意旨，所谓原告的诉请，依其所述的事实，在"法律"上显无理由，是指依原告在诉状内记载的事实观察，在"法律"上显然不能获得胜诉的判决而言。

（2）判决赔偿。

判决赔偿的情形是构成行政赔偿责任且原告适格。此外，在存在行政协议的情形下，如果行政机关不依法履行、未按照约定履行或者违法变更、解除行政协议的，法院也应当判决行政机关承担继续履行、采取补救措施或者赔偿损失等责任。在我国大陆地区，法院对行政赔偿案件的审理，在事实认定方面，根据行政赔偿责任的构成要件进行分析，在法律适用方面，根据《国家赔偿法》的规定具体计算赔偿金额。如果被害人或第三人存在过失的，在赔偿额中还要作相应比例的扣除并阐述具体理由。

判决赔偿的方式根据损失的不同而确定。在人身损害领域，赔偿方式包括消除影响、恢复名誉、给付赔偿金等。在财产损害领域，包括返还财产、恢复原状、金钱赔偿等。赔偿额可以通过比例赔偿、连带赔偿、全额赔偿等方法确定。在比例赔偿方面，《2018 年行诉解释》第 97 条规定，原告或者第三人的损失系由其自身过错和行政机关的违法行政行为共同造成的，人民法院应当依据各方行为与损害结果之间有无因果关系以及在损害发生和结果中作用力的大小，确定行政机关相应的赔偿责任。这是根据受害人、第三人以及行政机关各自过错的作用力大小，确定比例赔偿原则。《2018 年行诉解释》第 98 条规定，因行政机关不履行、拖延履行法定职责，致使公民、法人或者其他组织的合法权益遭受损害的，法院应当判决行政机关承担行政赔偿责任。在确定赔偿数额时，应当考虑该不履行、拖延履行法定职责的行为在损害发生过程和结果中所起的作用等因素。这是针对不作为行为对当事人损害造成的原因和所占的比例，确定了比例赔偿原则。在房屋登记领域，最高人民法院《关于审理房屋登记案件若干问题的规定》第 12 条也规定了比例赔偿原则，申请人提供虚假材料办理房屋登记，给原告造成损害，房屋登记机构未尽合理审慎职责的，应当根据其过错程度及其在损害发生中所起作用承担相应的赔偿责任。另外针对恶意串通的情形，还规定了连带赔偿责任。上述规定第 13 条明确，房屋登记机构工作人员与第三人恶意串通违法登记，侵犯原告合法权益的，房屋登记机构与第三人承担连带赔偿责任。

第四节 完善我国行政赔偿程序的建议

一、加强先行处理程序的功能，降低解决赔偿争议的成本

多数国家和地区通过先行处理程序，鼓励赔偿请求权人和赔偿义务机关

通过协商等方式，就赔偿问题达成和解，快速弥补公权力违法行为造成的损害，降低解决行政争议的成本，发挥对法院赔偿案件的过滤作用。

借鉴其他国家和地区的先行处理程序，完善我国行政赔偿领域的协商程序，可以从如下几方面作出努力：（1）给予赔偿义务机关对赔偿金额一定的裁量幅度。行政机关在行使行政权的多数领域，享有一定的自由裁量权，如行政处罚、行政许可。在行政赔偿领域，可以赋予行政机关一定的数额裁量权，从而尽速弥补行政权不法行使行为造成的损害。为了鼓励赔偿请求权人先行向赔偿义务机关提出赔偿请求，推动赔偿义务机关积极与当事人进行协商，可以根据赔偿义务机关涉诉行政行为的多寡、违法行为发生的概率、可能造成损害的程度，为不同的行政机关设置不同限额的赔偿经费支出自主权，通过赔偿义务机关的赔偿自主权，推动纠纷在行政救济程序内顺利解决。（2）赋予赔偿协议书以强制执行力。如果赔偿请求权人和赔偿义务机关能够通过协商达成协议的，赔偿义务机关除了可以通过决定书的形式固定协商结果外，更可取的方式是采用协议书的方式，因为协议书可以直接反映协商程序中当事人的合意。如果赔偿义务机关不履行协议书的，赋予当事人凭协议书直接向法院申请强制执行的权利。法院在强制执行之前，可以根据行政协议的合法性要件和非诉行政行为的审查要件对行政赔偿协议书进行非诉审查。

二、拓宽复议审查范围，发挥复议机关对下级机关行政赔偿的监督

当前，赔偿请求权人对赔偿义务机关逾期不作赔偿决定、拒绝赔偿或赔偿金额过低等不服的，不可以单独提起行政复议，只能单独提起行政赔偿诉讼，削弱了复议机关对行政赔偿问题的审查和监督。鉴于我国大陆地区上级行政机关对下级行政机关具有层级监督作用，且行政复议对行政行为的审查，本身包括合法性与合理性审查，比法院对行政行为的审查范围更广。因此，可以在行政赔偿领域拓宽复议的审查范围和审查力度，允许复议机关对单独提起的行政赔偿请求，也进行审理。扩大复议机关对单独行政赔偿请求的复议，可以发挥上级机关对下级机关的监督作用，推动行政赔偿争议在行政救济程序内获得快速解决。

三、改革管辖法院，提升行政赔偿诉讼之司法公正

在英美法系国家，对行政行为的合法性审查被称为司法审查，通常由级别较高的法院审理。例如，在澳大利亚，对行政行为合理性的审查由准司法机构——行政决定裁判所（Administrative Decision Tribunal）进行，合法性审查由州最高院进行。在大陆法系国家和地区，行政法院不仅与普通法院分离，也独立于行政机关。又如在德国，1864 年，德意志巴登邦首先设置了一个独立的高等行政法院，1953 年，柏林设置了联邦行政法院，1960 年，德国公布了《行政法院法》，对行政法院的法院组织、审理程序等作出系统规定。根据《行政法院法》第 40 条第 1 款的规定，一切未被联邦法律划归为属其他法院管辖的非宪法性质的公法上争议，均可被提起行政诉讼。行政法院的组织结构被分为三种不同的审级，第一审级是行政法院，第二审级是上诉行政法院，也被称为高等行政法院。每个州至少有一个行政法院，但最多有一个上诉行政法院。联邦行政法院是行政法院系统的最高法院。法国也设立行政法院，专司公法上争议的处理。我国台湾地区也建立"行政法院"，对公法上的争议及附带的损害赔偿之诉进行处理。除行政简易诉讼案件、行政诉讼强制执行事件以及交通违规处罚案件外，大量的一审行政案件及附带的行政赔偿由"高等行政法院"处理。

设立行政法院，可以确保行政审判的独立性与专业性，推动行政法学理论和实践的发展。我国大陆地区也宜考虑建立独立的行政法院，专司行政审判事宜，包括行政赔偿。根据我国现有的国情，首先，在管辖范围上，行政法院应当囊括单独的行政赔偿案件和附带提起的行政赔偿案件，既符合赔偿案件的公法特征，又避免当事人选择法院的烦恼。其次，在法院级别上，行政法院要等同于中级法院，对其判决不服的，可上诉至高级法院。将行政法院的级别提高，有助于行政审判的独立性，确保行政赔偿争议得到公正解决。最后，行政赔偿案件的诉讼程序，可以包括简易程序与普通程序。为节约审判资源，对于案情简单的单独赔偿案件，可以考虑适用简易程序，由审判员独任审理，对于附带赔偿案件，则可以附随于被诉行政行为的审理程序。

四、设置具体的上诉条件，确立行政二审主要为法律审

在德国，上诉既可以针对判决的法律问题，也可以针对事实问题。受到一审判决不利影响的当事人都可以提起上诉，但具体的上诉条件由《行政法院法》加以规制。只有一审判决可能具有严重的错误，或者行政案件十分重要，上诉才具备容许性。在多数国家和地区，第二审限于法律审是通行的模式。为了避免当事人滥用上诉权，确保司法资源集中于实质争议的解决，我国大陆地区在行政诉讼包括行政赔偿诉讼中也宜明确将违背法律或事实发生严重偏差等确定为上诉的具体条件，并将二审主要作为法律审的模式。首先，明确违背的法律的范围。对该法律范围的确定，应当与行政审判的法律依据相一致，根据现行行政诉讼法和相关司法解释对审查行政行为法律适用的规定，当前，法院审理行政案件，以法律和行政法规、地方性法规为依据。同时参照国务院部、委根据法律和国务院的行政法规、决定、命令制定、发布的规章以及省、自治区、直辖市和省、自治区的人民政府所在地的市和经国务院批准的较大的市的人民政府根据法律和国务院的行政法规制定、发布的规章。因而，认为行政一审裁判违背法律的，法律的范围也宜采取上述广义的范围。其次，明确违背法律的各类情形。所谓违背法律，包括应当适用的法律没有适用或参照，也包括法律适用或参照错误。为统一标准，我国大陆地区可以对违背法律的一些典型情形进行列举，包括合议庭组织不合法、应回避的法官参与裁判、违背管辖规定、当事人未经合法代理、违背审判公开原则等。基于违背法律的情形不可能列举完全，还可以增加兜底条款，"其他违背法律的情形"。最后，明确二审的审理范围主要限于法律争议。当前，我国行政诉讼的第二审程序只需根据当事人提起上诉既可以启动，在审理时不限于当事人有争议的部分，而是对案件事实、法律、原审裁判等重新全面审查，既浪费了司法资源，也不利于行政审判理论与实践的专业性发展。因此，对于当事人提出的上诉，一方面，必须限于裁判违背法律或事实认定发生明显错误等理由；另一方面，对于原审裁判和上诉请求要进行有限审查，即主要限于其中涉及的法律问题，除非当事人提供证据证明一审裁判认定的事实明显存在严重偏差。

主要参考文献

一、著作类

［1］孟德斯鸠. 论法的精神［M］. 许明龙，译. 北京：商务印书馆，2012.

［2］陈新民. 公法学札记［M］. 北京：中国政法大学出版社，2001.

［3］沈岿. 公法变迁与合法性［M］. 北京：法律出版社，2010.

［4］蔡定剑. 宪法精解［M］. 第 2 版. 北京：法律出版社，2006.

［5］童之伟，殷啸虎. 宪法学［M］. 上海人民出版社，北京大学出版社，2010.

［6］童之伟. 法权与宪政［M］. 济南：山东人民出版社，2001.

［7］朱应平. 宪法中非权利条款人权保障功能研究［M］. 北京：法律出版社，2009.

［8］刘松山. 运行中的宪法［M］. 北京：中国民主法制出版社，2008.

［9］王名扬. 美国行政法（上）［M］. 第 2 版. 北京：中国法制出版社，2005.

［10］王名扬. 美国行政法（下）［M］. 第 2 版. 北京：中国法制出版社，2005.

［11］伯纳德·施瓦茨. 美国法律史［M］. 王军，等，译. 北京：法律出版社，2011.

［12］理查德·B. 斯图尔特. 美国行政法的重构［M］. 沈岿，译. 北京：商务印书馆，2011.

［13］威廉·韦德. 行政法［M］. 徐炳，等，译. 北京：中国大百科全书出版社，1997.

［14］王名扬. 英国行政法［M］. 北京：北京大学出版社，2007.

［15］王名扬. 法国行政法［M］. 北京：北京大学出版社，2007.

［16］L. 赖维乐·布朗，约翰·S. 贝尔. 法国行政法（第五版）. 高秦伟，王锴，译. 北京：中国人民大学出版社，2006.

［17］陈新民. 德国公法学基础理论［M］. 济南：山东人民出版社，2001.

［18］奥托·迈耶. 德国行政法［M］. 刘飞，译. 北京：商务印书馆，2002.

［19］迪特尔·梅迪库斯. 德国民法总论［M］. 邵建东，译. 北京：法律出版社，2013.

［20］南博方．行政法（第六版）［M］．杨建顺，译．北京：中国人民大学出版社，2009．

［21］盐野宏．行政法［M］．杨建顺，译．北京：法律出版社，1999．

［22］江利红．日本行政法学基础理论［M］．北京：知识产权出版社，2008．

［23］江利红．日本行政诉讼法［M］．北京：知识产权出版社，2008．

［24］王泽鉴．民法学说与判例研究（第八册）［M］．北京：北京大学出版社，2009．

［25］董保城．国家责任法［M］．台北：神州图书出版有限公司，2002．

［26］林文舟．两岸行政诉讼法制概论——以诉讼类型为中心［M］．台北：五南图书出版股份有限公司，2012．

［27］朱瓯．两岸行政程序法制之比较研究［M］．北京：中国人民大学出版社，2008．

二、期刊类

［1］应松年，杨小君．国家赔偿若干理论与实践问题［J］．中国法学，2005（1）．

［2］马怀德，张红．论国家侵权精神损害赔偿［J］．天津行政学院学报，2005（1）．

［3］童之伟．权利本位说再评议［J］．中国法学，2000（6）．

［4］童之伟．公民权利国家权力对立统一关系论纲［J］．中国法学，1995（6）．

［5］江必新．国家赔偿法价值论［J］．法学杂志，1994（4）．

［6］江必新．国家赔偿与民事侵权赔偿关系之再认识——兼论国家赔偿中侵权责任法的适用［J］．法制与社会发展，2013（1）．

［7］沈岿．论怠于履行职责致害的国家赔偿［J］．中外法学，2011（2）．

［8］王华伟．国家赔偿财产损害直接与间接损失辨别及完善［J］．山东行政学院学报，2012（5）．

［9］朱应平．建设和谐社会的宪法平等基石——来自美澳的经验和教训［J］．云南行政学院学报，2007（3）．

［10］杨泽延，姚辉．美国国家赔偿制度纵横［J］．比较法研究，1988（3）．

［11］杨鸿沛．美国国家赔偿制度之印象［J］．人民司法，2006（9）．

［12］刘松山．德国行政诉讼和国家赔偿制度［J］．云南大学学报法学版，2004（3）．

［13］翁岳生．西德一九八一年国家赔偿法之研究［J］．台大法学论丛，1981（6）．

［14］刘兆兴．德国国家赔偿法研究［J］．外国法译评，1996（3）．

［15］杨鸿沛，张玉娟．德国、法国与中国国家赔偿制度之比较［J］．人民司法，2005（2）．

［16］王名扬．法国的行政赔偿责任［J］．法学杂志，1990（1）．

［17］周伟．法国行政赔偿制度［J］．比较法研究，1990（2）．

［18］张莉．法国行政司法赔偿的责任归属与归责原则［J］．华东政法大学学报，2012（6）．

［19］肖胜喜．瑞士国家责任法评述［J］．比较法研究，1990（2）．

［20］叶必丰．澳大利亚 1977 年行政决定（司法审查）法［J］．行政法学研究，1996（1）．

［21］江利红．论日本公私法二元论的发展［J］．浙江学刊，2008（5）．

［22］肖军．日本刑事补偿法［J］．行政法学研究，2004（4）．

［23］莫纪宏．日本国家赔偿法的几个问题［J］．外国法译评，1996（1）．

［24］何峻．日本国家赔偿法研究［J］．华侨大学学报（哲学社会科学版），1998（3）．

［25］朱维究．日本国家赔偿法及其启示［J］．法学杂志，1993（5）．

［26］王彦．日本《行政事件诉讼法》修改的动向［J］．行政法学研究，2003（2）．

［27］吴东镐．韩国国家赔偿法研究——公共营造物设置或管理上的瑕疵所引起的国家赔偿责任［J］．美中法律评论，2007（7）．

［28］温世阳．评各国国家赔偿制度［J］．比较法研究，1989（1）．

［29］董春华．各国有关惩罚性赔偿制度的比较研究［J］．东方论坛，2008（1）．

［30］郭泽强．从立法技术层面看刑法修正案［J］．法学，2011（4）．

［31］廖特力，丁宝华．国家赔偿标准问题探讨——从麻旦旦一案谈起［J］．社会科学，2002（5）．

三、学位论文类

［1］赵蓁祥．台湾地区现行行政赔偿责任制度的重塑［D］．中国政法大学博士学位论文，2008．

［2］朱子庆．海峡两岸土地征收与补偿制度研究［D］．中国政法大学博士学位论文，2013．

四、报纸类

石新鹏，淡林纳．从赵作海案看国家赔偿法［N］．河南法制报，2010－06－30（13）．

五、中文网站类

［1］吕立德．国家赔偿请求制度［OL］．［2014－03－08］．http：//www. docin. com/p-622249363. html#documentinfo.

［2］最高人民法院发布第六批指导性案例［OL］.［2014 - 03 - 01］. http：// rmfyb. chinacourt. org/paper/html.

［3］浙江高院赔偿张氏叔侄各 110 万［OL］.［2014 - 02 - 08］. http：// news. sina. com. cn/o/2013 - 05 - 21/091927182381. shtml.

［4］燕林，木月. 佘祥林申请国家赔偿案和解获赔 46 万［OL］.［2013 - 12 - 16］. http：//old. chinacourt. org/public/detail. php？id = 176068.

［5］郭俊华. 河南坐 11 年冤狱农民赵作海获国家赔偿 65 万元［OL］.［2014 - 02 - 08］. http：//news. qq. com/a/20100513/001198. htm.

［6］向晨，林俊杰，韦磊. 广东试行精神损害赔偿地方标准，国家赔偿打醒"精神"［OL］.［2013 - 12 - 13］. http：//www. infzm. com/content/68269.

［7］行政诉讼法修正案草案［OL］.［2014 - 02 - 25］. http：// www. npc. gov. cn/npc/lfzt/2014/node_22574. htm.

六、外文论著类

［1］Michael Head. Administrative Law：Context and Critique［M］. The Federation Press (3rd ed.)，2012.

［2］Kenneth F. Warren. Administrative Law in the Political System (5th ed.)［M］. Boulder，CO：Westview Press，2011.

［3］John M. Rogers，Michael P. Healy，Ronald J. Krotoszyski，Jr. Administrative Law (2nd ed.)［M］. Austin：Wolters Kluwer，Law and Business，2008.

［4］Peter Cane. Administrative Law (5th ed.)［M］. New York：Oxford University Press，2011.

［5］Jerry L. Mashaw，Richard A. Merrill，Peter M. Shane. Administrative Law，the American Public Law System：Cases and Materials (3rd ed.)［M］. St. Paul，Minn.：West Pub. Co. ，1992.

［6］Daniel E. Hall. Administrative Law：Bureaucracy in a Democracy (5th ed.)［M］. Upper Saddle River，N. J.：Prentice Hall，2012.

［7］Stephen G. Breyer. Administrative Law and Regulatory Policy：Problems，Text，and Cases (6th ed.)［M］. New York，NY：Aspen Publishers，2006.

［8］Lin Feng. Administrative Law Procedures and Remedies in China［M］. Hong Kong：Sweet & Maxwell，1996.